24 घंटे में बदलें जीवन

24

घंटे में बदलें जीवन

दैनिक आदतें जो निश्चित रूप से आपका जीवन बदल देंगी

विवियन रिसि

अनुवाद : अविनाश मिश्रा

MANJUL

मंजुल पब्लिशिंग हाउस

MANJUL

मंजुल पब्लिशिंग हाउस

कॉरपोरेट एवं संपादकीय कार्यालय

• द्वितीय तल, उषा प्रीत कॉम्प्लेक्स, 42 मालवीय नगर, भोपाल-462 003

विक्रय एवं विपणन कार्यालय

• सी-16, सेक्टर 3, नोएडा, उत्तर प्रदेश, 201301

वेबसाइट : www.manjulindia.com

वितरण केन्द्र

अहमदाबाद, बेंगलुरू, कोच्चि, कोलकाता, चेन्नई,
हैदराबाद, मुम्बई, नई दिल्ली, पुणे

विवियन रिसि द्वारा लिखित मूल अंग्रेजी पुस्तक
24 Hours Is All It Takes-Daily Habits Guaranteed To Change Your Lif
का हिन्दी अनुवाद

24 Hours Is All It Takes-Daily Habits Guaranteed To Change Your Lif
by Vivian Risi – Hindi Edition

यह हिन्दी संस्करण 2025 में पहली बार प्रकाशित

ISBN 978-93-5543-793-8

Cover design: Emily Weigel

अनुवाद : अविनाश मिश्रा

मुद्रण व जिल्दसाज़ी : रेप्रो इंडिया लिमिटेड

अनुक्रम

परिचय

आपने ख़ुद को कितनी दफ़ा ऐसे व्यक्ति की तरफ़, जिनकी आप प्रशंसा करते हैं, देखते हुए ख़ुद से ही यह सवाल किया है : *आख़िर वे ऐसा कैसे कर पाते हैं?*

मैं ख़ुद भी इसके बारे में विचार किया करती थी। मैं उन लोगों की तरफ़ देखा करती थी, जिनके पास सीमित और साधारण अवसर तथा संसाधन दिखाई देते थे, लेकिन वे लोग अप्रतिम तरीक़े से अपना काम किया करते थे। वे लोग ऐसा प्रतीत होता था कि किसी विशेष कारण या उद्देश्य के प्रति संचालित थे। उनकी ज़िंदगियां उनके उद्देश्यों से पंक्तिबद्ध दिखाई देती थीं, चाहे वे उद्देश्य कुछ भी रहे हों। और वे सारे लोग मुझे अपने अंतस से ख़ुश दिखाई देते थे। वे ख़ुद के सबसे बेहतरीन संस्करण में जी रहे होते थे।

असल में वे क्या अलग कर रहे हैं? और उनके सीक्रेट क्या हैं?

कुछ वर्ष आगे जाएं, और अनगिनत ग़लतियों तथा कई ग़लत क़दमों के बाद – परीक्षण त्रुटि विधि से (और अनुशासन तथा उद्देश्यपरक जीवन के अधिकाधिक सेवन के साथ) मैं अब अक्सर ख़ुद को बड़ी ही विनम्रता से उस समीकरण के दूसरी ओर पाती हूं और लोग अब मुझसे पूछते हैं, ''*आपका* सीक्रेट मंत्र क्या है? आप ऐसा कैसे कर पाती हो?''

सभी को वह सीक्रेट जानना है। और एक समय में, मैं भी उस सीक्रेट की तलाश में थी। लेकिन चलिए अब असलियत पर आते हैं। सफलता का एक गारंटीकृत फ़ार्मूला जो आपको कुछ एक्स्ट्रा प्रदान करे, जिससे आप बाकियों की भीड़ से अचानक आगे पहुंच जाएं? आख़िर, किसको ऐसा फ़ार्मूला *नहीं चाहिए* होगा।

तो यदि आप इच्छुक हैं, तो फिर आइए हम इधर–उधर की बातें बंद कर के सीधे मुद्दे पर आएं और इस 'सीक्रेट' को दुनिया के सामने उजागर करें। क्या आप जानना चाहेंगे कि यह क्या है?

तैयार हैं आप? आइए और अपने कान लाइए मेरे पास। क्या आप सुन पा रहे हैं?

तो इस सबका सीक्रेट है, 'झींगुरों की आवाज़।'

मुझे आपके इस भरम को तोड़ने के लिए माफ़ करिए, लेकिन एक साधारण तथ्य यह है कि ऐसा कोई सीक्रेट फ़ार्मूला है ही नहीं। *निएंटे*, नाडा, शून्य... सफलता का कोई रहस्य नहीं है। कुछ भी इतना आसान नहीं है।

लेकिन यह अच्छी ख़बर भी है : आपके पास वह सब कुछ है, जिससे आप अपनी सर्वोत्तम ज़िंदगी जी सकते हैं। सच में, यह आपके भीतर ही है। और उनमें से अधिकांश को आपने छुआ भी नहीं है, आप अपने कई हिस्सों से अपरिचित हैं। और आपको बस अपने उन हिस्सों को सतह पर ले आने भर की देरी है।

सौभाग्य से – और मैं इसको शत प्रतिशत ढंग से जानती हूं – सफल होने के लिए, अपना जीवन बदलने के लिए, जो कुछ भी चाहिए वह सब कुछ आपके पास है। और मैं यह कैसे जानती हूं? क्योंकि आपने यह किताब पढ़ने के लिए उठाई है (या फिर आप इस किताब की ऑडियो रिकॉर्डिंग सुन रहे हैं) और आपने अपने भीतर उस पहले बदलाव की चिंगारी सुलगा ली है। यह सच है कि आप अपने भीतर बदलाव लाने के लिए इच्छुक हैं और आपने अब अपनी उस इच्छा के लिए काम करना भी शुरू कर दिया है। और मेरे मन–मस्तिष्क में ऐसा कोई प्रश्न नहीं है कि आप सक्षम हैं या नहीं। तो फिर अब मैं आपसे पूछती हूं : क्या आप वह सब कुछ करने के लिए तैयार और इच्छुक हैं, जो आपके भीतर बदलाव लाने के लिए चाहिए?

'सीक्रेट फ़ार्मूलाओं' और शॉर्टकट्स के बारे में भूल जाइए। क्योंकि असल में जो बदलाव आते हैं, और आपके भीतर ठहरते हैं, वे सब अथक प्रयासों और मेहनत के बाद आते हैं और आपको वह प्रयास तब तक करने होते हैं, जब तक आपके यह सकारात्मक व्यवहार आपके जीवन को बदलने वाले व्यवहारों में तब्दील नहीं हो जाएं।

अपने जीवन के किसी भी पड़ाव पर हम हमेशा 'वर्क इन प्रोग्रेस' होते हैं। क्योंकि हम हमेशा और लगातार ख़ुद को बेहतर बनाने के लिए, शिक्षित करने के लिए, कार्यरत होते हैं और संभवतः हम इस पथ पर आगे विकास भी अनुभव कर सकते हैं। और इसी क्रमबद्ध तरीक़े से आगे बढ़ते हुए हम जीवन में भी आगे बढ़ते हैं। हालांकि हर पड़ाव या क्रमबद्ध विकास का चरण ज़रूरी नहीं है कि हमारे लिए अच्छा ही हो या फिर हम जिस भी मार्ग को अपनाएं वह सही ही हो – लेकिन जो भी निर्णय हम लेते हैं वह अंततः हमारे अनुभवों के रूप में अनूदित होते हैं, जो कि हमें अगले चरण में ख़ुद के साथ ले जाने के लिए ज़रूरी विजडम प्रदान करते हैं।

आप अपने आप की ठीक उसी तरह से कल्पना कीजिए, जैसा इस क्षण में आप हैं – जो भी आपकी परिस्थिति हो, अच्छी या बुरी, और जैसा भी आप

अभी अपने जीवन और हालात के बारे में महसूस कर रहे हैं। और अब कल्पना कीजिए कि आप इसी क्षण की स्थिति में हमेशा रहेंगे। एक बेहद ही बासी जीवन की तरह दिख रहा है ना? भले ही चीज़ें अभी बहुत अच्छी हों, इस स्थान पर अटके रहना अंततः एक दौड़ में सीमेंट के जूते पहनने जैसा महसूस होगा, जबकि बाक़ी सभी लोग आपसे आगे निकल रहे हैं। जीवन आपके आसपास घटित होता रहता है, लेकिन आप वहां एक ही स्थान पर दबे हुए हैं। यह जीने का कोई तरीक़ा नहीं है!

क्योंकि यह दुनिया सदा बदलावों से गुज़रती रहती है, हमारी ज़िंदगियों को भी रमणीय और परिपूरक होनी चाहिए, यदि हम पूरी तरह से जीना चाहते हैं तो।

यहां मेरा यही उद्देश्य है कि मैं आपके साथ वह साझा करूं, जो मैं जानती हूं और एक बेहतर ज़िंदगी की शुरुआत के लिए आपको प्रेरित करूं। मैं वे चीज़ें आपको बताऊं जो आपकी ऊर्जा को चालू करें और बनाए रखें और हम शुरू करेंगे उन छोटे बदलावों के साथ जो आप अपनी दिनचर्या में शामिल करेंगे और उनका महत्त्व बहुत अधिक होगा। मुझे मालूम है कि आप बेहद व्यस्त रहते हैं : असल में हम सब उसी तरह से व्यस्त हैं। लेकिन यदि आप अपनी सर्वोत्तम ज़िंदगी जीने के बारे में गंभीर हैं तब आपको शुरुआत से ही एक महत्त्वपूर्ण बात ध्यान में रखनी होगी :

कुछ भी नहीं बदलता यदि कुछ भी नहीं बदले।

इसको आप दोबारा पढ़िए। कुछ भी नहीं बदलता - एक छोटी-सी चीज़ भी नहीं - अगर आपके भीतर कुछ भी नहीं बदले। और यह हम सबके ऊपर है कि हम अपने भीतर बदलावों के लिए कितनी जगह बनाते हैं।

अभी तक हमने यह तो स्थापित कर लिया है कि सफलता के लिए कोई भी साधारण और सामान्य रेसिपी या फ़ार्मूला नहीं है। अक्सर यही वह पहली बाधा होती है, जिससे बहुतायत में वे लोग जूझते हैं, जो अपने जीवन में सकारात्मक बदलाव लाने के लिए प्रयासरत हैं। क्योंकि सफलता शब्द का अर्थ अलग-अलग लोगों के लिए अलग-अलग हो सकता है। मैंने अपने बदलावों की यात्रा में जो चीज़ें जानी हैं वे यह कि हम सफलता के कितने क़रीब जा पाते हैं, अपने व्यक्तिगत जीवन में या पेशेवर जीवन में, वह पूरी तरीक़े से हमारे ही ऊपर और हमारे सफलता की परिभाषा पर निर्भर करता है। और इसीलिए यहां मैं आपको दूसरा बेहद महत्त्वपूर्ण बिंदु साझा कर रहा हूं, जिसे आप इस किताब के बाक़ी के पाठों को पढ़ते वक़्त ध्यान में रखें -

सफलता वह सब कुछ है,
जिसकी आप कल्पना करते हैं।

इसका अर्थ यह हो सकता है कि एक दिन आप अपने उन सपनों को हासिल कर लें, जैसा कि आपने उन्हें हक़ीक़त में सोचा था या फिर आप अपने उद्देश्य को जीवन में आगे बढ़ते हुए नया रूप देते रहें। यह यात्रा और इसके परिणाम वही हैं, जो आप इनको बनाते हैं। और जहां तक कि संभावनाएं सचमुच में अनंत हैं, आपको सामान्य ढंग से 'आपके लिए सफलता के क्या मायने हैं' को परिभाषित कर के शुरुआत कर सकते हैं। आप इस शब्द के पारंपरिक अर्थों पर ना अटकें या फिर सफलता बाकियों के लिए क्या है उसके बारे में नहीं सोचें। यह सिर्फ़ आपके लिए है और आपके बारे में है। आप एक क्षण ख़ुद से विचार कीजिए कि वह क्या चीज़ है, जो आप अपने जीवन से ग़ायब है और जिसकी कमी आपको महसूस हो रही है। क्या आपके जीवन से ग़ायब है? वह कौन सी ऐसी चीज़ है, जो आपकी तसवीर को पूरा कर सकती है?

सांसारिक *पदार्थों* के आगे जाइए : वह कार जो आप ड्राइव करना चाहते हैं, या अपने बच्चों से बचने के लिए और एकांत के लिए जो एक्स्ट्रा फुट की जगह आप खोजते हैं, या फिर आपके बगीचे में वह पूल जो आप ख़ुद खोदने के लिए तैयार बैठे हैं। आप गहरे पैठिए और उन चीज़ों की तलाश करिए, जिनका कुछ महत्त्व है – जैसे भावनाएं, उपलब्धियां या ख़ुशी के पल – जो आपको लगता है की आपके जीवन में नहीं है, उनके पीछे जाइए। अपने मस्तिष्क में उन चीज़ों की एक सूची बनाइए – इस सूची में चीज़ें जितनी ही विशिष्ट होंगी, उतना ही बेहतर होगा। फिर इसे अभी के लिए अलग रख दें, लेकिन इस छवि को संभाल कर रखें क्योंकि जब आप इस पुस्तक के माध्यम से आगे बढ़ेंगे तो आपको इस पर काम करना जारी रखना होगा।

इससे पहले की हम आगे बढ़ें, मैं आपके साथ वह पृष्ठभूमि साझा करना चाहती हूं, जिस कारण या किताब अस्तित्व में आई।

2019 के शुरुआती दिनों में, मैंने ख़ुद को कैनेडा के प्रमुख किताबों की दुकान इंडिगो में पाया, जहां मैं अपनी अगली पुस्तक पढ़ने के लिए किताबों की अलमारियों के आस-पास भटक रही थी। या अधिक सटीक रूप से कहें तो, मेरी अगली *ऑडियोबुक* डाउनलोड के लिए मैं वहां थी। (मैं क्या ही कह सकती हूं? मैं बेहद शौक़ीन *श्रोता* हूं। इसलिए अगर मेरे शब्द हेडफ़ोन या आपकी कार के ब्लूटूथ के माध्यम से आप तक आ रहे हैं, तो यह कुछ ऐसा है, जो हम दोनों में समान है!)

कहानी पर वापस आते हैं : अपने एस्प्रेसो के साथ और ख़ुद के लिए बचाए गए वक़्त के साथ, मैं उस किताबों की दुकान के उस क्षेत्र में आगे बढ़ी जिस तरफ़ मैं

अक्सर जाया करती थी – जिनमें जीवनियों, व्यवसाय, और स्वास्थ्य तथा कल्याण से संबद्ध किताबें मौजूद होती थीं। इस स्टोर में किताबों के अलावा भी बहुत कुछ की बिक्री होती है। और मैं उस स्टोर में जिस रास्ते से घूम रही थी, मैं वज़नदार कंबलों और मोमबत्तियों के प्रदर्शनी की तरफ़ आ पहुंची। मुझे मोमबत्तियां बहुत पसंद हैं और मैंने तुरंत कुछ मोमबत्तियां निकाल लीं। मैं रंग-बिरंगे वर्कआउट गियर और गैजेट्स के एक संतोषजनक ढंग से साफ़-सुथरे ढेर पर लगभग रुक गई। (मैं बहुत ही आसानी से विचलित हो जाती हूं और इस किताब के बाद के हिस्सों में हम इस बाबत विचार भी करेंगे की मैं अपने इस विचलन को कैसे संभालती हूं।) लेकिन मैंने वहां ख़ुद को तुरंत ही यह याद दिलाया कि मुझे आज नई प्रकाशित *किताबों* पर अपना ध्यान केंद्रित करना है। मैं वहां आत्म सुधार से संबद्ध किताबों से सजी अलमारियों को ढूंढ़ने लगी। उस गलियारे में जहां सिर्फ़ 'आदत आधारित' किताबें मौजूद थीं, वहां मैं ठहर गई। कुछ कवर, अपने बोल्ड और प्रभावशाली शीर्षकों के साथ, लगभग गारंटी, पुष्टि और कार्रवाई के आह्वान के साथ अलमारियों से लगभग चीख़ रहे थे : *बेस्ट सेल्फ़ : बी यू, ओनली बेटर; टेक कंट्रोल ऑफ़ योर लाइफ़; चेंज योर शेड्यूल, चेंज योर लाइफ़; अ ईयर ऑफ़ पॉजिटिव थिंकिंग; ब्रेकिंग द हैबिट ऑफ़ बीइंग योरसेल्फ़।*

हर किसी के लिए आदत-आधारित दृष्टिकोण था, लेकिन इससे मुझे कोई आश्चर्य नहीं हुआ। जहां तक मुझे याद है आदत की शक्ति व्यापार और व्यवसाय के क्षेत्र में एक प्रमुख चर्चा का विषय रही है। और जबकि कुछ लोग अच्छी आदतों के महत्त्व को सामान्य ज्ञान कहकर नज़रअंदाज़ कर सकते हैं, मैं इस अर्थ में आदत की शक्ति में दृढ़ विश्वास रखती हूं कि यह प्रेरणा और सकारात्मक सुदृढ़ीकरण दोनों प्रदान कर सकता है। साथ ही मैं साझा अनुभव की शक्ति में भी यक़ीन रखती हूं। वे अनुभव चाहे किसी किताब, किसी पॉडकास्ट, या फिर लाइव इवेंट में किसी व्यक्ति को सुनने से ही क्यों ना अर्जित किए जाएं। दूसरों से प्राप्त सारी बुद्धिमत्ता और ऊर्जा मेरे लिए प्रभावी और गहरा प्रभाव डालने वाली साबित हुई है।

1990 के दशक के शुरुआती दिनों में ही मैंने पहली दफ़ा प्रेरक ज्ञान की दुनिया में पहला प्रवेश किया था। उस वक़्त मैं अपने करियर की अपेक्षाकृत शुरुआती दौर में ही थी। मैं अपने पहले ब्रोकरेज में से एक में रियल एस्टेट सेल्स एजेंट के रूप में काम कर रही थी, जब एक अवसर ने मेरे दरवाज़े पर दस्तक दी। और यह अवसर की दस्तक सचमुच में हुई थी, यहां उसका मुहावरे के रूप में मैंने नहीं प्रयोग किया है।

एक युवा व्यक्ति जिसने ख़ुद की पहचान एक 'रोड प्रतिनिधि' के रूप में दी वह हमारे ऑफ़िस में आया। वह हमारे ऑफ़िस में एक आगामी प्रेरक कार्यक्रम को प्रमोट करने पहुंचा था, जिसमें टोनी रॉबिन्स का, एक नया और युवा स्वर

शामिल होना था। सबसे पहले तो मुझे टोनी का नाम अपरिचित लगा, लेकिन उस रोड प्रतिनिधि ने टोनी का विवरण देना शुरू किया – ऊंचे क़द का एक आकर्षक युवा व्यक्तित्व जो सम्मोहक आवाज़ का धनी है और उसके पास एक प्रेरणादायक पृष्ठभूमि है। रोड प्रतिनिधि ने टोनी का चरित्र हमारे सामने लार्जर दैन लाइफ़ खींचा था। और उसके बाद मुझे यह नाम कुछ जाना–पहचाना सा लगने लगा। मैंने टोनी के बारे में एक ऐसे व्यक्ति के रूप में सुन *रखा* था, जो अपने शानदार व्यक्तित्व, एनिमेटेड डिलीवरी और नवीन अवधारणाओं के कारण व्यापार जगत में काफ़ी लोकप्रियता हासिल कर रहे हैं।

उस प्रतिनिधि ने मुझसे पूछा, 'क्या आप अपने व्यवसाय को इस तरह बदलना चाहती हैं, जिससे आपका काम और बेहतर हो जाए तथा आपकी ज़िंदगी भी और बेहतर हो?'

मैं अपनी ज़िंदगी बिलकुल बदलना चाहती थी। कौन ऐसे प्रश्न का जवाब ना में देगा? उस प्रतिनिधि की योजना साधारण लेकिन असरदार थी। वह मुझसे ऐसे सवाल पूछ रहा था, जिसके जवाब उसको पहले से ही पता थे। और उसके इस सवाल–जवाब से मेरी रुचि उसमें बढ़ गई।

लेकिन टोनी रॉबिंस की बढ़ती लोकप्रियता के साथ, उनके कार्यक्रम के टिकट महंगे थे। मैं तीन बच्चों का पालन पोषण एक सिंगल मॉम की तरह कर रही थी। और इसके साथ मेरा व्यवसाय सेल्स का था, जिसके कारण मुझे सबकुछ सही दिशा और दशा में संचालित रखने के लिए ही बेहद संघर्ष करना पड़ रहा था। मुझे अपनी ज़रूरतों को प्राथमिकता देनी होती थी और समझना होता था कि कोई काम या चीज़ पर ख़र्च करना ज़रूरी है या नहीं। एकल कमाई पर निर्भर एक परिवार को, जहां घर का किराया, खाना–पीना, और अन्य ज़रूरतों को पूरा करना मुश्किल हो रहा था, वहां एक ऐसे कार्यक्रम के टिकट्स ख़रीदना दूर–दूर तक *ज़रूरत* की सूची में नहीं आता था।

मैंने रोड प्रतिनिधि को बताया की इस कार्यक्रम में, मैं इसलिए शामिल नहीं हो सकती, क्योंकि मैं बेहद व्यस्त हूं, हालांकि *पैसों की कमी* इस कार्यक्रम में नहीं जा पाने के लिए सबसे बड़ा कारक था। लेकिन जब प्रतिनिधि ने हार नहीं मानी और मुझे यक़ीन दिलाने में लगा रहा कि मुझे इस कार्यक्रम के लिए समय निकालना चाहिए, मैंने उसके सामने कार्यक्रम में ना भाग ले सकने का असल कारण क़बूल कर लिया।

"मैं इस कार्यक्रम में भाग लेना अफ़ोर्ड नहीं कर सकती।"

और फिर उसने ऐसी चीज़ की जो मैं अपनी पूरी ज़िंदगी में कभी नहीं भूली, कि उसने मेरी आंखों में एक नकारात्मक दृष्टि से देख कर कहा,

"लेडी, तुम इस कार्यक्रम में *नहीं* भाग लेना अफ़ोर्ड नहीं कर सकतीं!"

और उसकी इसी बात ने मेरा मन बदल दिया और मुझे प्रेरित किया।

और उसने मुझे फ़ैसला लेने के लिए प्रेरित किया। उस प्रतिनिधि ने मेरे भीतर की आग को सुलगाने के लिए किसी तरह एकदम सही माचिस की तलाश कर ली थी, और उसकी इस बात से मेरे भीतर एक हलचल शुरू हो चुकी थी। मैं इस कार्यक्रम में सच में *जाना चाहती थी।* मेरे अंतःकरण में, मेरे ह्रदय में कोई आवाज़ थी, जिसने मुझसे कहा – तुम्हें जाना चाहिए। मुझे टोनी के इस कार्यक्रम में किसी भी सूरत में शामिल होना था। क्योंकि असल में उस कार्यक्रम में जाने या नहीं जाने के बीच जो सबसे बड़ी दीवार थी, वह पैसा था। मेरे पास इस कार्यक्रम में जाने के लिए पैसे नहीं थे लेकिन यदि यह कार्यक्रम प्रमोटर के दावों पर खरा उतरता है तो यह सचमुच मेरे व्यवसाय, मेरी सोच, और मेरे पूरे जीवन में एक सकारात्मक और वास्तविक बदलाव ला सकता है। और फिर मैंने निर्णय लिया की वह प्रतिनिधि सही कह रहा था : मैं उस कार्यक्रम में *नहीं* जाना अफ़ोर्ड नहीं कर सकती थी।

मैंने एक जुआ खेला और उस टिकट को ख़रीद लिया, जिसे मैं ख़रीदने में सक्षम नहीं थी। मैंने वह टिकट अपने क्रेडिट कार्ड से ख़रीदा, जिस कार्ड की लिमिट पहले ही हो चुकी थी। मैं कार्यक्रम में भाग लेने के लिए उत्साहित थी, लेकिन साथ ही मुझे एक सघन पश्चाताप ने भी घेर रखा था। क्या मैं किसी ऐसी चीज़ के लिए सहमत हो गई थी, जो असल में एक स्वार्थी और गैर-ज़िम्मेदाराना हरकत थी। और वह भी उन पैसों से जो मेरे पास थे भी नहीं?

मैं कार्यक्रम के दिन तक इस बाबत चुप्पी साधी रही। उस सुबह मैंने अपने नियमित दिनचर्या का पालन किया, जबकि मेरे भीतर प्रत्याशा पल बढ़ रही थी। और अपने बच्चों को स्कूल ड्रॉप करने के बाद मैं कार्यक्रम स्थल की ओर भागी इस आशा और उम्मीद में कि शायद मुझे एक सीट मिल जाए और मैं चैन की सांस ले सकूं।

लेकिन मेरे भाग्य में शायद ऐसा नहीं लिखा था। अपना टिकट दिखाने के बाद जब मैंने कार्यक्रम स्थल के गेट को धक्का दिया तब मुझे दिखाई दिया की असल में यह एक सोल्ड-आउट शो था। और शो में सबसे अंत में पहुंचने के कारण मुझे कमरे के केवल खड़े होने वाले हिस्से में भेज दिया गया। मैं उस खुली जगह में एक स्थान देख कर बस गई और मैंने ख़ुद को कार्यक्रम पर केंद्रित करने की कोशिश की। मैं यह जानती थी कि मुझे पूरे कार्यक्रम के दौरान यथासंभव उपस्थित रहना है। इस टिकट पर जो भी रुपये मैंने ख़र्च किए थे वे सब एक तरह से मेरे परिवार से छीने गए रुपये थे। और मैं एक पल भी गंवाना बर्दाश्त नहीं कर सकती थी।

जब टोनी रॉबिन्स ने मंच पर अपनी जगह ली, तब इस विशालकाय स्थान में, जो लोगों से खचाखच भरा हुआ था, किसी तरह यहां मौजूद हम सभी लोगों के साथ उन्होंने संलग्नता प्रदर्शित की और हम सभी ने एक जुड़ाव महसूस किया। जैसे ही टोनी ने अपनी कहानी बतानी शुरू की, उनके जीवन के सबसे लोवेस्ट पॉइंट्स और वे महत्त्वपूर्ण क्षण जिन्होंने टोनी को इस पथ पर निर्देशित किया, आज जहां वे हैं। मैं पूरी तरह से टोनी के हर शब्द को इस तरह संग्रहीत कर रही थी कि जैसे उन्होंने मुझे मंत्रमुग्ध कर लिया हो। मेरे लिए यह बिलकुल मायने नहीं रखता था कि आज टोनी अपने जीवन में किस मुक़ाम तक पहुंच गए हैं – उनकी सफलता, लोकप्रियता और सफलता की चकाचौंध से इतर मेरे लिए जो चीज़ मायने रखती थी वह यह कि टोनी आख़िर किस जगह से उठ कर आए हैं। वे एक अदद सत्य के जीवंत उदाहरण थे : आप कहां से शुरू करते हैं यह मायने नहीं रखता, जो चीज़ मायने रखती है वह यह कि आपने *शुरू* किया या नहीं।

मैं इस कार्यक्रम में इस आशा में आई थी कि मेरा यहां का अनुभव बेहद बेहतरीन और संभवतः मेरे लिए कारगर साबित होगा। मैं इस कार्यक्रम को लेकर आशान्वित तो थी, लेकिन काफ़ी थकी हुई भी थी। मैं सबकुछ सामान्य बनाए रखने में जुटी हुई थी और उसके लिए कड़ी मेहनत कर रही थी। मैं हमेशा चिंतित रह रही थी और अपने लिए वह चिंता नहीं थी, बल्कि मुझे फ़िक्र मेरे बच्चों की थी। मैं शारीरिक और मानसिक दोनों रूप से बेहद थक चुकी थी।

मैं दिन भर अपने भीतर एक पश्चाताप और शर्म का बोझ भी अपने ऊपर लेकर चलती थी। मुझे ऐसा लगता था कि मैंने अपने बच्चों से और परिवार से सुरक्षा और स्थायित्व छीन लिया था, क्योंकि मैं अपनी शादी का निबाह नहीं कर पाई थी।

मुझे लगता है की ज़्यादातर लोग जो अलगाव या तलाक़ से गुज़र चुके हैं वे इस बात से पूरी तरह सहमत होंगे कि आप इसे ज़रूरी समझें या नहीं समझें, आपके भीतर लगातार यह पश्चाताप पलता रहता है कि आपने अपने परिवार को तोड़ दिया है। हालांकि हम हमेशा ऐसे मुश्किल निर्णय सिर्फ़ और सिर्फ़ बेहतरी के भाव से लेते हैं। मैंने एक क़दम के आगे दूसरा क़दम रखते हुए यानी हर चीज़ को बारीकी से समझ बूझ कर ही हर काम करते हुए अपनी इतनी अधिक ऊर्जा ख़र्च कर ली थी। मेरे ऊपर निर्भर और मुझ पर विश्वास जताने वालों के लिए मैं अपना सर्वोत्तम दिए जा रही थी। हालांकि बाद में मुझे यह अहसास हुआ कि अपने ईंटों से लदे हुए इस मानसिक बोझ को मैं जहां जाती वहां अपने साथ ले जाती।

ये ईंटें थकान, शर्मिंदगी, बोझ, और अपराध बोध की ईंटें थीं। बेहद वज़नी। लेकिन मेरे भीतर जिस पनपती चिंगारी मुझे इस कार्यक्रम तक खींच लाई थी, वह अब एक धधकती हुई आग बन चुकी थी, और वह मेरे अंदर की ऊर्जा और आशा

को प्रज्ज्वलित कर रही थी। मेरे ऊपर कोई जादू-टोना नहीं हुआ था। टोनी ने उस सभागार में कोई जादुई औषधि इधर-उधर नहीं फैलाई थी। मेरी सभी समस्याओं का कोई त्वरित समाधान टोनी ने मुझे नहीं दिया था। लेकिन उस बैठक स्थल की हर दीवार से उछलती हुई विद्युत ऊर्जा को अवशोषित करने और बोले गए शक्तिशाली शब्दों को ग्रहण करने के बाद, मैंने पाया कि मेरा दृष्टिकोण इतना बदल गया कि मुझे अपने बैग से कुछ ईंटें निकालने की अनुमति मिल गई, जिससे मेरी आंतरिक शक्ति बढ़ गई। मैं उस सभागार से जब बाहर निकली तो मुझे यक़ीन था कि मैं बुरी इंसान नहीं हूं। मुझे अपने ऊपर यह विश्वास हो आया था कि मैं एक हारी हुई व्यक्ति नहीं हूं। मेरे जीवन की कहानी की बुरी चीज़ें मुझे परिभाषित नहीं करतीं, और मैं अब अपनी पिछली परेशानियों को अपने भविष्य में आगे बढ़ने में बाधा नहीं बनने दूंगी।

मैं जब उस खचाखच भरे हुए सभागार में या यूं कहें कि टोनी के उस सोल्ड आउट शो में जाने से पहले और वहां से निकलने के बाद, ना जाने कौन से बिंदु पर मेरी मानसिकता में एक सघन बदलाव आ चुका था। मैंने ख़ुद से यह प्रश्न किया : *मंच पर मौजूद उस सफल और सकारात्मक आदमी में और मुझमें क्या अंतर है?* हम दोनों जब सुबह उठते हैं तो हमारे सामने पूरे दिन में समान घंटे होते हैं, और हम दोनों में से ही किसी को भी जीवन यात्रा में कोई अवकाश प्राप्त नहीं हुआ था। नहीं, टोनी के पास ही इस सफलता को पाने का सीक्रेट सॉस पर ट्रेडमार्क नहीं था। ठीक यही *मैं* भी अपने जीवन में कर सकती हूं। मैं अपने जीवन में कुछ वास्तविक बदलाव लाने में सक्षम हूं। मैं अपने परिवार के लिए एक स्थायित्व जीवन का निर्माण कर सकती हूं, अपने करियर के लक्ष्यों को हासिल कर सकती हूं, और असल में अपने उद्देश्य के अनुरूप जीवन जी सकती हूं। और इन सबकी शुरुआत होगी, विकास, आत्मविश्वास, और सकारात्मकता भरी एक नई मानसिकता के साथ।

लेकिन कहानी यहीं ख़त्म नहीं होती। आप मेनिफ़ेस्टिंग के बारे में बात करना चाहते हैं? असल में जीवन सचमुच एक पूर्ण चक्रीय अवस्था में आता है। क्या होगा अगर मैंने आपको बताया कि, लगभग बीस साल बाद, मैंने ख़ुद को टोनी रॉबिंस के एक और शो में पाया? हालांकि इस बार, मैं मंच पर टोनी के साथ थी।

मुझे टोरंटो में उनके एक सोल्ड आउट मोटिवेशनल स्पीकिंग कार्यक्रम में उनका परिचय देने के लिए आमंत्रित किया गया था। और जब उस कार्यक्रम का दिन आया तो मैंने ख़ुद को एक भीड़ की तरफ़ देखता पाया, पांच हज़ार से अधिक उत्सुक प्रतिभागियों का विशाल समुद्र, और वहां सभी इस मंच की ओर अपनी आंखें गड़ाए हुए थे, जहां पर कभी मैं भी मौजूद थी। वह क्या ही अद्भुत क्षण था मेरे लिए! लेकिन निश्चित रूप से, जैसा कि जीवन में होता है, मेरे संक्षिप्त परिचय के लिए निर्धारित योजना तब विफल हो गई, जब एमसी ने मुझे एक नोट दिया।

मैंने पोडियम के ऊपर काग़ज़ के टुकड़े पर नज़र डाली, जबकि चमकदार स्पॉटलाइट ऊपर से नीचे गिर रही थी। इस कार्यक्रम की जान, जिनको सुनने के लिए इतनी बड़ी तादाद में लोगों की यह भीड़ उमड़ी थी, टोनी रॉबिन्स, शहर के ट्रैफ़िक में फंसे हुए थे!

टोनी रॉबिन्स के परिचय के लिए जो कुछ शब्द मैंने पूर्वाभ्यास किए थे वे उसी क्षण मेरे पहले टोनी रॉबिन्स शो की घटना के एक तात्कालिक पुनर्कथप में तब्दील हो गए। कैसे मैंने अपने भीतर की आवाज़ की सुनी थी और उसपर भरोसा किया था। कैसे मैंने उस शो के टिकट्स ख़रीदने के लिए इतनी बड़ी हिम्मत दिखाई थी। और कैसे वह कार्यक्रम मेरे जीवन में अभूतपूर्व मायने रखने वाली घटना बन गई। मैंने भीड़ से कहा कि, इतने समय के बाद भी, और उस पहले शो में भाग लेने के बाद से मुझे जो और भी कई प्रभावशाली अनुभव हुए हैं, उनके बाद भी मैं यह कभी नहीं भूलूंगी कि टोनी की कहानी सुनना कितना शक्तिशाली और प्रेरणादायक था। उनके संघर्ष से जुड़ना और उस अनुभव से बाहर निकलकर अपने जीवन में भी वास्तविक परिवर्तन लाने के लिए प्रतिबद्ध होना कितना शक्तिशाली था। मैंने उस सभा में मौजूद सभी उत्सुक चेहरों को यह समझाया कि ऐसा नहीं था कि टोनी ने पहिये का पुनः आविष्कार कर दिया हो या फिर उनका संदेश इतना शक्तिशाली हो, जिसने मुझ पर इतना गहरा प्रभाव छोड़ा था। यह उनकी प्रस्तुति और दैनिक परिवर्तन और विकास की आवश्यकता का सकारात्मक सुदृढ़ीकरण था। इसी बात ने मेरे लिए फ़र्क़ पैदा किया।

और जिस मज़ेदार तरीक़े से जीवन अक्सर सामने आता है, वह उस दिन मंच पर बिताया गया समय था, जिसने अंततः मुझे अपनी पहली पुस्तक लिखने के लिए प्रेरित किया। हां *आप कर सकते हैं : यह सब आपके साथ शुरू होता है* यह किताब ना केवल लोगों को अपने जीवन में बदलाव लाने के लिए प्रोत्साहित करने के लिए मेरे आजमाए हुए और सच्चे जीवन सबक़ को साझा करती है, बल्कि उन्हें अपनी आंतरिक शक्ति को पहचानने में मदद करने और अपने उद्देश्य के पथ पर आगे बढ़ने के लिए प्रेरणा जगाने की कोशिश करती है।

इसके साथ ही एक दूसरी किताब भी शायद मेरे भीतर पनप रही थी और पुस्तक आकार लेना चाहती थी। बस मुझे अभी तक इसकी जानकारी नहीं थी। जब तक मैंने उन सभी बुकशेल्वों का अध्ययन करना शुरू नहीं किया, जिनमें आदतन व्यवहार और दिनचर्या के मूल्य पर केंद्रित स्व-सहायता शीर्षक प्रदर्शित थे। जैसा कि मुझे अब मालूम है कि मैं एक आदतों में बंधी रहने वाली व्यक्ति हूं। लेकिन इसका अर्थ ज़रा भी यह नहीं है कि मैं अपनी दिनचर्या में त्वरित और नमनीयता के लिए बिलकुल भी जगह नहीं छोड़ती। मैं हमेशा अपने रोज़ाना के व्यवहार में

लचीली बनी रहती हूं, क्योंकि मैं जिस व्यवसाय में हूं, जहां कभी भी कोई न कोई नई चीज़ आ सकती है और इसीलिए मुझे निरंतर ही अनुकूल हो जाने की क्षमता रखनी होती है। लेकिन ठोस आदतें और प्रभावी दिनचर्या हमेशा वह बुनियाद रही हैं, जिस पर मैं अपने दिन तय करती हूं। तरकीब यह पता लगाना है कि कौन सी आदतें आपके लिए काम करेंगी, और फिर उन्हें प्रभावी ढंग से और सफलतापूर्वक लागू करना है।

इंडिगो में रखी गई कुछ आदत आधारित पुस्तकें आपकी ज़िंदगी को मात्र इक्कीस दिनों में बदल देने का वादा करती हुई थीं। कुछ किताबें यह संकेत दे रही थीं कि कैसे सिर्फ़ एक आदत बदल देने से साल भर के अंदर आपकी ज़िंदगी तब्दील हो जाएगी। और ऐसी कई और पुस्तकें भी थीं। मेरे ख़याल से ये पुस्तकें चिढ़ा रही थीं। मैंने उनमें से कई पुस्तकों में जो एक समानता देखी वह यह थी कि, वे पाठक से समय की प्रतिबद्धता की मांग कर रही थीं। एक नई आदत में महारत हासिल करने के लिए लगातार कई दिनों तक उस आदत की पुनरावृत्ति से लेकर कई हफ़्तों या *महीनों* की प्रतिबद्धता तक।

एक ओर, मुझे यह समझ में आया : अच्छी चीज़ों में समय लगता है, और नई आदतें अपनाने में निरंतरता की आवश्यकता होती है। वहां कोई बहस नहीं।

लेकिन, मैंने यह सोचा कि *क्या लोगों के भीतर बदलाव लाने का कोई दूसरा तरीक़ा हो सकता है? क्या लोगों को अतिरिक्त दबाव बिना महसूस कराए, सकारात्मक बदलाव के लिए प्रेरित करना संभव है? या फिर उनकी ज़िंदगियों से अधिक समय के प्रतिबद्धता की मांग किए बिना उनमें बदलाव उत्प्रेरित करना संभव है? क्या लोगों में वास्तविक और सकारात्मक बदलाव लाने के लिए कोई अन्य अल्टरनेटिव तरीक़ा है?*

कुछ हफ़्तों बाद तक भी यही ख़याल-सवाल मेरे भीतर घूम रहे थे। फिर एक दिन मैं जब अपनी टीम के एक नए सहकर्मी के सामने बैठी थी, जिसने मुझसे वही पुरातन सवाल पूछा - ''आप एक ही दिन में इतना कुछ कैसे कर पाती हैं? आप हमेशा हँसती रहती हैं : आप में हमेशा ही एक सकारात्मकता दिखती है और आप ऊर्जावान बनी रहती हैं। आप एक कंपनी की सीईओ हैं, आपके तीन बच्चे हैं, छः पोते-पोती, और बूढ़े माँ-बाप भी हैं, जो आप पर निर्भर हैं। और मैं यह *जानता* हूँ कि आप काम को लेकर इतना व्यस्त रहती हैं, तो फिर आप यह सब कुछ कैसे संभाल कर रखती हैं?''

मैं उससे कहना चाहती थी, '*पहले पहल* तो मैं भी एक आम इंसान की तरह ही हूं। हालांकि मेरा सदैव आशावादी होना इस मामले में मेरी थोड़ी मदद ज़रूर करता है। और इन सब के बावजूद चीज़ें हमेशा परफ़ेक्ट नहीं होतीं। कुछ दिन बेहद

थकाने वाले और परेशान करने वाले होते हैं। शायद जीवन यही है। और क्या ही बताऊं तुम्हें? जैसे ही मैं उस सहकर्मी के प्रश्न के लिए एक ऐसे उत्तर को खोज रही थी, जो ईमानदारी से भरा हो, वास्तविक हो, और संभवतः यह जवाब प्रेरणादायक भी हो। और तभी मेरे दिमाग़ में एक बत्ती जली। अब समय आ गया था कि इतने वर्षों से अर्जित बुद्धि और ज्ञान को अब मैं अपने सहकर्मियों से इधर-उधर, यहां-वहां, साझा करने की बजाय मुझे दुनिया से यह साझा करना चाहिए। अब यह समय आ चुका था कि मैं *अपने* '24' यानी ख़ुद की रोज़ाना की आदतों और व्यवहारों के बारे में लोगों को बताऊं।

और यह किताब लिखने की इच्छा जन्मने का यह कारण बिलकुल भी नहीं है कि मुझे ऐसा लगता है कि मेरी रोज़ाना की आदतें और आचरण ही इकलौते और सबसे उत्तम तरीक़ा है, जीवन जीने का और चीज़ें करने का। और ना ही मैं यह मानती हूं कि जो अंतर्दृष्टि मैं यहां प्रदान करूंगी वह बाक़ी विद्वानों द्वारा साझा की गई सलाहों से बेहतर है। सामान्य रूप से कहें तो इस किताब में जो ज्ञान मैंने संग्रहीत किया है, वे मेरे लिए बेहद कारगर साबित हुए हैं। इन्हीं आदतों और दिनचर्या की मदद से मैं एक संघर्षशील सिंगल पैरेंट से नार्थ अमेरिका की सबसे बड़ी रिअल्टी ब्रोकरेज कंपनी की प्रेजिडेंट बनी। और इस कंपनी में, मैं 1400 से अधिक सेल्स प्रतिनिधियों और कर्मचारियों को दैनंदिन आधार पर मैनेज करती हूं। रोज़ाना की आदतें, दिनचर्या, और नियोजित व्यवहारों के कारण ही मैं एक संतुष्टकारी व्यक्तिगत जीवन भी अर्जित कर पाई हूं। अपने बूढ़े और और बूढ़े होते जा रहे माता-पिता (दोनों अब अपने नब्बे के वय के दशक में हैं और मज़बूत हैं) के लिए इकलौती बेटी के भूमिका में, अपने तीन शानदार बच्चों (जो सब वयस्क हो चुके हैं) की गर्वीली मां की भूमिका में, और छः अद्भुत किशोरों की दादी की भूमिका में, एक समर्पित साथी की भूमिका में, और जो लोग मुझे सदा ख़ुश रखते हैं और मेरी हँसी का कारण बनते हैं उनके लिए एक सच्चे दोस्त की भूमिका में - और अंततः इन सबके बाद एक मज़बूत और उत्कृष्ट मानसिक स्थिति में बनी हुई हूं। इसलिए अगर मेरी सलाह एक भी व्यक्ति की मदद कर सकती है, जो यथार्थवादी और महत्त्वपूर्ण तरीक़े से कुछ वास्तविक बदलाव करना चाहता है, तो इन पृष्ठों में किए गए हर प्रयास इसके लायक़ होंगे।

मैं आपको इस पुस्तक को पढ़ने के उसी तरीक़े से प्रोत्साहित करूंगी जिस तरह मैं अपने हर दिन को एप्रोच करती हूं : एक समय में एक घंटे। और इस मामले में जो एकमात्र प्रतिबद्धता की मांग मैं आपसे करती हूं वह यह कि आप मेरे द्वारा अनुशंसित आदतों और दृष्टिकोणों को अपनाने और आजमाने की इच्छा एक दिन के लिए करें। सिर्फ़ एक दिन। और यह काम आप कल से ही शुरू करें। मैं गारंटी देती हूं कि आप इन आदतों और सकारात्मक दिनचर्या का अपने जीवन में लाभ

आप तुरंत देख और महसूस कर पाएंगे। चाहे आप वह किसी भी दिनचर्या के बदलाव से शुरुआत करें।

सुनिए; मैं जानती हूं कि अपना जीवन दृष्टिकोण बदलना इतना आसान नहीं है। और सिर्फ़ अपने दिनचर्या की कुछ आदतों के बारे में सोचने के तरीक़े को बदलने से आपका जीवन चमत्कारी ढंग से एकदम समस्या-मुक्त नहीं हो जाएगा। नहीं नहीं नहीं, ऐसा हरगिज नहीं होगा और यह इस तरीक़े से काम भी नहीं करता है। लेकिन यदि आप कुछ नए विचारों के लिए अपने मन-मस्तिष्क के द्वार खोलने को इच्छुक हैं, और यदि आप कुछ चीज़ों पर जो आप पहले से जानते हैं, उन पर एक नए कोण से पुनर्विचार करने के लिए पर्याप्त धैर्य रखते हैं, तो आपको लाभ ज़रूर होगा। और इसमें क्या आपके हिस्से से मुझे कुछ प्रयास और कार्य की आवश्यकता होगी? तो बिलकुल। और यहीं मैं आपसे अपना एक और प्रमुख आदर्श वाक्य साझा करती हूं :

परिवर्तन आपके सुविधा क्षेत्र के ठीक बाहर होता है।

आपको परिणाम यहीं दिखाई देते हैं।

जैसे आप कोई उपन्यास पढ़ते हैं, आप अपने दिन के चौबीस घंटों के बारे में ठीक उसी तरह विचार कीजिए, जिसमें एक शुरुआत है, फिर मध्य आएगा, और फिर अंत। ठीक उसी उपन्यास की तरह जो शायद आपके बिस्तर के पास वाले मेज़ पर पड़ा हुआ है। जब तक आपका काम करने का और सोने का शेड्यूल उल्टा नहीं हो, तो संभव है कि आपके दिन की शुरुआत सुबह में और दिन का अंत शाम या रात में होता होगा। मैंने आम तौर पर इस किताब में और मेरे द्वारा अनुशंसित आदतों को इसी सर्केडियन चक्र के आधार पर व्यवस्थित किया है। और इसी आधार पर मैंने कुछ आदतों को, ख़ासकर मेरे लिए, जो सुबह के लिए उत्तम हों और कुछ आदतों को जो दिन के अंत में करने के लिए बेहतर हों, वर्गीकृत किया है। लेकिन इस बारे में कोई पूर्ण नियम नहीं है कि इनमें से अधिकांश दिनचर्या को कब लागू किया जाना चाहिए; सबसे महत्त्वपूर्ण विचार यह है कि आपके लिए क्या कारगर साबित होता है।

सकारात्मक, उत्पादक और यथार्थवादी आदतें ही आपके जीवन का मुख्य व्यवहार बनने जा रही हैं, जो आपको आपके पूरे दिन और आपके सर्वोत्तम भविष्य में ले जाएंगी। वे आपको आपके सपनों से परे सफलता और अवसरों के लिए सर्वोत्तम स्थिति प्रदान करेंगे। लेकिन इससे पहले की यह अद्भुत चीज़ें आपके जीवन में सम्मिलित हों, उसके लिए आपको थोड़ा काम करने की ज़रूरत होगी। आपको

अभी अपना नज़रिया बदलना होगा और कुछ कठोर निर्णय लेने होंगे ताकि बाद में आपको इसका लाभ मिल सके।

अभी भी आपके मन में संशय है? तो मैं आपको सुन रही हूं। लेकिन इस बारे में ज़रा इस तरह से विचार करें : यदि आने वाले भविष्य में कोई आपको अपनी ज़िंदगी को बदल कर बेहतर करने का अवसर प्रदान करता है तो क्या आपको उसकी बातों को *आज* खुले मन-मस्तिष्क से नहीं सुनना चाहिए? याद रखें : गिरने से बेहतर है कूदना, इसलिए ज़िम्मेदारी लें और बदलाव की ओर छलांग लगाएं!

आदत 1

अपनी सुबहों को नियंत्रित करें और आप पूरे दिन के मालिक बन जाएंगे

"या तो आप अपने दिन को चलाएं या फिर आपका दिन आपको चलाएगा।"

– जिम रॉन

वे कहते हैं कि आप कभी भी समय को नहीं ख़रीद सकते... आप कभी भी अपने जीवन में अधिक समय नहीं बचा सकते। लेकिन अगर मैं आपको दिखा दूं कि आप आपने जीवन में एक्स्ट्रा समय के लिए जगह बना सकते हैं, तो? क्या होगा यदि, प्रतिदिन केवल एक छोटे से परिवर्तन के साथ, मैं आपके जीवन में हर साल दो सप्ताह का अतिरिक्त जागने का समय जोड़ने में आपकी मदद कर सकूं?

आप ऐसा केवल साधारण रूप से मात्र जागकर और बिस्तर से उठकर कर सकते हैं!

और यह बिलकुल सच है : बस आपको अपना स्नूज़ बटन बार-बार दबाना बंद करना है और आपको आपके मन और शरीर को गति में लाना होगा। अपने ऊपर से कंबल को उठा फेंके, अपने पैरों को बिस्तर से हटाकर ज़मीन पर रखें, और ख़ुद को किसी तरह खड़े होने की अवस्था में ले आएं। अपनी रात्रि मेज़ पर रखी हुई उस पानी के बोतल से एक घूंट को गटकें। अब बताएं आपको कैसा लग रहा है? मुझे अहसास है कि अभी आप थोड़ा-बहुत चिड़चिड़ा महसूस कर रहे होंगे। आपकी आंखें अभी भी प्रकाश के प्रति संवेदनशील होंगी। अभी आपको ठंड भी लग रही होगी, क्योंकि अब आप अपने उस आरामदायक बिस्तर से बाहर निकल

चुके हैं। और संभवतः आपको मेरी इस ख़ुशी से लबरेज सुबह की आवाज़ से चिढ़ भी मच रही होगी। (हां, मुझे लगता है कि मैं कभी-कभी अति-उत्साह के कारण *थोड़ी* खीझ पैदा कर सकती हूं, लेकिन ज़रा देर मेरे साथ ठहरें। आप धीरे-धीरे मुझसे स्नेह करने लगेंगे, क्योंकि मैं आपके जीवन में आपके लिए अतिरिक्त समय जो खोज निकालूंगी।)

सुबह जल्दी उठ जाना सही दिशा में उठाया गया ज़रूरी क़दम है। और यह इस बात का भी बेहद मूलभूत उदाहरण है कि कैसे आप प्रतिदिन अपने जीवन में सकारात्मक बदलाव लाने में सक्षम हो सकते हैं। यह एक छोटा और मामूली क़दम भी प्रतीत हो सकता है, लेकिन मेरा यक़ीन करें यह पहला क़दम ही एक बड़ा प्रभाव ला सकता है। और यह प्रभाव वास्तव में बहुत बड़ा साबित होगा, क्योंकि आपने पहले ही बिस्तर से जल्दी उठकर अपने जीवन में कुछ वास्तविक बदलाव लाना शुरू कर दिया है।

ईमानदारी से बताऊं तो मैं बचपन से ही सुबह में जल्दी उठ जाने वाली इंसान रही हूं। मेरे माता-पिता अक्सर मुझे यह कहानी सुनाते हैं कि मैं जब बहुत छोटी थी तभी से सुबह सबके उठने से पहले उठ जाती थी और किचन को 'साफ़' करने में जुट जाती थी। जैसा कि आप कल्पना कर सकते हैं कि उस वक़्त मैं सफ़ाई तो क्या वहां किचन में गंदगी ही ज़्यादा फैलाती होउंगी, लेकिन मेरे माता-पिता की कहानी के अनुसार मैं बचपन से ही जागने के अतिरिक्त समय के अनुष्ठान के प्रति समर्पित थी। मैं अब सोचूं तो मुझे लगता है कि मैं अपने दिन की शुरुआत किसी न किसी छोटी उपलब्धि के साथ करना चाहती थी, जिससे मुझे अपनी मां या पिता से सराहना मिले। उन दीवारों के बीच हमारी बसी उस छोटी सी दुनिया में, मैं कुछ न कुछ अपना योगदान देना चाहती थी। और उस छोटी उम्र में भी मुझे अंदाज़ था कि हमारे पास कुछ नहीं था। मेरे माता-पिता विनम्र और मेहनती प्रवासी थे, जिन्होंने हमें वह सब कुछ दिया, जो वे दे सकते थे। रसोई को साफ़-सुथरा रखने जैसे छोटे-छोटे कामों से मेरे युवा स्व को उनकी कड़ी मेहनत के बदले कुछ ''वापस देने'' का एक तरीक़ा मिल गया।

मैं सचमुच यह मानती हूं कि सुबह का समय पवित्र होता है। मैं हर दिन पक्षियों के साथ उठती हूं, और मैं सूर्योदय के साथ ही अपने कमरे के परदे खोलती हूं तथा उस समय बाहरी दुनिया जो कुछ भी प्रदान कर रही होती है, उसे ग्रहण करती हूं। इससे मुझे कुछ साल पहले रोम के लिए ली गई छुट्टियों की याद आई। उस यात्रा के दौरान सभी अद्भुत दृश्यों और ध्वनियों तथा निश्चित रूप से, अविश्वसनीय खाद्य पदार्थों में से, मेरे लिए सबसे प्रभावशाली स्थायी यादें सुबह की थीं। मैं सूर्योदय के साथ उठा करती थी और लकड़ी के बने बालकनी के बंद दरवाज़े को खोलते ही नीचे की बाहरी दुनिया मेरे सामने खुल जाती। दिन के इस समय, रोम

अभी तक हॉर्न बजाने वाली कारों और सड़क विक्रेताओं के शोरगुल से व्यस्त नहीं हुआ करता था, जो जल्द ही सड़कों और फुटपाथों पर अपनी जगह कब्ज़ा कर लेते। यहां आए पर्यटक अभी भी अपने बिस्तरों में सो रहे होते थे। कैमरों के क्लिक करने की कोई आवाज़ नहीं होती, नर ही उन्हें पथरीले रास्तों पर उनका मार्गदर्शन करने के लिए कोई मानचित्र। सुबह के इस वक़्त, जैसे ही सूर्य अपनी रौशनी से इस ख़ूबसूरत और अद्वितीय शहर के हर इंच को रोशन करना शुरू किया, बालकनी में सिर्फ़ मैं अकेली थी और सड़कों पर सफ़ाई करने वाले लोग थे। ऐसा लग रहा था कि वे यह परिदृश्य आने वाले सामान्य दिन की अराजकता के लिए तैयार कर रहे हैं। जैसे जैसे समय बीतता, मैं वहीं बालकनी में खड़ी रहती, और धीरे-धीरे पूरा रोम जीवंत हो उठता। ऐसा लगता मानो पूरा शहर मेरी आंखों के सामने खुलता जाता। और यही एक अविश्वसनीय अनुभव था, जो मैं अपने साथ घर लेकर आई थी। दिन के साथ उठने की यह अनुभूति, उस पल को ज़ब्त करने की शक्ति और समय की उस विशेष खिड़की का हिस्सा बनना, जिससे बहुत से लोग वंचित रह जाते हैं।

बेशक यूरोपीय दृश्य बेहद शानदार हैं। लेकिन आप सुबह की इस भावना को पकड़ने और उसमें जीने के लिए छुट्टियों का इंतज़ार तो नहीं कर सकते। आप जहां भी हैं, वही आपको रोज़ाना इसी तरह की भावना और जुड़ाव को ढूंढ़ना तथा महसूस करना होगा। अपने रोज़मर्रा के जीवन में, मैं सुबह-सुबह इसी आदत को ज़ज़्ब करती हूं, चाहे मैं जहां से भी अपने दिन की शुरुआत कर रही हूं। चाहे वह शहर में मेरे घर पर हो या पानी के किनारे कॉटेज डेक पर। इसके लिए आपको बस ख़ुद की और एक दृश्य की आवश्यकता होती है या फिर कहीं बाहर किसी जगह की। आप चाहे कहीं भी हों, सुबह का सूरज ज़रूर जागता है। और इसीलिए आपके पास उस पल, उस क्षण को ज़ज़्ब करने के बजाय उससे चूक जाने का कोई बहाना नहीं है।

मेरे लिए दिन का यह पहर बेहद आवश्यक और महत्त्वपूर्ण है। मेरे वज़ूद का अब यह एक अहम् हिस्सा बन चुका है।

जीवन का समय-चक्र, हर दिन, हर चौबीस घंटे में रिसेट हो जाता है। भगवान की इच्छा से जब तक हम इस जहां में हैं, हमें इतना ही वक़्त मिलता है। जिस क्षण हम अपनी आंखें खोलते हैं उसी क्षण से हम सभी को इसी मूल्यवान, गैर-नवीकरणीय संसाधन का उपहार मिलता है : उपयोग करने और अपनी पसंद के अनुसार ख़र्च करने के लिए चौबीस सुनहरे घंटे। यह याद रखें : आप फिर कभी उतने जवान नहीं होंगे, जितने कि आप इस क्षण में हैं, जितने की आप अभी हैं, जिसका यह अर्थ हुआ की आपके सामने प्रस्तुत हरेक मिनट बेशक़ीमती है। और यह पूरा दिन आपका है!

हमारे जीवन के सभी क्षेत्रों में, हमें मात्रा से अधिक गुणवत्ता को महत्त्व देना सीखना होगा, और यह सचमुच, हमारे दिन की शुरुआत में शुरू होता है, जब हमारी सुबह आने वाले सभी घंटों के लिए टोन निर्धारित करती है।

आप किस तरह के 'मॉर्निंग पर्सन' हैं? क्या आपके सुबहों की गुणवत्ता उस स्तर पर है, जो आपके लायक़ हो? क्या आप उस सुबह के समाचार एंकर की तरह दिलेर हैं, जो व्यावहारिक रूप से आपकी टेलीविज़न स्क्रीन के माध्यम से कूद रहा होता है या फिर आप 'जब तक मैं अपनी कॉफ़ी नहीं पी लेता, मेरी तरफ़ देखो भी मत' जैसे हैं?

यह मुहावरा कि 'जो सुबह-सुबह उठ जाने वाली चिड़िया होती है, वह सारे कीड़े पाती है।' इसका अर्थ हुआ कि जल्दी शुरुआत करने से आपके दिन भर के सभी कार्यों के लिए सकारात्मक परिणाम की संभावना को अधिकतम करने में मदद मिलती है। आदतन जो लोग सुबह सुबह जल्दी उठ जाते हैं, जो बाक़ी दुनिया से पहले ही दिन के इस पहर का अधिकतम मूल्य निकाल लेने में यक़ीन रखते हैं, वे जागने के समय से ही ऑटो पायलट मोड में होते हैं। उनकी आंखें खुलती हैं, उनका दिमाग़ काम करना शुरू कर देता है और उनका अवचेतन मन काम करना शुरू कर देता है। वे शायद ही कभी सुस्त होते हैं। वे पूर्ण *चेतना* की अवस्था में ही दिन के अगले पहर में अपने क़दम रखते हैं। और वे अपने आस-पास के अन्य लोगों की तरह जल्दबाज़ी करने वाले भी नहीं हैं। वहां से सब कुछ एक कोरियोग्राफ़ किए गए नृत्य की तरह प्रकट होता है।

मैं अपने जीवन के जिस पड़ाव पर हूं, वहां मुझे किसी भी अलार्म क्लॉक की ज़रूरत नहीं महसूस होती। मेरा शरीर, मेरी दिनचर्या के साथ इस क़दर मेल में है कि मैं स्वाभाविक रूप से ठीक उसी समय सुबह में जल्दी रोज़ाना उठ जाती हूं। लेकिन यह स्वाभाविकता इसलिए भी है, क्योंकि मेरा बाक़ी का दिन एक समान लय का पालन करता है, जिस कारण मैं निर्धारित समय पर नियमित रूप से सोने के लिए चली जाती हूं। और इस तरह मेरे सुबह जल्दी उठने की दिनचर्या स्थायी रूप से बनी रहती है।

जिस तरह से मैं इस नियमित दिनचर्या को देखती हूं, जब मैं सुबह उठती हूं- वह चाहे सूर्योदय के साथ हो या फिर घुप अंधेरी सुबह में उठना हो (मेरे साथी कैनेडा निवासी इस बात की पुष्टि कर सकेंगे कि कैसे हमारे यहां ठंड की सुबह बिलकुल अंधेरी हुआ करती हैं) - मैं अपने दिन को अपने पूरे क़ाबू में रखती हूं। मैं अपने उन चौबीस घंटों में से सबसे पहले अपनी खिड़की के बाहर का नज़ारा देखती हूं, और इस तरह से मैं अपने पूरे दिन से एक अद्भुत जुड़ाव महसूस करती हूं। चाहे मैं सूर्य को उगते हुए देख रही हूं या रात के उस अंतिम पहर को जी रही हूं, जो सूरज के निकलने के लिए अपने भीतर से जगह बना रहा होता है, मैं वास्तव में ख़ुद

को दिन के साथ तालमेल बिठाते हुए महसूस कर सकती हूं। यह सुबह में जल्दी की गई शुरुआत एक तरीक़े से मुझे सशक्त बनाती है। ऐसा प्रतीत होता है कि मानो मैं दिन के शुरू होने से पहले ही उसके ऊपर लाभ बनाने का एक दावा कर रही हूं।

मुझे कई वर्ष पहले एक बहुत ही सफल व्यवसायी के साथ हुई बातचीत याद आती है। वह भी, मेरी तरह सुबह में जल्दी उठने वालों में से थे। सुबह में जल्दी उठने के लिए उनकी प्रेरणा यह हुआ करती थी कि वे दिन शुरू होने से पहले ही 'आगे निकल जाने' में सक्षम हो जाएं। और वास्तव में एक अगुआ के रूप में उनकी भूमिका जो है उसके लिए दिन पर्यंत के लिए वह एक सफल स्वर निर्धारित कर सकें। सुबह-सुबह वह अपनी पूरी ताक़त के साथ दिन में आगे बढ़ते थे और कार्यदिवस की शुरुआत से पहले ही वह अपने सभी सक्रिय कार्यस्थलों का दौरा कर लिया करते थे। और वह प्रत्येक परियोजना, उसकी हालिया स्थिति, और किसी भी मुद्दे या वस्तुओं जिसे संबोधित करने की आवश्यकता थी, उसको सूचीबद्ध कर लिया करते थे। इससे उन्हें ख़ुद को अपनी चालू परियोजनाओं की प्रगति और विभिन्न क्षेत्रों की स्थिति का आश्वासन मिल जाया करता था। और इसी कारण इससे पहले उनकी कार्य करने वाली टीम और मज़दूर जब तक काम पर पहुंचते, उन्हें हर स्थल और सभी परियोजनाओं में चल रही सभी चीज़ों के बारे में वृहद् जानकारी रहती थी। अपने व्यवसाय के अगुआ के रूप में, वह जानते थे कि अंततः यह सुनिश्चित करने की ज़िम्मेदारी उन पर है कि उनके लोग एक सुरक्षित साइट पर काम कर रहे हैं। उन्हें जो जानकारी मिल रही है वह सटीक है और वह पहले से ही जानते थे कि चीज़ों की स्थिति हर परियोजना स्थल पर कैसी है। दिन शुरू होने के बाद उनके लिए न्यूनतम आश्चर्य हुआ करता था, क्योंकि उन्होंने अपनी सुबह का उपयोग अपने दिन से आगे निकलने के लिए किया था।

मुझे लगता है कि उनका यह नेतृत्व दिखाने का अभ्यास घर के दायरों में भी लागू होता होगा। आम तौर पर किसी भी परिवार में माता-पिता सबसे जल्दी उठ जाते हैं और आगे आने वाले दिन के लिए ख़ुद को तथा अपने परिवार को तैयार करते हैं। और मुझे लगता है कि यह कहना सुरक्षित है कि हममें से जो लोग सुबह का अतिरिक्त समय निकालने में सक्षम हैं, उन्हें नौ बजने पर कम ही लगता है कि वे दुनिया के 'बराबर आने' के लिए कोशिश कर रहे हैं, जबकि बाक़ी दुनिया नौ बजे ही अपने दिन या काम की शुरुआत करती है। यह एक ऐसा लाभ है, जो निश्चित रूप से आपके जीवन के कई पहलुओं पर निर्भर करता है। लेकिन आप जिस भी तरीक़े से कर सकें, यह प्रयास करने लायक़ है।

सुबह जल्दी उठने वाले लोग वास्तव में दुनिया से एक निजी संबंध स्थापित करने में और उसका आनंद लेंगे में सक्षम होते हैं, जिस कारण वे शेष दिन के लिए एक सही गति निर्धारित कर पाते हैं।

वह निजी सुबह का क्षण–जल्दी उठना और आने वाले दिन के साथ संबंध स्थापित करना : यह पहली आदत है, जो मेरे लिए बहुत अंतर पैदा करती है।

एक बार जब आपको अपने लिए एक सुविधाजनक आदतें और दिनचर्या मिल जाएंगी, तब आप यह खोज पाने में सक्षम होंगे कि आप अपने चौबीस घंटों का अधिकतम लाभ कैसे उठा सकते हैं... और फिर उसके बाद से आप अपनी पुरानी आदतों पर वापस नहीं जा पाएंगे। मैं इस बाबत शर्त लगा सकती हूं कि आप में से अधिकांश लोग इस बात से सहमत होंगे कि आप अभी जो कर रहे हैं वह काम नहीं कर रहा है। या कम से कम आप इस बात से सहमत हो सकते हैं कि चीज़ें निश्चित रूप से बेहतर हो सकती हैं।

तो परिवर्तन के एक दिन के लिए प्रतिबद्ध क्यों नहीं हों? छोटी–छोटी शिफ़्टें जिन्हें आप अपने चौबीस घंटों के अगले सेट में निःशुल्क और परिवर्तन की गारंटी के साथ लागू कर सकते हैं। आपके पास खोने के लिए क्या है?

इस आदत को बढ़ावा देने वाली मैं अकेली नहीं हूं। रॉबिन शर्मा एक पूर्व वकील से सबसे ज़्यादा बिकने वाले लेखक और प्रेरक वक्ता बने हैं, जिन्होंने अपनी पुस्तक *द 5एएम क्लब* में इसकी शक्ति को दृढ़ता से प्रमाणित किया है। वह लिखते हैं, ''जीतना आपकी शुरुआत से शुरू होता है।'' ''अपनी सुबहें अपने हिसाब से बनाएं, और आप अपने जीवन पर नियंत्रण पा लेंगे।''

ऐसे कई कारण हैं, जिनकी वजह से वह और दुनिया के कई अन्य अग्रणी प्रेरक व्यक्ति सफलता के लिए जल्दी जागने का सुझाव देते हैं। एक तो यह कि यह काम करता है। दूसरी बात यह है कि आप कभी नहीं जानते कि क्या होने वाला है। उदाहरण के लिए निम्न की कल्पना कीजिए : फ़ोन की घंटी बजती है। *ट्रिन ट्रिन ट्रिन...* जैसे ही आप इस फ़ोन का उत्तर देते हैं दूसरी तरफ़ से आपके पास एक अशुभ आवाज़ आती है।

''हेलो, यह कॉल आपको यह सूचित करने के लिए किया जा रहा है कि अगले कुछ महीनों में आपकी मृत्यु हो जाएगी। आपका दिन शुभ हो।''

मैं हर दिन – अच्छे दिनों पर और उन दिनों में भी जो अच्छे नहीं होते – इस कृतग्यता के साथ जागती हूं कि मुझे मिलने वाले सभी जीवन के क्षणों के लिए मैं आभारी हूं। और इसी कारण सुबहों में, मैं अपने बिस्तर से कूद कर जागती हूं। ठीक है, हो सकता है कि कुछ सुबह यह उछाल कम और गति धीमी अधिक हो, लेकिन फिर भी, मैं वास्तव में अपने जीवन और दिन का लाभ उठाने, बदलाव लाने, लोगों की मदद करने और अपना जीवन जीने के अवसर और अपने जीवन

के उद्देश्य को लेकर *उत्साहित* रहती हूं। और ऐसा मैं मिले हुए चौबीस घंटों के उपहार का अधिकतम लाभ उठाने के लिए करती हूं। और जबकि कोई भी यह सोचना पसंद नहीं करता कि उनका समय निकट भविष्य में समाप्त हो सकता है, यह याद रखना महत्त्वपूर्ण है कि समय का यह उपहार हमेशा के लिए किसी गारंटीकृत सदस्यता सेवा पर नहीं है। हर चीज़ की एक समाप्ति तिथि होती है, और हर दिन एक वरदान है।

क्या आप किसी नई आदत को आज़माने की प्रतिबद्धता मुझसे नहीं–हम अभी–अभी मिले हैं, बल्कि अपने आप से करने को तैयार हैं?

कार्रवाई आइटम #1 : कल के अलार्म को सामान्य समय से एक घंटा पहले बजने के लिए सेट करें।

और हां इसे कल ही करिए। भविष्य में कोई समय इसके लिए निर्धारित मत कीजिए। मैं इस काम के लिए आपसे बस एक सुबह करने की मांग कर रही हूं। संभवतः यह उतना कठिन नहीं होना चाहिए। आख़िरकार, आप इस परिवर्तन के लिए स्वयं को एक महीने या एक सप्ताह के लिए भी प्रतिबद्ध नहीं कर रहे हैं। हम केवल एक दिन के बारे में बात कर रहे हैं, बस इसे आज़माने के लिए। तो अपने नए जागने के समय को अपने फ़ोन में पंच करें, इसे नोटपैड पर लिखें, और कल से शुरू होने वाली नई आदत के लिए इस योजना को लॉक करने के लिए अपना अलार्म रीसेट करें। हो गया? बहुत बढ़िया!

इस क्षण का आनंद लीजिए, क्योंकि आपने अभी–अभी एक विचार लिया है और उसे क्रियान्वित किया है – और यह अच्छा लगता है, है ना? मुझे विश्वास है कि जब आप कल एक घंटा पहले उठेंगे, तो आप बदलाव देखेंगे और महसूस करेंगे, और आप आश्चर्यचकित हो जाएंगे। यह छोटा सा परिवर्तन अगले वर्ष के दौरान पंद्रह अद्भुत बोनस दिनों में तब्दील हो जाएगा – और यह आपको अपनी दैनिक दिनचर्या में *अगले* बदलाव पर कार्य करने के लिए प्रेरित करेगा। तो आगे पढ़िए!

आदत 2

भविष्य की योजनाएं बनाएं लेकिन अपनी धुरी बदलने के लिए तैयार रहें

''जानबूझकर जीना दूसरों की पसंद से पहले अपनी पसंद ख़ुद चुनने की कला है।''

–रिची नॉर्टन

चलिए इस भाग को हम एक छोटे से सर्वे के साथ शुरू करते हैं। निम्न में से कितनों के साथ आप ख़ुद से जुड़ा पाते हैं? (हर विकल्प जो आपके लिए लागू हो उस पर टिक करें)

- ''कभी भी पर्याप्त समय नहीं होता!''
- ''अब तक ________ कैसे बज चुके हैं?''
- ''मुझे ऐसा लगता है, जैसे मैंने कुछ भी नहीं किया है।''
- ''दिन कहां गया?''

यदि आप दुनिया के बाक़ी लोगों की तरह ही हैं, तो आप कई बार अपना दिन जब शुरू करते होंगे तो आपके भीतर यह ख़याल रहता होगा कि मैं दिन की शुरुआत में ही अन्य लोगों से मानो दस क़दम पीछे छूट गया हूं। या फिर आपने ख़ुद को एक काम से दूसरे काम की ओर भागते हुए पाया है। और आप इस दौरान यह महसूस कर रहे होंगे कि यह दिन आपके पास से तो गुज़र रहा है, लेकिन सबकुछ धुंधला पड़ा है। पर यहां एक अच्छी ख़बर भी है? पर्याप्त समय नहीं मिल पाने की

यह सामान्य, भयावह भावना ठीक की जा सकती है। यह बिलकुल सच है और मैं आपसे वादा करती हूं कि आप इसे कैसे कर सकते हैं –

मज़बूत इरादों के साथ जियो।

आप इस शब्द को इस पूरी किताब में बहुत बार देखेंगे क्योंकि यह मेरे मौलिक व्यक्तिगत सिद्धांतों में से एक है। मैं अपने जीवन को, प्राप्त प्रत्येक दिन के चौबीस घंटों में से हर घंटे एक मज़बूत इरादे के साथ जीती हूं – हर समय में मौजूद रहने का इरादा, हर पल का आनंद लेने का इरादा, कोई न कोई बदलाव लाने का इरादा, अपने उद्देश्य को पूरा करने का इरादा। मेरे इरादे अनंत हैं और वे हर क़दम पर मेरी प्रेरणा शक्ति का प्रतिनिधित्व करते हैं। वे ही हैं, जो मुझे सुबह टेलीविज़न देखने, या सोशल मीडिया पर बिना सोचे-समझे स्क्रॉल करने, या एक कप *और* कॉफ़ी पीने में समय बर्बाद करने से रोकते हैं। इनमें से कोई भी आसान गतिविधि मुझे आने वाले दिन में कोई वास्तविक लाभ नहीं देती है, और मेरा अंतिम लक्ष्य हमेशा अपनी सुबह को अधिकतम लाभ में तब्दील करना है, और वास्तव में, अपने पूरे दिन का अधिकतम उपयोग करना है। इसीलिए मैं अपने दिन की योजना बनाने के बुनियाद में इरादे को जगह देती हूं। जो बदले में मुझे उत्कृष्ट स्थिति में रखता है और मेरे अगले 24 घंटों के लिए सर्वोत्तम स्थिति की गारंटी देता है। यह मेरे लिए एक डील ब्रेकर है – बिलकुल ज़रूरी।

प्रेरक वक्ता जिम रॉन ने सलाह दी है कि ''दिन की शुरुआत कभी भी तब तक नहीं करें जब तक कि यह काग़ज़ पर ख़त्म नहीं हो जाए।'' इसका मतलब है कि अपने आप को वर्तमान के साथ संरेखित करना और जो आपके सामने है उस पर सचेत रूप से विचार करना। कभी-कभी योजना बनाने में एक शांत स्थान ढूंढ़ना, शांत बैठना, अपनी आंखें बंद करना और अपने आप को अपने इरादों के अनुसार अपने दिन की भौतिक गतिविधियों से गुज़रते हुए देखना शामिल होता है। या इसका अर्थ यह भी हो सकता है कि आप अपने शेड्यूल का बस दस मिनट के लिए स्कैन करें, जिसमें आप अपने अपॉइंटमेंट्स को ज़ोर से पढ़ें, और प्रत्येक पर रुक कर अपने वांछित परिणामों के लिए मैनिफ़ेस्ट करें। कुछ लोगों के लिए, दैनिक नियोजन प्रक्रिया में एक विज़न बोर्ड भी शामिल हो सकता है। जहां, दिन के लिए अपने कार्यक्रम की समीक्षा करने के बाद, और अपने अंतिम लक्ष्यों और उद्देश्य को ध्यान में रखते हुए आप अपने बोर्ड की ओर मुड़ते हैं और आज के लिए नियोजित कार्यों और भविष्य के लिए आप जो योजना बना रहे हैं उसके अंतिम परिणामों के बीच सीधे संबंध की पहचान करते हैं।

याद रखें : अच्छी आदतें और दिनचर्या निरंतरता पर आधारित होती हैं, इसलिए पता लगाएं कि कौन-सा तरीक़ा आपके लिए काम करता है और वहां से

आगे बढ़ें। यह एक आकार–सभी के लिए उपयुक्त रणनीति नहीं है; अपने लिए उपयुक्त तकनीक का चुनाव करने से पहले कुछ अलग तकनीकों को आज़माने से नहीं डरें। चाहे जो भी हो, यह आदत आपके शेष दिन के लिए महत्त्वपूर्ण है, क्योंकि ऐसा करने से, आप अपने समय पर नियंत्रण कर रहे हैं और दिन की शुरुआत कर रहे हैं। और बिना कुछ जाने–बूझे इसमें कूदने से बेहतर है कि – अगर हम कुछ समय के लिए यथार्थवादी बनें तो – यहां अप्रत्याशित घटित होने की संभावनाएं मौजूद हैं। जब ऐसा होता है, तो आप ख़ुद को उस पल के लिए तैयार कर पाएंगे और यदि आपके पास काम करने की कोई दूसरी योजना है तो उस धुरी पर अपनी योजना बदल कर काम कर पाएंगे।

वह शब्द – *धुरी*, इस दूसरी आदत का एक प्रमुख तत्व है। आप कभी भी हर चीज़ के लिए योजना नहीं बना सकते, यहां तक कि अच्छे इरादों के साथ भी नहीं। अज्ञात सदैव आपका इंतज़ार करता रहेगा। बस यही तो ज़िंदगी है। टेलीविज़न श्रृंखला *सर्वाइवर* की टैग लाइन दिमाग़ में आती है : *अप्रत्याशित की अपेक्षा करें।* यह सोचकर मुझे हमेशा आश्चर्य होता है कि दुनिया भर में हर तरह की पृष्ठभूमि के लोग एक टीवी शो में शामिल होने का सपना देखते हैं, जहां पूरा माहौल आपके आराम क्षेत्र से बाहर का होता है। मूलभूत सुविधाओं से युक्त एक दूरस्थ द्वीप। भीषण शारीरिक एवं मानसिक चुनौतियों से भरपूर।

और उसके साथ ही अजनबियों का एक पूरा समूह उस भव्य पुरस्कार जीतने की योजना में आपको चिढ़ाता है, आपको काटने के लिए तैयार बैठा हुआ रहता है। ऐसा प्रतीत होता है, जैसे वास्तविक जीवन का संघर्ष कम पड़ गया हो इसलिए वे लोग ऐसा कर रहे हैं!

लेकिन फिर जब मैं 'असल ज़िंदगी' के ऊपर थोड़ा ठहर कर विचार करती हूं तो उस शो में और वास्तविक जीवन में समानताएं देख पाना मुश्किल नहीं है : ख़ुद को अपने कम्फ़र्ट जोन से बाहर ले जाना, अनजान और अज्ञात में गोते लगाना, और ख़ुद को नई चुनौतियां देना। और इस संदर्भ में, मैं *सर्वाइवर* रियलिटी शो के प्रति अगाध अपील को समझ पाती हूं। *सर्वाइवर* असल में वास्तविक जीवन ही है, बस एक बड़े और वृहद् पैमाने पर... हालांकि इसका अर्थ यह नहीं है कि मैं उस शो में कास्ट होने के लिए जल्द ही आवेदन भरने वाली हूं, पर इससे मुझे इस शो के पीछे का विचार कुछ हद तक समझ आता है।

अपनी धुरी बदलने की क्षमता सबसे पहले तो इस जानकारी या पूर्वानुमान से शुरू होती है कि – चीज़ें हमेशा योजना के मुताबिक़ ही नहीं हो पाएंगी। कुछ लोग तो इस अज्ञात और अनजाने स्थितियों में ही पनपते और बढ़ते जाते हैं और वहीं कुछ लोग इस स्थिति से डरते हैं। लेकिन हम सभी अपने आप को किसी न किसी बिंदु पर ख़ुद को ऐसी स्थिति में ज़रूर पाते हैं। जब ऐसा होता है – जब योजना

धूमिल हो जाती है – तो *आप* क्या करेंगे? लुढ़क जाएंगे? अपने कंधे गिरा कर हार स्वीकार कर लेंगे?

बिलकुल नहीं। यह विकल्प आपके पास होना ही नहीं चाहिए। आप अपनी धुरी बदलेंगे और एक नई योजना के साथ पुनः उसी रास्ते पर चल पड़ेंगे।

वर्ष 2021 के शुरुआती वसंत के दिनों में से एक दिन मैं बाक़ी किसी भी अन्य दिनों की तरह अंतिम छोर पर थी। हां, दुनिया एक वैश्विक महामारी के बीच में थी, लेकिन उस समय हमारे पास सुरक्षा प्रोटोकॉल थे और हर कोई अपना सर्वश्रेष्ठ प्रयास कर रहा था। और जितना संभव हो सकता था जीवन हमेशा की तरह अपनी गति में जारी था।

मैं उस सुबह भी हमेशा की तरह ही जल्दी उठ गई थी और एक त्वरित वर्कआउट सेशन के बाद अपना स्मूदी पीते हुए मैं सूर्योदय देख रही थी। मैं कार्यालय पहुंची और वहां अपनी धुन में मस्त कार्यदिवस शुरू किया; जिसमें पहले से निर्धारित कुछ ज़ूम मीटिंग्स थीं, अपने एजेंट्स और स्टाफ़ के साथ कुछ बातचीत, और हमेशा की तरह कुछ अनियोजित परेशानियां जिन पर ध्यान देना बेहद ज़रूरी था। यह दिन भी रोज़ाना की तरह व्यस्त और काम से लदा हुआ था। मैं शाम छह बजे के आसपास अपने सभी काम समेट कर घर चली गई।

जीवन की विडंबना यह है कि जितनी मर्ज़ी हम कुछ पूर्व चेतावनी चाहते हैं, हमें कभी भी कोई बड़ा, चमकदार चिह्न नहीं दिखाई देता, जिससे हमें पता चल सके की हमारे पैरों तले ज़मीन को किसी ने खींच लिया है। और उसी वजह से उस दिन शाम को मैं अपने घर थी और अपनी रोज़ाना की नियमितताओं में व्यस्त थी, जब अचानक ही मुझे एम्बुलेंस से घर से हॉस्पिटल की तरफ़ ले जाया जा रहा था। विभिन्न परीक्षणों और अनजान ख़तरे के भय में खीझ से भरा हुआ एक लंबा वक़्त गुजारने के बाद, तथा कुछ सही जानकारियों की उम्मीद में, मुझे अंततः यह मालूम हुआ कि मुझे हिस्टरेक्टमी की प्रक्रिया से गुज़रना होगा।

मैं समझ गई थी कि यह बदलाव करने का समय है। और इसके अलावा, मैं अपने जीवन के लिए खेद और सॉरी नहीं महसूस करने वाली थी। हां यह ज़रूर है की इस वक़्त मेरी आंखों पर एक तरह की पट्टियां लग गई थीं। वैसे भी आप कोई हों, आप अभेद्य नहीं हो सकते हैं। लोग अक्सर मुझे एक मज़बूत और शक्तिशाली महिला के तौर पर देखते हैं – एक सख़्त 'लेडी बॉस' के रूप में – लेकिन उस दिन अचानक से जीवन ने मुझे हिला कर रख दिया था। और उस दिन से अगले दिन तक पहुंचने में, मेरे लिए परीक्षण और उपचार प्रक्रियाएं ही मेरी ज़िंदगी की 'नई नार्मल' बन गईं। ज़िंदगी ने निश्चित रूप से मुझे एक गहरी परेशानी में फेंक दिया था, लेकिन मैं भी आसानी से हार मानने वालों में से नहीं थी। और इसी कारण स्वास्थ्य पर उभरे इस ख़तरे को मैंने अपनी पूरी ज़िंदगी पर हावी होने नहीं दिया।

अपनी रोज़ाना की ज़िंदगी की धुरी बदलना और बदलाव लाने का यह अर्थ नहीं है कि आप अपनी दिनचर्या को उठा कर खिड़की से बाहर फेंक दें। वास्तव में, मैंने अपनी दिनचर्या पर क़ायम रहने का यथासंभव प्रयास किया। मेरी नियमितता ने ही मुझे अपने जीवन के इस अनिश्चित और अवास्तविक दौर में मुझे स्थिर और मानसिक रूप से स्वस्थ बनाए रखा। लेकिन कई दफ़ा ऐसा भी हुआ कि मुझे अपनी सामान्य दिनचर्या से इतर होना पड़ा। और ऐसी स्थिति में मैंने अपनी दिनचर्या को इस प्रकार संशोधित करने की कोशिश की कि यह मेरे लिए अभी भी कारगर साबित हो। मैंने पूरी कोशिश की कि नई गतिविधियों और प्रतिबद्धताओं को अपने दिन में तरजीह देने के बाद भी मुझे अपनी रोज़ाना की आदतों में से कुछ चीज़ें काटनी नहीं पड़ें। सुबह जल्दी उठना और अपनी सुबहों को अपने मुताबिक़ व्यतीत करना मैं अभी भी कर रही थी। इसलिए मैं अपनी इस रोज़ाना की आदत को बरक़रार रखने के लिए बेहद आभारी थी। लेकिन मेरे लिए यह जानना और मानना एक बड़ा झटका था कि मैंने अपने शरीर के ऊपर नियंत्रण को कुछ हद तक खो दिया है। उस शरीर के ऊपर जिसके लिए मैंने अपनी वयस्क उम्र का ज़्यादातर हिस्सा अच्छी देखभाल करते हुए बिताया है। उदाहरण के लिए, ऐसे दिनों में जब मेरी ऊर्जा का स्तर कम हो जाता है, मुझे अपनी वर्तमान परिस्थिति को स्वीकार करने और मेरे शरीर द्वारा मुझे दिए जा रहे संकेतों के जवाब में समायोजन करने की ताक़त ढूंढ़नी होती थी। यह बात विशेष रूप से मेरी सर्जरी के बाद सच थी। और जबकि उस दौरान मेरी प्रवृत्ति असुविधा से उबरने और ''मैं'' की ओर लौटने की थी, मैं इस अहसास से दंग रह गई कि शरीर भी बात करता है, और जबकि आपका मन उठने और जाने के लिए तैयार हो सकता है, शरीर कभी-कभी यह आपके लिए निर्णय लेता है।

जब मुझे अपनी डायग्नोसिस के बारे में जानकारी हुई, मुझे मालूम था कि मैं कई महिलाओं की तरह थी, जिन्हें इसी तरह की जानकारी पहले दी जा चुकी है और मैं इस बात से भी भली-भांति वाक़िफ़ थी कि एक से अधिक मायनों में मैं भाग्यशाली हूं। अंततः कुछ उत्तरों से लैस होकर, मैंने अगले चरणों की योजना बनानी शुरू कर दी, अपने प्री-ऑप, अपनी सर्जरी और अपने पोस्ट-ऑप समय के लिए एक योजना निर्धारित की, जैसा कि मैं सामान्य रूप से किसी भी अन्य चीज़ के लिए करती हूं। मेरे पास पूरी योजना थी, लेकिन फिर भी मुझे अपनी धुरी बदल कर बदलावों की ज़रूरत पड़ी। मेरा समय, सर्जरी की प्रक्रिया के प्रति मेरे शरीर की प्रतिक्रिया, मेरे दिन-प्रतिदिन का निजी जीवन और काम -काज इन सभी पर मुझे एक नए स्तर के विचार और नौचालन की आवश्यकता थी।

अचानक से मेरा ख़ुद के लिए योजनाएं निर्धारित करना मुश्किल हो गया था। क्या मुझे उस दिन अस्पताल में अपॉइंटमेंट मिलेगी? मैं उस समय कैसा महसूस कर रही होऊंगी? अब कोई भी योजना बनाने से पहले ध्यान देने योग्य नए चर आ चुके

थे। और धुरी का अर्थ है, समायोजन करना जहां उनकी आवश्यकता थी – चाहे वे नियोजित हों या नहीं। और यहां मैं यह ज़रूर कहूंगी कि इन सभी चीज़ों के बावजूद मैंने सब कुछ को अच्छे से संभाला था। वैसे भी मैंने अपना सर्वश्रेष्ठ प्रयास किया था। यह आसान नहीं था, लेकिन यह *असंभव* भी नहीं था और मैं जिस चीज़ पर केंद्रित रही वह मेरे इरादे थे। ऐसा हुआ था कि अब मुझे अपनी दिनचर्या में एक नया इरादा शामिल करना था : एक अप्रत्याशित स्वास्थ्य मुद्दे से निपटना।

तो यदि जीवन आपको किसी भी तरह से कठिन परिस्थितियों में धकेलने वाला है तो योजनाओं की तैयारी और समीक्षा करने में इतना समय क्यों बर्बाद करें?

मैं आपको बताती हूं कि क्यों? जब आप एक मज़बूत इरादे के साथ सुबह जागते हैं, और अपने दिन का अधिकतम लाभ उठाने की योजना बनाते हैं, और अपने आप को अपने उद्देश्य के साथ जोड़ते हैं, तब आप पूरे आत्मविश्वास के साथ एक पथ पर अग्रसर होते हैं... और इस तरह जब अचानक कोई परेशानी आती है – और वह ज़रूर आएगी मित्रों – तब आपको मालूम होगा कि आपको किस दिशा में जाना है। इसे दूसरे तरीक़े से देखें, तो अपनी दैनिक योजना को अपने दिन के लिए जीपीएस मार्ग के रूप में सोचें, और फिर जब कुछ अप्रत्याशित चीज़ें सामने आती हैं तो आपको चक्कर लगाने पर मजबूर कर देती हैं। क्या वे अस्थायी तौर पर आपको रास्ते से भटका देते हैं? निश्चित रूप से वे ऐसा करते हैं। लेकिन क्या वे यह मांग करते हैं कि आप अपना गंतव्य पूरी तरह छोड़ दें? बिलकुल नहीं! धुरी बदलने का मतलब यह नहीं है कि आप पूरी तरह से नई दिशा में चले जाएं। कभी-कभी इसका मतलब छोटे बदलाव होते हैं। या कई बार इसका अर्थ यह हो सकता है कि आप एक क्षण ख़ुद के लिए निकालें – अपनी सांसों की गिनती करें, एक, दो, तीन, या ख़ुद को केंद्रित करने के लिए जितना वक़्त लगे – और फिर अपनी समग्र योजना पर वापस आ जाना। यदि आप नहीं जानते कि आप कहां जा रहे हैं या वहां पहुंचने के लिए आपका सामान्य मार्ग क्या है, तो एक अप्रत्याशित मोड़ वास्तव में आपको पटरी से उतार सकता है। लेकिन जब आपके पास कोई योजना हो तो चक्कर लगाना बहुत कम डरावना होता है।

प्रत्येक दिन अपने मार्ग का मानचित्रण करने से आपको ट्रैक पर बने रहने में मदद मिलती है – या जब जीवन आपको भटकाव पर ले जाता है तो वापस ट्रैक पर आने में मदद मिलती है।

मुझ पर विश्वास करें, यदि आपके पास आगे बढ़ने या धुरी बदलने से पहले कोई योजना है तो आप आत्मविश्वास की उस अतिरिक्त भावना से जुड़े रहेंगे। आप कल्पना करिए कि हर नए दिन में आप एक तैयारी के साथ प्रवेश करते हैं, जहां

आपको पता है कि आप कहां जा रहे हैं, और फिर उन इरादों को निर्धारित करने की वजह से उत्पन्न ऊर्जा से आप पूरे दिन में आने वाली सभी बाधाओं को पार करने में सक्षम होते हैं। और फिर आप किसी भी अप्रत्याशित परिस्थिति का स्पष्ट, शांत, और एकत्रित विचारों के साथ सामना करते हैं और संभालते हैं।

अक्सर, लोग योजना बनाने की आदत से जूझते हैं क्योंकि यह उनके कार्यक्रम में शामिल होने वाली एक और चीज़ है। ऐसा प्रतीत होता है कि उन्हें इस गतिविधि के लिए सही समय नहीं मिल पा रहा है। अच्छा, यहां मैं आपको एक चीज़ बता दूं। जब किसी नई आदत की बात आती है, तो इसे शुरू करने का कोई भी सही समय नहीं होता है, क्योंकि यह वास्तविक जीवन है, और हमेशा कुछ न कुछ घटित होता रहता है और योजना में हस्तक्षेप होता रहता है। आपको समय *निकालना* होगा और इस नई आदत के लिए *प्रतिबद्ध* होना होगा – और अपने जीवन में जो भी बदलाव आप कर रहे हैं उनके लिए भी आपको ऐसा ही करना होगा।

कुछ लोग सोचते हैं कि एक विस्तृत योजना के साथ आने के बजाय, अप्रत्याशित से बचना आसान है, या इसकी संभावना से इनकार करना, जब तक कि यह उनके सामने नहीं आ जाए। और ठीक है, फ़िलहाल यह आसान लग सकता है। लेकिन क्या यह अधिक स्मार्ट है? क्षमा करें– लेकिन नहीं! हालांकि यह हम सभी के साथ कभी-कभार होता है – एक बुरा दिन, एक कठिन सप्ताह, बच्चों के साथ कोई संकट, कुछ पारिवारिक आपात स्थिति, कार, नौकरी, हमारे शेड्यूल में एक दुखती रग – और हम चाहते हैं कि हम समस्या से पूरी तरह बच सकें। हम इस तरह से नहीं जी सकते। यदि आप ख़ुद को इनकार और टाल-मटोल में जीने वाले जैसा पाते हैं, तो आपको गहराई में जाने और ख़ुद से कुछ वास्तविक सवाल पूछना शुरू करने की ज़रूरत है – संभावित समस्याओं को नज़रअंदाज़ करने के लिए आप इतनी कड़ी मेहनत क्यों कर रहे हैं? वह झिझक आपकी आंतरिक आवाज़ का एक संकेत है, जो आपको बताती है कि कुछ गड़बड़ है; यह एक चेतावनी संकेत है, जैसे राजमार्ग पर एक निर्माण श्रमिक आपको आगे के रास्ते के प्रति सचेत करने के लिए नारंगी झंडा लहरा रहा है। आपको समस्या की जड़ तक पहुंचने की ज़रूरत है और इसका डटकर सामना करना होगा, हमेशा अपने इरादों पर वापस आना होगा, और फिर अपनी योजना पर काम करना शुरू करना होगा, जो भी बदलाव आपको करने की ज़रूरत है उसे करना होगा।

हर दिन-हर एक दिन-एक उपहार है, और जब समय कठिन हो और कार्यक्रम जटिल हो तो इसे ध्यान में रखना कठिन हो सकता है। लेकिन आप जीवित हैं और सांस ले रहे हैं। और जीवन अब घटित हो रहा है। यह कोई ड्रेस रिहर्सल नहीं है। यह वास्तविक सौदा है। तो चलिए कल के लिए अपनी योजना पर काम करें!

कार्रवाई आइटम #2 : दिन के लिए अपने इरादों की समीक्षा करने के लिए दस मिनट का समय लें और उस घटना में लचीलेपन के अवसरों की पहचान करें, जिस पर आपको ध्यान देने की आवश्यकता है।

जो ठीक करने की आवश्यकता है उसे ठीक करें ताकि जल्द ही किसी दिन, आप जागना शुरू कर दें और अपने जीवन के बारे में अच्छा महसूस करें। क्योंकि आपके पास केवल एक ही मौक़ा है, और चौबीस घंटों का प्रत्येक सेट एक उपहार है, कोई गारंटी नहीं। इस दैनिक उपहार को बर्बाद नहीं करें। इसके लिए तैयारी करें; उपस्थित रहें; जब आवश्यक हो तब आगे बढ़ें और इसे इसकी पूरी क्षमता से जिएं।

खुला राजमार्ग इंतज़ार कर रहा है! अपने मार्ग की योजना बनाने के लिए अब से बेहतर समय और क्या होगा?

आदत 3

रोज़ाना के रिवाजों को अपनाएं

"हम वह बन जाते हैं, जिस क्रिया का हम बारंबार दुहराव करते हैं।"

– शॉन कवी

अब जब आप जल्दी जाग गए हैं और आगे क्या होने वाला है, इसके लिए ख़ुद को केंद्रित कर लिया है, तो यह आपके दिन का अधिकतम लाभ उठाने के लिए अगले क़दम का समय है।

आप कुछ देर के लिए अपने पसंदीदा उपन्यास या अपने फ़ेवरेट टीवी शो के बारे में सोचिए, जहां सभी मुख्य और महत्त्वपूर्ण किरदारों को शुरू में ही पेश किया जाता है और प्रतीत होता है कि अप्रासंगिक कथानक बिंदु और विशिष्ट विवरण मिश्रण में बीज की तरह गिरा दिए जाते हैं, जिन्हें पोषित और विकसित किया जाना है। और अंत तक वे सभी विवरण जो शुरू में दिए गए थे और अप्रासंगिक लग रहे थे उन्हीं के कारण पूरी कहानी में एक तारतम्य स्थापित होता दिखेगा और कहानी अपनी पूर्णता में आपको समझ आने लगेगी। इसी तरह, आपके दिन की शुरुआत हर चीज़ के लिए पृष्ठभूमि तैयार करती है। यह वह जगह है, जहां आप बीज बोते हैं और अपने लक्ष्य के प्रति पहले विशेष क़दम उठाते हैं।

यदि आपको हर सुबह अपने द्वारा किए जाने वाले छोटे-छोटे कामों की एक सूची बनानी हो, जिसमें आपके सभी महत्त्वहीन दैनिक अनुष्ठान भी शामिल हों, तो वह सूची कैसी दिखेगी? मैं हर सुबह जो छोटे-छोटे काम लगभग ऑटो पायलट

मोड में करती हूं, वह मुझे मेरे उद्देश्य या लक्ष्य के साथ जोड़ने के आधार के रूप में काम करती है। और इस पथ में कभी-कभार अचानक आए मोड़ों और कुछ अन्यान्य बाधाओं के बावजूद भी उनका असर मेरे उद्देश्य पर पड़ता है।

हम रोज़ाना किए जा रहे अपने दैनिक अनुष्ठानों को अक्सर महत्त्वहीन मानते हुए इन्हें ख़ारिज कर देते हैं। और ऐसा करना बस हमारी फ़ितरत में शामिल हो चुका है। जैसे हम प्रोटीन स्मूदी पीते हैं, अपने थरमस में पानी भरते हैं, और रोज़ाना काम पर जाने के लिए एक ही मार्ग चुनते हैं। इसमें कोई बड़ी बात नहीं है, है ना? ग़लत! हम जो कुछ भी करते हैं, भले ही वह छोटी से छोटी चीज़ हो, वह मायने रखता है। सब कुछ। और यहां यह याद रखने की ज़रूरत है कि *समय के साथ* हमारी रोज़ाना की ये छोटी आदतें भी बड़ा महत्त्व रखती हैं।

हमारी मुसीबत तब शुरू होती है, जब हम अपने शॉर्ट-टर्म सुविधा के लिए, इन छोटी-छोटी आदतों के महत्त्व और हमारे लॉन्ग टर्म लक्ष्य के सापेक्ष में उनका संबंध नज़रअंदाज़ कर देते हैं। हम अपने ऑफ़िस में उस चीनी युक्त, प्रसंस्कृत व्यंजनों का चुनाव अपनी त्वरित भूख को मिटाने के लिए कर सकते हैं, यदि हमने घर पर अपनी प्रोटीन स्मूदी नहीं बनाई है तो हम सीधे कॉफ़ी के लिए जाते हैं, क्योंकि हमें बर्फ़-ठंडा पानी पीने के बजाय तत्काल पिक-मी-अप की आवश्यकता होती है। जब हम ट्रैफ़िक से गुज़रते हैं तो हम अपने फ़ोन चेक करते हैं, क्योंकि हम अतिरिक्त नींद के सुख ख़ुद को प्रदान कर रहे थे और घर से निकलने में देर हो गई थी।

जब हम अपनी दिनचर्या से भटक जाते हैं और अपने शरीर को उचित पोषण और जलयोजन से वंचित कर देते हैं, या फिर अपनी सुबहों में बेमतलब की चिंता और जोख़िम लेने लगते हैं, और यह सब हम अपनी शॉर्ट टर्म संतुष्टि के लिए करते हैं, हम एक ऐसे पैटर्न बनाने की शुरुआत कर सकते हैं, जिसमें हम उन आत्म-भोगपूर्ण हरकतों में लिप्त होने लग सकते हैं, जिनमें अल्पकालिक संतुष्टि तो मिलेगी, लेकिन उनके दीर्घकालिक परिणाम दंडात्मक होंगे। कई अध्ययनों से यह स्पष्ट हो चुका है कि जो छोटे-मोटे काम आप दिन की शुरुआत में करते हैं, उनका असर पूरे दिन पर सबसे अधिक होता है।

इस आदत के बारे में पूर्व अमेरिकी नेवी सील और एडमिरल विलियम एच. मैक्रेवेन ने अपनी पुस्तक *मेक योर बेड : लिटिल थिंग्स दैट कैन चेंज योर लाइफ़...ऐंड मेबी द वर्ल्ड* में लिखा है। वे कहते हैं कि अपना बिस्तर बनाना जैसी छोटी आदतें जीवन की चुनौतियों से सफलतापूर्वक निपटने से सीधे संबंधित हैं, क्योंकि वे कार्यों को पूरा करने का एक पैटर्न स्थापित करती हैं। वर्ष 2014 में, यूनिवर्सिटी ऑफ़ टेक्सास में शुरुआती भाषण देते हुए उन्होंने यह कहा कि सुबह सुबह उस छोटे से काम को पूरा करने की वजह से हम भीतर से गर्वीला महसूस

करते हैं, और इस वजह से हमें और भी काम पूरा करने के लिए प्रोत्साहन मिलता है, और यह साथ ही हमें यह भी याद दिलाता है कि छोटी चीज़ें हमारे जीवन में क्या मायने रखती हैं, और एक तरह से ये महानता की तरफ़ जाने वाले पथ को प्रदर्शित करती हैं। और जैसा कि मैकरैवेन ने प्रसिद्ध रूप से सुझाया है, 'यदि आप दुनिया को बदलना चाहते हैं, तो अपना बिस्तर ठीक करके शुरुआत करें।' शक्तिशाली सामान!

बेस्टसेलिंग लेखक चार्ल्स डुहिग ने *द पावर ऑफ़ हैबिट : व्हाय वी डू व्हाट वी डू इन लाइफ़ ऐंड बिज़नेस* में आपके बिस्तर को एक क़दम आगे बढ़ाने की अवधारणा को आगे बढ़ाया है। वे कहते हैं कि अपना बिस्तर बनाने जैसी सरल क्रिया से आपको आपके कार्यस्थल में सीधे-सीधे उत्पादकता में तो वृद्धि नहीं होगी, लेकिन वह इसे एक 'मुख्य आदत' मानते हैं, जो अन्य अच्छी आदतों के लिए भी रास्ता बना सकती है।

चाहे हम बिस्तर बनाने के बारे में बात कर रहे हों, कुछ योगाभ्यास कर रहे हों, या अपने जीवनसाथी का ख़याल रख रहे हों। सुबह की स्वस्थ आदतें बनाने में और उनका परिणाम दिखने में वक़्त लगता है। और इसमें आमतौर पर कुछ परीक्षण और त्रुटि शामिल होती है, क्योंकि हम चरण दर चरण यह पता लगाने के लिए काम करते हैं कि हम में से प्रत्येक के लिए सबसे अच्छा क्या और कौन सी आदतें काम करती हैं।

उन लोगों में क्या अंतर है, जो इन सफल सुबह के अनुष्ठानों को स्थापित करते हैं और बनाए रखते हैं? इरादा, योजना और निरंतरता।

आपको अगले दिन जो भी पहनना होगा वह अपने आप में ही रात को आपके सामने नहीं तैयार हो जाएगा। वह सेहत के लिए अच्छी स्मूदी ठीक उसी तरह अपने आप ही ब्लेंड होकर तैयार नहीं हो जाएगी। और आपके रास्ते में अटका हुआ वह रोड़ा जिसके कारण आप *प्रतिदिन* पंद्रह मिनट अतिरिक्त रास्ते में फंसे हुए रहते हो वह ख़ुद ही नहीं हटेगा। जिस तरह अपना बिस्तर बनाने का मतलब है कि आपको चादरें, रजाई और तकिए तैयार रखने की, और यह आपके लिए काम कर जाए, लेकिन बार बार? अगर आपको अपने अनुभव से एक बार यह बात पता चल गई कि ट्रैफ़िक की वजह से आपको देरी हो सकती है तो आपको सक्रिय रूप से पहले से ही योजना बनानी होगी और एक वैकल्पिक रास्ते की खोज करनी होगी। क्या पता अगर आप उसी रास्ते से जाएं तो कल को फिर आपको ऑफ़िस पहुंचने में विलंब हो। आख़िर किसे मालूम की रोड पर कब काम हो रहा होगा या कब नहीं। आपको इस तरह थोड़ा ज़्यादा होशियार बनना होगा और बचने के नए उपाय जल्द से जल्द ढूढ़ने होंगे। अगर इसी बात को दूसरे शब्दों में कहें तो छोटी-छोटी चीज़ों पर ध्यान देने का अर्थ उनका अवलोकन कर के उन्हें अपने मन-मस्तिष्क में दर्ज करने से कहीं ज़्यादा है।

आपको अपने रोज़ाना की योजना में हर छोटी से छोटी चीज़ को ख़ुद के लिए काम योग्य बनाना होगा।

इसके लिए एक बेहद सख़्त प्रतिबद्धता की आवश्यकता होती है। लेकिन, शुरू कहां से करना होगा?

आपके रोज़ाना की योजनाओं का प्रभावशाली होने के लिए यह ज़रूरी है कि आपकी सुबह की आदतों में वे चीज़ें शामिल होनी चाहिए, जिनके प्रति आप स्वाभाविक रूप से आकर्षित होते हैं। अपने आप को उन व्यवहारों के लिए जबरन अनुकूलित बनाने का कोई लाभ नहीं यदि आप उन आचरण के लिए सामान्यतः तैयार नहीं होते हैं – फिर ख़ुद के लिए नई मुश्किलें क्यों खड़ी करनी है? आप शायद बहुत अधिक महत्त्वाकांक्षी हो जाएं और आदर्शों के मुताबिक़ एक दिनचर्या बनाने लगें, उदाहरण के तौर पर, सुबह के पांच बजे अपना अलार्म तय कर लें, एक वृहद् वर्कआउट की योजना निर्धारित कर लें, और एक ऐसी स्मूदी जो सिर्फ़ और सिर्फ़ हरी सब्ज़ियों की पीने की योजना बनाएं, जिससे आप पूरी तरह से नफ़रत करते हैं। ये सारी चीज़ें सुबह की दिनचर्या या आदत के लिए प्रतिमान ज़रूर हैं और शायद यह भी हो कि आप जिस जीवन सुधार के खाके में बिलकुल सटीक ढंग से बैठती हों। लेकिन अगर इन सबका अर्थ यह हुआ कि आप कोई ऐसा इंसान बनने की कोशिश में हैं, जो आप नहीं हैं, तो आपको तुरंत ही इन बदलावों के प्रयास को रोक देना चाहिए और यह पता करने की कोशिश करनी चाहिए कि आपके लिए *क्या काम* करता है।

जब हम अपने लक्ष्यों का निर्धारण 'किसी दूसरे के जैसा बन जाने' की अवधारणा पर करते हैं तो सामान्यतः हम अपने लक्ष्यों को ऐसे स्थान पर रख देते हैं, जो स्वाभाविक रूप से हमारी पहुंच से बाहर दिखाई देने लगता है। आप असल में एक नया व्यक्ति बनने के क्रम में प्रयासरत हैं और यह काम असंभव-सा लगता है। और इस चीज़ में मानने के लिए अच्छे कारण भी मौजूद हैं। क्या कभी आपने एक भी दिन अपने अलावा कोई दूसरा व्यक्ति बन कर बिताया है? ऐसा महसूस होगा कि आपके द्वारा किया जा रहा हर कार्य मजबूरी में किया जा रहा है। आपको छोटे से छोटे काम के लिए अधिक ऊर्जा और प्रयास की आवश्यकता होगी। वाह! इसमें कोई आश्चर्य नहीं कि बहुत से लोग शुरू करने से पहले ही हार मान लेते हैं! बस इसके बारे में सोचना थका देने वाला है।

आप इस बात को याद रखें कि आत्म सुधार की दिशा में करते समय आपको अपना ध्यान आत्म सुधार पर ही केंद्रित करना चाहिए। जो व्यक्ति आप पहले से हैं, उसी व्यक्ति की क्षमता और प्रदर्शन को आपको पूरा करना चाहिए। अपनी पहली पुस्तक, *यस यू कैन* में, मैंने इस विचार को संबोधित किया कि व्यक्तिगत सफलता

की ओर आपकी यात्रा *वन-साइज-फ़िट्स-आल* की तरह नहीं काम करता है। यही बात आपकी दैनिक दिनचर्या और रीति-रिवाजों पर भी लागू होती है। इसलिए जब आप अपने जीवन को बेहतरी के लिए बदलने के बारे में गंभीर होने के लिए तैयार हों, तो ऐसे बदलावों की योजना बनाएं जो आपके सामने कम से कम प्रतिरोध का रास्ता पेश करें और ख़ुद को आपकी प्राकृतिक लय के साथ संरेखित करें। अपने शरीर की बात सुनें। अपनी स्वाभाविक प्रवृत्ति को आपका मार्गदर्शन करने दें। और इस पूरी प्रक्रिया को सरल बनाए रखें। अपनी सुबह की दिनचर्या के बारे में सोचते हुए, मुझे अहसास हुआ कि मेरी रोज़ाना की आदतें मेरे लिए इतने दूसरे स्वभाव की तरह हो गई हैं कि मेरी दिनचर्या का हर चरण स्वाभाविक रूप से प्रवाहित होता है। मैं वर्कआउट करने के लिए जल्दी उठने से शुरुआत करती हूं, जिसका मतलब कभी-कभी फ़र्श पर योग मैट पर लेटना और तेज़ी से बीस मिनट का योग करना होता है। आख़िरकार सभी गतिविधियां ही गति की मांग करती हैं। और, मुझे लगता है कि अपने लिए छोटे-छोटे ''जाल'' छोड़कर, जैसे कि दृष्टि और पहुंच के भीतर एक योगा मैट स्थापित करना, मैं हिलने-डुलने से बचने के लिए अपने आप को ना तो कोई बहाना और ना ही बहाने की कोई जगह छोड़ती हूं। इसके अलावा मेरी अन्य कुछ रोज़ाना सुबह की आदतों में से सेहतमंद स्मूदी बना कर पीना, और अपने पेट स्काई के साथ सैर पर जाना शामिल था। ये सब अब मेरे दैनिक जीवन का हिस्सा बन चुके हैं। और आपसे इस बात पर मैं शर्त लगा सकती हूं कि 'ऑटोपायलट' में की जा रही यह गतिविधियां किसी न किसी तरह, मेरी सुबहों में और आगे पड़े दिन के लिए, अपना एक सकारात्मक प्रभाव छोड़ती हैं। इसके साथ ही मेरी रोज़ाना की कसरत मुझे पूरे दिन सक्रिय और गतिमान रहने के लिए आवश्यक एंडोर्फ़िन्स और एड्रेनलिन प्रदान करती है। मेरी विटामिन युक्त स्मूदी मेरे शरीर और मस्तिष्क दोनों को उचित पोषण प्रदान करती है। और दोपहर के भोजन के समय तक यह मेरे शरीर के लिए एक सेहतमंद ईंधन का काम करती है। बाहर की गई एक छोटी और तेज़ सैर या फिर स्काई के लिए उछाली गई गेंद मुझे ख़ुद के लिए वह 'मी टाइम' प्रदान करती है जिसकी ज़रूरत मुझे आनंद लेने के लिए होती है। बाहर ताज़ी हवा में अपने इस प्यारे और रोयें वाले मित्र के साथ सांस लेना, स्काई की उत्साह को देखना जब वह गेंद को पकड़ कर वापस लाती है, आने वाले व्यस्त दिन से पहले मेरे मन को आह्लादित और एक अच्छे स्पेस में ले आता है।

मेरी रोज़ाना की ज़िंदगी में जो कुछ 'छोटी छोटी चीज़ें' मेरे लिए आधारभूत रूप से शामिल हैं, जिन्हें नहीं करना मेरे लिए संभव ही नहीं है। और इन्हीं चीज़ों में से मेरी कुछ सामजिक आदतें भी शामिल हैं। हालांकि मेरी कई सुबह की ऐसी आदतें हैं जो मेरे लिए बहुत अच्छा काम करती हैं, लेकिन उनमें से मेरी एक पसंदीदा आदत है - दोपहर का भोजन।

इससे पहले मैं कभी भी अपने दोपहर के भोजन के समय की कोई भी आदत नहीं रखती थी। शुरू-शुरू में तो मैं कभी-कभार इतना अधिक व्यस्त हो जाती थी कि ग्रेनोला बार जैसे आसान लंच के ऑप्शंस को चुन लिया करती थी या फिर मैं अपना लंच पूरी तरह से छोड़ दिया करती थी। और फिर अंततः मुझे इस वास्तविकता का ज्ञान हुआ कि पूरे दिन अपनी ऊर्जा बनाए रखने, और सक्रिय रहने के लिए, मुझे किसी न किसी क़िस्म के ईंधन की आवश्यकता होगी। और फिर मैंने लंच के लिए बाहर जाना शुरू कर दिया। मेरा अनुमान है कि ऑफ़िस स्पेस में काम करने वाले लोगों के लिए यह दोपहरियों की एक सामान्य और साधारण हरकत हुआ करती होगी, लेकिन इस बाहर जाने ने मुझे परेशान करना शुरू कर दिया।

बाहर जाने का मतलब यह हुआ कि मैं जो कुछ भी कर रही हूं, मुझे उसे रोकना होगा (मुझे पूरी उम्मीद है कि आपमें से कई लोग एक नियंत्रित दोपहर का भोजन करने के लिए समय की पाबंदी महसूस कर सकते हैं), अपनी गाड़ी में बैठ कर, किसी नज़दीक की जगह जाना होगा, बैठने की एक जगह लेनी होगी और अपने खाने के आने का इंतज़ार करना होगा - और असल में मुझे वापस ऑफ़िस आने में देर हो जाएगी, क्योंकि मैं वहां किसी न किसी नए व्यक्ति से मिलूंगी और उससे बात करने में समय बीत जाएगा। यह मेरे लिए एक परेशानी बनने लगा। मुझे खाना बेहद पसंद है और मुझे नए लोगों से मिलना भी बहुत प्रिय है, लेकिन रोज़ाना बाहर जा कर खाना और इस तरह समय ख़र्च कर देना; मेरे लिए कारगर साबित नहीं हो रहा था। और ठीक उसी तरह दोपहर के भोजन को नहीं करना भी मेरे लिए सही नहीं था। या फिर बस एक ग्रेनोला बार खा कर काम चलाना संभव नहीं था। और इसीलिए मैंने टेक-आउट लंच आर्डर करना शुरू कर दिया। एक लोकल रेस्तरां से एक बेहद स्वादिष्ट चिकन सलाद लेना मेरी रोज़ाना की आदत बन गई। लेकिन धीरे-धीरे वह मेरे लिए समस्या बन गई। मैं अपना आधा सलाद खा रही होती थी और मुझे मेरे ऑफ़िस से लोग बाहर आते-जाते दिखते और मुझे इस बात का बुरा लगने लगता कि मैंने बस एक प्लेट ही ऑर्डर किया था और मेरे पास अपने सलाद को साझा करने के लिए कुछ बचता ही नहीं था। मैं अभी तक अपने लिए लंच का कोई ऐसा समय नहीं बना पाई थी, जो मेरे लिए सटीक हो।

और इसीलिए मैंने पहले से ही योजना बनाना शुरू कर दिया और अपने ऑफ़िस में, मैं अब ताज़ा आइटम ले आने लगी। मैं रविवार को रोमन लेट्यूस के पैकेजों का स्टॉक इकट्ठा कर लेती, सब्ज़ियों को धोती, सुखाती और सोमवार की सुबह अपने साथ लाने के लिए घर पर ही उन्हें टिफ़िन में पैक कर लेती। मेरे ऑफ़िस में एक छोटा सा किचन और एक फ्रिज था, जहां मैं आने वाले हफ़्ते के लिए अतिरिक्त सब्ज़ियों और प्रोटीन के साथ-साथ सलाद को स्टोर करने में सक्षम थी। जब दोपहर होती थी तो मैं उन इंग्रेडिएंट्स से मिला कर अपना सलाद

बनाती थी। और जैसे-जैसे लोग मेरे कार्यालय में आते-जाते रहेंगे, मेरे द्वारा बनाए गए सलाद का आकार उन लोगों को प्रतिबिंबित करेगा, जिनके साथ मैं इसे साझा करने वाली होती थी।

दोपहर के समय सलाद बनाने की यह छोटी सी आदत को एक सामाजिक आदत बनने में वक़्त नहीं लगा। इससे कोई फ़र्क़ नहीं पड़ता कि यह हममें से कुछ लोग थे या एक बड़ा समूह; दोपहर के भोजन के लिए हमेशा कोई न कोई रुकता रहता था। चूंकि मैं स्वभाव से हिस्सेदार हूं, इसलिए जो भी मेरे साथ जुड़ रहा था, उसके साथ भोजन करना एक बेहद ही अच्छा अहसास था। और इस आदत का परिणाम यह हुआ कि मेरे ऑफ़िस में लंच के समय ऐसा प्रतीत होता कि हम फ़ैमिली के साथ बैठ कर लंच कर रहे हैं। इसका अर्थ यह है कि हर किसी का स्वागत है, और अच्छे भोजन के प्यार के सामान्य भाव के साथ, हर कोई बातचीत में योगदान दे सकता है। यहां तक कि सलाद को इकट्ठा करने का कार्य भी एक सामुहिक प्रयास बन गया है। दोपहर के भोजन के समय सबसे पहले उस बड़े कटोरे को बाहर निकालना और कुछ सलाद काटना शुरू करना होता है। और जबकि छोटे ऐड-ऑन भिन्न हो सकते हैं - कभी-कभी यह प्रोसियुट्टो के कुछ अच्छे कट होते हैं; कभी-कभी इसमें ट्यूना या छोले की एक कैन मिलाई जाती है, और हो सकता है कि किनारे पर कुछ घर का बना व्यंजन हो - जब सलाद को तैयार करने का समय आता है, तो मैं अंतिम स्पर्श के लिए क़दम बढ़ाती हूं!

यह रोज़ाना की आदत शुरू से ही इतनी स्वाभाविक रही। यह बस एक प्राकृतिक घटना थी, जो बढ़ कर रोज़ाना के जीवन का एक स्वचालित हिस्सा बन गई। जिस किसी ने भी हमें ऐसे लंच पर ज्वाइन किया है वह आपको बताएगा कि वहां जो वार्तालाप होती है, वे दुनिया के सभी विषयों पर हुआ करती है। जैसा कि फ़ैमिली डिनर टेबल पर हुआ करता है। आपको ऊर्जा से भरी हुई आवाज़ें, जो एक के ऊपर दूसरी ओवरलैप होती रहती हैं और ठहाके, जो कहानियों को साझा करने पर सुनाई देते हैं, और अगर कोई किसी फ़ीडबैक के बारे में बात उठाता है तो वहां ही असंख्य और अप्रत्याशित दिमाग़ पर ज़ोर डालने वाले सत्र शुरू हो जाते हैं। और वह उत्साह तथा ख़ुशी भी देखने को मिलती है, जब लंच पर बैठे-बैठे ही हमें कोई नया रचनात्मक कांसेप्ट सूझता है या कोई नई व्यावसायिक स्ट्रेटेजी बन जाती है। जब लोग एक दूसरे से जुड़ा हुआ महसूस करते हैं और साथ खाते-पीते हैं तो बहुत सी रचनात्मक चीज़ें संभव हैं। और हमारे पास पंद्रह मिनट का समय हो या फिर चीज़ों के बारे में जानने समझने के लिए घंटों का वक़्त हो - अब यह हमारे जीवन की एक ऐसी आदत बन गई है, जिसे मैं छोड़ना नहीं चाहती हूं। असल में जब कोई भी हमारे लंच टाइम का रोज़ाना का साथी मौजूद नहीं होता या मैं अपने ऑफ़िस से दूर होती हूँ तो यह हमारा साझा दोपहर का भोजन और एक

साथ आने की भावना होती है, जिसे हम सभी सबसे ज़्यादा मिस करना स्वीकार करते हैं।

यह साथ में किया जाने वाला लंच सत्र हमारे लिए किसी ग्रुप लंच से कहीं अधिक मायने रखता है। यह एक साझा अनुभव है, जहां जो लोग किसी भी दिन भाग ले रहे हैं वे समुदाय की भावना महसूस कर सकते हैं। कुछ दिनों में, फ़ोकस समूह इनपुट पर होता है, क्योंकि हमने रणनीति बनाई है कि कैसे एक एजेंट कठिन बिक्री के माध्यम से अपने ग्राहकों का बेहतर समर्थन कर सकता है। अन्य दिनों में, यह एक कहानी की अदला-बदली है, क्योंकि हम अपनी व्यक्तिगत कहानियों के माध्यम से एक-दूसरे को थोड़ा बेहतर जानते हैं। मुद्दा यह है कि यह हमारे लिए बैठने, अच्छे भोजन का आनंद लेने और यह देखने का अवसर है कि बातचीत कहां तक जाती है। और मुझे इसमें कोई संदेह नहीं है कि जिसने भी इसमें भाग लिया है, उसके लिए इस दोपहर के सत्र ने उस सकारात्मक और समावेशी माहौल को और मज़बूत किया है, जिसे मैंने हमेशा अपने कार्यालयों में बढ़ावा दिया है।

लेकिन याद रखें, सिर्फ़ इसलिए कि आपके पास पहले से ही आपके दिन-प्रतिदिन के दैनिक अनुष्ठानों का एक सेट हो सकता है, इसका मतलब यह नहीं है कि वे सभी आपके जीवन में अच्छे तरीक़े से योगदान दे रहे हैं।

जिस प्रकार हमारे सकारात्मक दैनिक अनुष्ठान सकारात्मक प्रभाव डाल सकते हैं, उसी प्रकार हमारे नकारात्मक व्यवहार और अनुष्ठान तेज़ी से जुड़ सकते हैं और हमें नीचे खींच सकते हैं। यही कारण है कि ना केवल बदलाव को अपनाना महत्त्वपूर्ण है, बल्कि हमारे जीवन में नई और संतुष्टिदायक ''छोटी चीज़ों'' के लिए जगह बनाने के लिए भी काम करना है। लेकिन अब हमें अपने जीवन पर भी ईमानदारी से नज़र डालनी होगी और देखना होगा कि कुछ अनुष्ठानों और दिनचर्याओं को कम करने या पूरी तरह बंद करने से हमें कहां फ़ायदा हो सकता है। उन चीज़ों और व्यवहारों को ख़त्म करके जो हमें या हमारे उद्देश्य की पूर्ति नहीं कर रहे हैं, हम उन बेहतर चीज़ों के लिए जगह बना रहे हैं जो हमें फ़ायदा पहुंचाएंगी।

यहां चेतना प्रमुख है। केवल तभी जब आप एक क़दम पीछे हटते हैं, चारों ओर देखते हैं, और फिर भीतर देखते हैं तभी आप असली काम शुरू कर सकते हैं। यहीं से आत्म-सुधार की दिशा में मेरी सबसे बड़ी प्रगति हमेशा शुरू हुई है - भीतर से।

प्रौद्योगिकी आइकन स्टीव जॉब्स ऐसे व्यक्ति का एक चमकदार उदाहरण हैं जिन्होंने अपनी दैनिक दिनचर्या और रीति-रिवाजों को अपनाना और आवश्यक होने पर सुधारात्मक कार्रवाई करना सीखा।

"यदि आज मेरे जीवन का आख़िरी दिन होता तो क्या मैं वह करती, जो मैं अभी और आज करने जा रही हूं? और जब भी इस प्रश्न का जवाब मेरे लिए, लगातार कई दिनों तक 'ना' रहा है, मुझे पता होता है कि मुझे कुछ न कुछ बदलने की आवश्यकता है।" क्या आप इस उदाहरण को मानने के लिए तैयार हैं?

कार्रवाई आइटम #3: उन दैनिक अनुष्ठानों की पहचान करें जो आपके पास पहले से हैं, जो आपके इरादों को पूरा करते हैं और आपके दिन के उन हिस्सों को जिन्हें बदलने की आवश्यकता है।

अपनी रोज़ाना की नियमित कार्यों की एक सूची बना कर और नई आदतों को बनाने के प्रयास कर के, अपनी रोज़ाना की आदतों में छोटे-छोटे सकारात्मक बदलाव भी आपके जीवन में कई घंटों को पूरी तरह से बदल सकते हैं। आप पहले की तुलना में अधिक केंद्रित, ऊर्जावान और *ख़ुश* महसूस करेंगे, क्योंकि आप अपने आप में इतना निवेश करेंगे कि आप जो कुछ भी करते हैं, उसमें शक्ति देख सकेंगे।

आदत 4

बदलावों को अपनाएं

"आप अपने जीवन को तब तक नहीं बदल पाएंगे, जब तक कि आप रोज़ कुछ न कुछ अपने भीतर बदल नहीं लेते हैं।"

– जॉन सी. मैक्सवेल

पिछले अध्याय में, हमने बात की कि छोटी-छोटी बातें भी मायने रखती हैं, ख़ासकर तब जब जीवन में परिवर्तन की बात आती है। स्थायी परिवर्तन हमेशा बड़ी बातें या बड़े कार्यों का मामला नहीं होता। यह हमेशा अचानक से हुए जीवन-बदलने के निर्णयों का समन्वय भी नहीं होता। वास्तविक परिवर्तन अक्सर हमारे द्वारा की जा रही छोटी-छोटी चीज़ों, छोटे-छोटे कार्यों से आता है, जो समय के साथ जमा होती जाती हैं। आप कह सकते हैं कि ये एक 'निवेश' की तरह है – जितना आप करेंगे, उतना ही आपको मिलेगा।

जब मैं इस पुस्तक पर काम कर रही थी, तो मैंने सोचा कि कौन-कौन से कारक हमारे रोज़मर्रा की आदतों और परिवर्तनों को वास्तव में प्रभावित करते हैं। इसलिए, मैंने अपने कुछ सहयोगियों से संपर्क किया और उनसे उनके नई आदतों को अपनाने या जीवन में परिवर्तन लाने के प्रयासों के बारे में पूछा। मुझे चाहिए था कि वे मुझे अपने सफल और असफल कार्यों के बारे में बताएं कि उसके लिए उन्होंने क्या काम किया और उन्हें किन चुनौतियों का सामना करना पड़ा। 'क्या आपने कभी अपनी दिनचर्या में नई आदतों को शामिल करने का प्रयास किया है? क्या आप पहली बार में ही इसे कर पाने में सफल हुए?' यहां कुछ उनके उत्तर हैं।

'हां, हमेशा! कई हफ़्तों तक ख़ुद के लिए यह कर पाना काफ़ी मेहनत का काम है। कुछ आदतें लगती हैं, और कुछ नहीं लगती।'

'हां, कभी हार मत मानो, जब तक योजना सफल नहीं हो जाए उसमें बदलाव करते रहो!'

'हां, मैं अब वह करने की कोशिश कर रही हूं। मैंने पिछले साल नाश्ते से पहले व्यायाम करने की आदत बनाई थी, लेकिन पिछले हफ़्ते मुझे इसमें उम्मीद के हिसाब से सफलता नहीं मिली और अब तक इस हफ़्ते भी असफलता का ये क्रम चल ही रहा है। लेकिन मैं अगले हफ़्ते से इसे और अधिक ऊर्जा के साथ शुरू करने के लिए उत्साहित हूं। अपनी इस आदत को पूरा करने में मेरी मदद के लिए, मैंने एक छोट-सा विजन बोर्ड बनाया है, जिसमें उन महिलाओं की तसवीरें हैं, जो मुझे व्यायाम के लिए प्रेरित करती हैं। मैंने व्यायाम के लिए नए कपड़े भी ख़रीदे हैं।'

'मुझे लगता है कि कुछ आदतें बनाने के लिए कई प्रयासों की आवश्यकता होती है। सच तो ये है कि कभी-कभी मैं इसमें सफल हो जाती हूं और कभी-कभी मैं मानती हूं कि मैंने बस हार मान ली, जो मुझे यह सोचने पर मजबूर करता है कि यदि मैं बस उसके साथ जुड़ी होती तो क्या कुछ बदलाव हो सकते थे?'

बहुत से लोग नई आदतों को अपनी दैनिक दिनचर्या में शामिल करने के लिए संघर्ष करते हैं, कुछ थोड़े असफल प्रयासों के बाद ही छोड़ देते हैं। मुझे लगता है कि हम सभी महिलाएं एक साथ हैं। हम कोशिश करते हैं, हम असफल होते हैं, हम फिर से कोशिश करते हैं। जो लोग अंततः अच्छी आदतें लागू कर लेते हैं, वे उन्हें अपने दैनिक दिनचर्या में शामिल कर लेते हैं और उन आदतों को जारी रखते हैं।

आप सर जेम्स डायसन से पूछ सकते हैं, जिनका सर्जिकल वैक्यूम के लिए प्रोटो टाइप लगभग 5,127 बार नाकाम हुआ, एक नया सटीक डिजाइन बना लेने से पहले तक। असफलता के वक़्त की भावनाओं पर बात करना काफ़ी तकलीफ़देह होंगी! हालांकि 'असफलता' की इस अवधि में उनके द्वारा लगाया हुआ समय, ऊर्जा, और आर्थिक नुक़सान उन्हें हार मान लेने और आगे बढ़ने से रोक सकते थे, लेकिन उनका वर्तमान नेट वर्थ जो कि 4.5 बिलियन है (ये प्रामाणिक भी है), देखने के बाद आप ये कह सकते हैं कि इसे पूरा करना सार्थक था।

जब मैं उन्नीस साल की थी, तो मैं कुछ बुरी आदतों में पड़ गई, जिसने (वस्तुतः) मुझ पर बोझ डालना शुरू कर दिया। मेरी हाल ही में शादी हुई थी और मैं अपने पारिवारिक घर को छोड़कर अपने तत्कालीन पति के साथ एक नए घर और एक नए जीवन में चली गई थी। मैं अपने माता-पिता के साथ रहने की एक स्पष्ट परिभाषित संरचना और उनके नियंत्रण को छोड़कर एक पत्नी के रूप में मैंने अपनी नई भूमिका को स्वीकार किया, और साथ आने वाली सभी अपेक्षाओं को

पूरा करने की कोशिश करने लगी। रास्ते में कहीं न कहीं मैं भोजन के रूप में प्राप्त हो रहे दैनिक भोगों से आनंद प्राप्त करने का प्रयास करने लगी। शुरुआत में, रात के खाने के बाद मुझे पाई का एक छोटा टुकड़ा या जो कुछ भी मिलता था, खा लिया करती थी। हालांकि ज़्यादा समय नहीं लगा और मैंने 'भाग नियंत्रण' के विचार को खिड़की से बाहर फेंक दिया था और दिन के किसी भी समय में कांटे चम्मच के साथ बस खाने का आनंद लेती रहती थी। नमकीन से मीठे तक, मैं कैंडी की दुकान में एक बच्चे की तरह जीवन जी रही थी। और फिर मैंने हमारी धुलाई घर के बगल में आई एक कंपनी मैकडॉनल्ड के ड्राइव-थ्रू का पता लगाया। क़सम से मैं सच कहती हूं वे बड़े-बड़े सुनहरे मेहराब मुझे ही बुला रहे थे। कपड़े धोने के दिनों में, मैं वॉशर में कपड़े डाल कर धोना शुरू कर देती थी और फिर मशीन की साइकिल ख़त्म होने का इंतज़ार करते हुए अगले मोड़ पर बिग मैक लेने चली जाती थी। "एक बड़ा मैक धीरे-धीरे दो में बदल गया। दो बड़े मैक अचानक से दो फ्राइज के साथ दो कॉम्बो में बदल गए। और मैं सच कहूं, मैंने हर बार दो कॉफ़ी प्राप्त करने की कोशिश की- बस यह दिखाने के लिए कि मैं दो लोगों के लिए ऑर्डर कर रही हूं। अब मुझे हँसी आती है, लेकिन उस समय, लुभावने की आवश्यकता और सहारे की असमर्थता को मैंने बहुत गंभीर चेतावनी मान लिया था, जैसे कि मैं कुछ जंक खाने के अलावा भी कुछ और अधिक की लालसा कर रही थी।"

जैसे जैसे मेरे ये दैनिक भोग मेरी आदतों में बदलने लगे - एक आश्चर्य मेरे सामने प्रकट हुआ! बड़े ही आश्चर्यजनक रूप से मेरा वज़न बढ़ने लगा, और पहले मुझे पता ही नहीं था कि मैंने अपना वज़न तीस पाउंड बढ़ा लिया था। और मेरी लंबाई और मेरे वज़न में सामान्य बीएमआई से लगभग तीस पाउंड की बढ़ोत्तरी हो गई थी। आप जानते हैं कि लोग कभी-कभी कहते हैं कि उनके पास पहनने के लिए कुछ भी नहीं है? ख़ैर "मेरे पास भी पहनने के लिए कुछ नहीं था। कुछ भी फ़िट ही नहीं हो रहा था! मैं नवविवाहिता थी, तो लोग मेरे रूप में हुए बदलावों को ध्यान देते ही पूछते कि क्या मैं गर्भवती हूं?" हर बार मुझे किसी न किसी के सामने आंखों में देखना पड़ता और शर्म से कहना पड़ता, "नहीं, गर्भवती नहीं हूं।" मेरी असुरक्षा बढ़ती जा रही थी, मैंने ख़ुद को अलग करना शुरू किया, घर पर ख़ुद को पूरी दुनिया से छिपाते हुए और और उस व्यक्ति से कटाक्ष करते हुए, जिसे मैं अब आईने में पहचान ही नहीं सकती थी।

एक साल के समय में, मैं इतनी अनियमित आदतों में घिर गई थी कि मेरा पूरा जीवन किसी न किसी तरीक़े से प्रभावित सा महसूस होने लगा था। मुझे पता था कि चीज़ें जैसी हैं, वैसी ही नहीं रह सकतीं। मुझे अपनी स्थिति को स्वीकार करना था। भोजन मसला नहीं था। मैंने कभी इस बिंदु से पहले खाने के साथ अस्वस्थ रिश्ता नहीं रखा था। समस्या अब ये लग रही थी कि मैं भोजन तो ख़ूब करती, पर

असल में पूरी तरह से भरा हुआ महसूस ही नहीं कर पाती थी। जब मैंने ख़ुद से पूछा कि आख़िर ये मेरे साथ हो क्या रहा था और मैं वास्तव में क्या चाह रही थी? तो मुझे अहसास हुआ कि मैं अपने नए जीवन में, मैं उस एक ख़ाली स्थान को भरने की कोशिश कर रही थी, जिसका मैंने अभी तक सामना भी नहीं किया था। जब मैंने शादी की तो मेरी पुरानी आदतें बहुत ही बदल गई थी, और मैं वास्तव में अपने जीवन को वापस से पटरी पार लाने का समय भी नहीं निकाल पा रही थी। मुझे अभी तक कभी इस बारे में सोचने की ज़रूरत ही नहीं पड़ी थी; जीवन बस वह नहीं रह गया था। लेकिन अब, मेरी दुनिया और मेरी ज़िम्मेदारियों के पैरामीटर्स बढ़ गए थे, और मुझे अपनी आदतें और चुनौतियों के बारे में ज़्यादा जागरूक होने की आवश्यकता थी।

ये परिवर्तन दिन-प्रतिदिन की आत्म-जागरूकता के विकास पर आधारित थे। सबसे पहले, मुझे यह पहचानना था कि मेरे पास एक समस्या है। फिर मुझे समस्या के सभी कारणों को समझना था। और फिर मुझे अपनी बुरी आदत को रोकने और बदलाव का एक नया तरीक़ा ढूंढ़ना था। ऐसा करने के लिए, मैं ख़ुद को व्यवस्थित करने का प्रयास करने लगी, आगे की योजना बनाने का भी प्रयास किया, और अपने नए जीवन में कुछ संरचनाएं स्थापित करने पर ध्यान केंद्रित किया। मुझे उस रिक्त स्थान को एक उद्देश्य के साथ भरने का एक नायाब तरीक़ा ढूंढ़ना था।

बदलाव लाना और अपने खाने की आदतों (और नए जीवन) पर वापस नियंत्रण रातोंरात नहीं हुआ। रोज़ाना इस बदलाव को ध्यान में रखते हुए, मैंने अपने लिए यथार्थवादी लक्ष्य निर्धारित किए, जिसमें एक समय में तीन पाउंड कम करने की कोशिश करना भी शामिल था, जो एक उचित लक्ष्य प्रतीत होता था। मुझे यह प्राप्त करने योग्य लगा - और मैं ख़ुद को वंचित करने या भूखा रखने के बजाय और अस्वास्थ्यकर विकल्पों के स्थान पर स्वस्थ विकल्पों को अपनाकर उस लक्ष्य को पूरा करूंगी। यह मन, शरीर और आत्मा के स्वस्थ होने के बारे में था। फ़ैट डाइट और जिम के लिए अपने पूरे दिन समर्पित करना ना तो उचित था और ना ही मेरे लिए आकर्षक था। मुझे खाना बहुत पसंद है, और मैं अच्छा खाना छोड़ने की योजना नहीं बना रही थी, सिर्फ़ वो जंक फूड ही था, जो मेरे लिए कुछ भी अच्छा नहीं कर रहा था! मैं जानती थी कि जो कुछ मैं अपने शरीर में डाल रही थी वह मेरे काम नहीं आ रहा था। मेरा सिस्टम ख़राब हो जाएगा; मेरी त्वचा प्रतिक्रिया करेगी; ऐसा मेरा शरीर मुझे सभी संकेत दे रहा था, और उस बिंदु से, मैं अपने खाने और अपने शरीर पर ध्यान देना शुरू करने जा रही थी।

धीरे-धीरे, लेकिन लगातार, मैंने अपने खाने की आदतों पर नियंत्रण वापस पा लिया और मेरे शरीर ने इसके लिए मुझे बहुत धन्यवाद दिया। मैंने महसूस किया कि मेरा आत्मविश्वास बढ़ गया है और मेरी ऊर्जा का स्तर भी बढ़ गया है, और

मैंने एक बार फिर से ख़ुद को पहचानना शुरू कर दिया है। अंततः स्वस्थ रूप से और वज़न घटाने से परे, हर दिन परिवर्तन को सफलतापूर्वक अपने जीवन में हासिल करने के इस अनुभव ने मुझे यह देखने की अनुमति दी कि कैसे स्पष्ट, प्राप्त करने योग्य लक्ष्य निर्धारित करना मेरे जीवन को बड़े पैमाने पर प्रभावित कर सकता है। परिवर्तन हमेशा से ही संभव था - यदि मैं निरंतरता के साथ कार्य करने को इच्छुक होती।

जीवन में अस्वास्थ्यकर पैटर्न विकसित करना आसान है, जहां हम बुरी आदतों में फंस जाते हैं और इससे पहले कि हमें पता चलता है कि हमारा क्या नुक़सान हुआ है, हम उनसे अभिभूत हो जाते हैं। इसमें कोई शर्म की बात नहीं है; हम सभी इंसान हैं, और कोई भी पूर्ण नहीं है। जो मायने रखता है वह यह है कि हम ख़ुद को इस परिवेश में ले जाए और यह समझने के लिए काम करें कि वो क्या है, जो हमें उत्तेजित करता है और ख़ुद को इससे बाहर निकालने के लिए हमें क्या करने की आवश्यकता है। आपकी ग़लतियां आपको परिभाषित नहीं करतीं - एक बार जब आप उन्हें पहचान लेते हैं तो आप क्या करते हैं, बस वही मायने रखता है।

दुर्भाग्य से, अक्सर जब हमें लगता है कि हमें अपने जीवन में सुधार करने की ज़रूरत है और नई आदतों को जीवन के दैनिक दिनचर्या में शामिल करना है, इसमें कुछ ऐसा महसूस होता है कि हमारे अंदर कुछ ''टूटा'' हुआ सा है, जिसे हमें सुधारना है। हमें लगता है कि हम आकर्षक नहीं हैं, इसलिए हम वज़न कम करने का निर्णय लेते हैं। हम अपने दोस्तों में अपनी स्थिति को बेहतर करना चाहते हैं, इसलिए हम उन चीज़ों को भी ख़रीद लेते हैं, जिसको ख़रीदने में हम सक्षम भी नहीं होते। हम अपने परिवार में ख़ुद को साबित करने के लिए अधिक ज़िम्मेदारी ले लेते हैं कि हम सच में 'सब कुछ कर सकते हैं' और ख़ुद की स्थिति बेहतर करने का ये क्रम ऐसे चलता ही रहता है।

आपको अपने जीवन की नकारात्मक पहलुओं को सकारात्मक परिवर्तन की ओर दिशा देने के लिए के लिए समाधान निकालने में कुछ भी ग़लत नहीं है - लेकिन आपका पूरा जीवन एक नकारात्मक कथा नहीं बन जाए, इसका ध्यान भी रखना चाहिए। आपको अपराधबोध और शर्म के मानसिक अवस्था में नहीं रहना चाहिए। और यह कुछ ऐसा है, जिसे मैं चाहती हूं कि आप अपने दिनों की शुरुआत करें और इस आदत में ख़ुद को इस पुस्तक के शेष भाग में ले जाएं : आप पाएंगे कि आप टूटे नहीं हैं। आप इस समय अपने जीवन के इस क्षण में पूरी तरह से उत्तम और परिपूर्ण अच्छी आदतों और धारणाओं को नहीं रख पाने के लिए कहीं से भी 'ग़लत' नहीं है।

तुम एक सक्षम, मज़बूत, और पात्र व्यक्ति हो जो सही मार्ग पर चल रहा है और ये जानता है कि परिवर्तन लाने के प्रयास में संघर्ष करने से चीज़ें और भी बेहतर हो जाएंगी।

व्यक्तिगत-सुधार में कमज़ोरियों को ताक़त में बदलने के प्रयासों को शामिल कर सकते हैं, लेकिन यह वह बिंदु नहीं है, जिस पर हमें बहुत ध्यान केंद्रित करने की ज़रूरत है। हमारे दैनिक प्रयास परिवर्तन और व्यक्तिगत-सुधार की ओर होने चाहिए और जागरूकता, समझ और आत्म-क्षमता के स्थान से होने चाहिए। अगर हम अपने जीवन में स्थायी और महत्त्वपूर्ण परिवर्तन की ओर निरंतर काम करना चाहते हैं तो हमें इसी तरह इस बदलाव को एप्रोच करना चाहिए। इसीलिए यह महत्त्वपूर्ण है कि हम परिवर्तन को एक आदतमय, छोटे-छोटे क़दमों से देखें। स्वस्थ और स्थायी परिवर्तन का एक और तत्व है, उत्साह! और यह पुस्तक पढ़ने और कुछ नया ज्ञान प्राप्त करने की आपकी इच्छा इस बात का स्पष्ट प्रमाण है कि आप वहीं हैं, जहां आपको होना चाहिए- और हां मैं यहां आपके साथ हूं।

क्या आप अपने दैनिक जीवन में इसे एक कोशिश देने के लिए तैयार हैं?

कार्रवाई आइटम #4 : अपने दैनिक दिनचर्या में किसी भी कमज़ोर बिंदु की पहचान करें और उन्हें ठीक करने के लिए छोटे क़दम आगे की ओर बढ़ाएं।

परिवर्तन को रोज़ाना महसूस करना, ये सब अपने बदलाव के क़दमों को आगे बढ़ाने के बारे में है। छोटे, वास्तविक और संवेदनशील क़दम के आगे बढ़ने के बारे में और साथ ही, अपने संवेदनशील व्यवहार और आत्म-जागरूकता की क्षमता को सुधारते रहने के बारे में। आपको मुझ पर विश्वास करना होगा, समय के साथ गठित ये छोटे-छोटे क़दम ही आपके जीवन में मुख्य और स्थायी परिवर्तनों में बदल जाएंगे!

क्या आप आगे बढ़ने और अगले क़दम के लिए तैयार हैं? आइए आगे बढ़ते हैं!

आदत 5

प्रामाणिकता से जीवन जिएं

प्रामाणिकता विकल्पों का एक संग्रह है, जिसे हमें हर दिन बनाना होता है। यह रोज़ाना अपने काम के लिए खड़े होने और वास्तविक होने के विकल्प के बारे में है।

– ब्रेन ब्राउन

होना, या न होना–स्वयं, यही है! प्रामाणिकता की अवधारणा पेचीदा हो सकती है, ख़ासकर जब इसे आपके दैनिक जीवन के हर परिदृश्य में ले जाने की बात आती है। उल्लेख करने की ज़रूरत नहीं है, सब कुछ जबकि सोशल मीडिया की इस नई दुनिया में भोजन, मौज-मस्ती और कल्पना (और इनके बीच की हर चीज़) के फ़िल्टर्ड दृश्यों की बमबारी प्रतिदिन हो रही है। हम जिन सभी चीज़ों के संपर्क में हैं, और उन सभी सामाजिक अपेक्षाओं के साथ जो हमें लगता है कि हमें जीने की ज़रूरत है। यह आश्चर्य की बात नहीं है कि हममें से बहुत से लोग यह भूल जाते हैं कि हम वास्तव में कौन हैं, कम से कम एक समय या किसी अन्य पर। तो प्रामाणिक होने का क्या मतलब है? इससे पहले कि आप स्वयं को अत्यधिक असुरक्षित छोड़ दें, आप कितने पारदर्शी और ''वास्तविक'' हो सकते हैं? और आप अपनी दैनिक आदतों में प्रामाणिकता को कैसे शामिल करते हैं?

आइए इरादे के विचार पर लौटकर शुरुआत करें, क्योंकि यह प्रामाणिकता सहित कई चीज़ों की नींव है। और आइए इस बारे में सावधान रहें; हम सिर्फ़ योजनाओं के बारे में बात नहीं कर रहे हैं। पिछली बार कब आपने ख़ुद से यह पूछकर किसी समस्या का सामना किया था, *यहां मेरा असली इरादा क्या है?*

उदाहरण के लिए, जब आप घर पर अपने किसी प्रियजन के साथ विवाद का सामना कर रहे हों, तो क्या आपको लगता है कि आपका इरादा केवल विशिष्ट मामले को सुलझाना और आगे बढ़ना है? या क्या यह उजागर करने के लिए होना चाहिए कि चीज़ों की सतह के नीचे वास्तव में क्या हो रहा है, वास्तव में सुनने और समझने के लिए कि *दूसरा व्यक्ति क्या कह रहा है?*

इसी तरह, जब आप काम पर होते हैं और किसी ऐसे कार्य का सामना करते हैं, जिसके बारे में आप अनिश्चित होते हैं कि कहां से शुरू करें, तो क्या आप कार्य को केवल पूरा करने के इरादे से आगे बढ़ते हैं? यदि आप पहल करें और कुछ प्रश्न पूछें-आप जानते हैं, थोड़ा और गहराई से देखें तो आप क्या पाएंगे? आप अपने समय-प्रबंधन कौशल को निखारने और अपने आस-पास के लोगों से सहायता मांगने में अधिक सहज होने के *सच्चे* इरादे की खोज कर सकते हैं।

जब हम अपने सच्चे इरादों पर ध्यान दिए बिना अपने दिनों की ओर बढ़ते हैं। हम बिना किसी वास्तविक उद्देश्य या परिणाम को ध्यान में रखे हर पल, हर कार्य और हर चुनौती में लगे हुए हैं। यह कितनी बर्बादी है! आप क्या हासिल करने की उम्मीद कर रहे हैं इसका स्पष्ट संकेत दिए बिना इतना समय और ऊर्जा क्यों लगाएं? क्या अर्थ है- इन सब बातों और कार्यों का?

बेस्टसेलिंग लेखक और प्रेरक वक्ता वायनी डायर कहते हैं कि "हमारा इरादा हमारी वास्तविकता बनाता है।" अपने सच्चे इरादे को समझना आपको प्रामाणिक रूप से जीने के लिए प्रेरित करता है; वे साथ-साथ चलते हैं, और आपके पास एक के बिना दूसरा नहीं हो सकता। और, साथ मिलकर, वे आत्मविश्वास का निर्माण करते हैं।

इस परिदृश्य की कल्पना करें : आपने अभी-अभी एक नया काम शुरू किया है, और आपका प्रबंधक आपको यह देखने के लिए बुलाता है कि चीज़ें कैसी चल रही हैं। सच में, आप अपनी भूमिका में थोड़ा असहज महसूस कर रहे हैं, और यद्यपि आप जानते थे कि आपका प्रबंधक आज आधार छूना चाहेगा, आपने समय से पहले इस बैठक के लिए अपने *इरादे* पर विचार नहीं किया है। आपने अपने आप से यह पूछने में कोई ऊर्जा समर्पित नहीं की है कि ऐसा क्या है, जिसके लिए आपने सबसे पहले इस नौकरी से बाहर निकलने की आशा की थी। इसलिए आपको इस बात का स्पष्ट अंदाज़ नहीं है कि यह नई नौकरी आपके लिए उपयुक्त क्यों नहीं लगती। तो, आप अपनी मुलाक़ात में जाते हैं और मौक़े पर ही सवालों के जवाब देते हैं, आपने अब तक के अनुभव के बारे में सकारात्मक रूप से बोलने के लिए बाध्य महसूस करते हैं, और क्योंकि आप इस बात को लेकर अनिश्चित हैं कि कौन-सी चीज़ आपको दुखी कर रही है, आप बोलने या प्रश्न पूछने में झिझकते हैं।

परिणाम : आपने ना केवल *अपना* समय और ऊर्जा ख़र्च की है, बल्कि आपका प्रबंधक भी बिना प्रामाणिकता के बैठक में शामिल हो रहा है। और अब आप अपने डेस्क पर वापस आ गए हैं, निराश और दुखी, यूं ही एक और दिन बीता जा रहा है। यदि आपने प्रामाणिकता और इरादे को ध्यान में रखा होता, तो आपने बैठक से पहले विचार करने में कुछ समय बिताया होता। उदाहरण के तौर पर, आप समझ गए होंगे कि इस नई भूमिका के साथ अंतर्निहित समस्या इस तथ्य से संबंधित है कि आपके दैनिक कार्य चुनौतीपूर्ण और संतोषजनक नहीं हैं। यदि आपने समय से पहले ख़ुद से पूछा कि आगामी बैठक के लिए आपका इरादा क्या है, आपको अहसास हो गया होगा कि आप वास्तव में कुछ अतिरिक्त ज़िम्मेदारियां लेना चाहते हैं। यह साबित करने का मौक़ा कि आप क्या कर सकते हैं! फिर, मुद्दों से अवगत होकर और एक रणनीति से लैस होकर, आप अपनी बैठक में गए होंगे और पूछा होगा कि क्या कोई आगामी परियोजनाएं हैं, जिनमें आप मदद कर सकते हैं। हो सकता है कि आपने अपने प्रबंधक के साथ कुछ अगले क़दम भी उठा लिए हों। आप बदलाव के लिए अच्छा, आशावान और उत्साहित महसूस करते हुए बैठक से निकले होंगे - और इसे संभव बनाने में अपनी पहल से सशक्त हुए होंगे।

इनमें से कौन सा परिदृश्य अधिक आकर्षक लगता है?

उम्मीद है, जितना अधिक प्रामाणिक होगा, आपको उतना अच्छा लगेगा। लेकिन आप प्रामाणिकता की *आदत* कैसे विकसित करते हैं ताकि जब आपका दिन गुज़रे तो यह स्वाभाविक लगे? शुरुआत करने का एक तरीक़ा नियमित रूप से अपने आप से तीन प्रमुख प्रश्न पूछना है :

यहां मेरा सच्चा इरादा क्या है?

क्या मैं प्रामाणिक हूं?

क्या मेरी अपेक्षाएं यथार्थवादी हैं?

तीसरा प्रश्न यह सुनिश्चित करने के लिए तार्किक अगला क़दम है कि आपकी नई आदत वास्तव में काम करती है। उदाहरण के लिए, आपका इरादा वर्ष के भीतर अपनी कंपनी के प्रबंधन पदानुक्रम के शीर्ष पर पहुंचने का हो सकता है, क्योंकि आप प्रामाणिक रूप से मानते हैं कि आपके पास महान नेतृत्व कौशल है। लेकिन अगर आपने अभी-अभी कॉलेज से स्नातक किया है। केवल अंशकालिक काम कर सकते हैं, क्योंकि आप एकल माता-पिता हैं। तब इसे प्राप्त करने के लिए आपकी समय सीमा वास्तविकता पर आधारित नहीं हो सकती है। या हो सकता है, व्यक्तिगत स्तर पर, आपका इरादा अपने प्रत्येक बच्चे के साथ प्रतिदिन एक घंटा बिताने का हो। आपकी इच्छा शत प्रतिशत प्रामाणिक है, लेकिन यह यथार्थवादी नहीं है-अभी नहीं। आपके समय की अन्य सभी मांगों के कारण।

आदतें केवल तभी प्रभावी हो सकती हैं, जब उन्हें हासिल करना संभव हो। यदि वे नहीं हैं, तो हम असफलता के बाद असफलता के लिए ख़ुद को तैयार कर रहे हैं, और निश्चित रूप से यहां हमारे लक्ष्य ये नहीं हैं। वे भी तभी काम करते हैं, जब उन्हें नियमितता के साथ लागू किया जाता है। और इसका मतलब यह है कि पूरे दिन अपने आप को जांचने के लिए समय निकालना ताकि यह सुनिश्चित हो सके कि हम उन पर काम कर रहे हैं। जब हम ऐसा करते हैं तब हम जुड़ाव का एक ऊंचा स्तर, अधिक सुसंगत परिणाम और अपने जीवन के साथ बढ़ती संतुष्टि की समग्र भावना पाएंगे। हम आत्म-जागरूकता के स्थान से काम करेंगे, जो हमें हमारे रोजाना के 24 घंटों के हर पल में वास्तव में मौजूद रहने और हमारे उद्देश्य के अनुरूप होने की अनुमति देगा।

जब मैंने पहली बार एक प्रबंधक के रूप में शुरुआत की, तो मैं जिन नए कार्यों के लिए ज़िम्मेदार थी, उनमें से एक कार्यालय की बैठकों का आयोजन और नेतृत्व करना था। कई बिक्री से संबंधित उद्योगों की तरह, इस तरह की बैठकों का ध्यान डॉलर और सेंट पर आ गया। एक सेल्स प्रतिनिधि के रूप में मेरे पिछले अनुभव के अनुसार चीज़ों के दूसरी तरफ़ का प्रारूप लगभग हमेशा समान था। ध्यान और भावना हमेशा एक थी कि क्या एजेंट उम्मीद के मुताबिक़ सेल्स ले कर आ रहे हैं? हम अधिक बिक्री कैसे प्राप्त कर सकते हैं? हम इस टीम को *और अधिक* उत्पादन करने के लिए कैसे तैयार कर सकते हैं।

मुझे इस भूमिका में एक नए तरह के परिप्रेक्ष्य के साथ क़दम रखने का लाभ मिला। जिसने मुझे बताया कि मैं चीज़ों को कैसे करना चाहती थी। यह वह नहीं था, जो मैं एक प्रबंधक के रूप में बनना चाहता थी। भले ही उम्मीद का ख़ाका मेरे सामने रखा गया था, मैं चीज़ों को अलग तरह से करने जा रही थी। मेरा मानना था कि एक टीम की सफलता सिर्फ़ संख्याओं से अधिक कुछ और में निहित होनी चाहिए। अगर मैं वास्तव में नेतृत्व दिखाना चाहती थी और इस टीम का समर्थन करना चाहता थी, तो मुझे शिक्षित करने और प्रेरित करने के लिए उन्हें उपकरण और संसाधन प्रदान करने की आवश्यकता थी। मैंने सुझाव दिया कि हम अधिक कौशल-निर्माण पाठ्यक्रम और घटना के अवसर को जोड़ें। मैं एक मज़बूत और प्रेरित टीम का हिस्सा बनना चाहती थी, और मैं यह सुनिश्चित करके शुरू करूंगी कि हम वास्तव में अपने कार्यालय में उनके अनुभव के लिए मूल्य जोड़ रहे थे।

उस समय, चीज़ें इस तरह नहीं की जाती थीं। और इससे कोई मदद नहीं मिली कि परिवर्तन ''प्रभारी महिला'' से आ रहा था। मान लीजिए, मुझे उतनी ही प्रतिक्रिया और संदेह का सामना करना पड़ा, जितना आप उम्मीद कर सकते हैं। लेकिन मुझे पता था कि मैं अपने प्रति सच्ची थी और मुझे अपनी रणनीति पर भरोसा था। मेरे इरादे नेक थे; मेरा अनुभव मेरा नेतृत्व कर रहा था; और मेरे मन

में बड़ी तसवीर थी। हो सकता है कि शुरुआत में यह सहज नहीं रहा हो, लेकिन इसने काम किया।

यह कभी भी पहिए को फिर से आविष्कार करने की कोशिश करने के बारे में नहीं था या यह सोचने के बारे में नहीं कि मैं किसी और से बेहतर जानती हूं, बल्कि मैं समझ गई थी कि इस भूमिका में मेरी सफलता मेरी प्रवृत्ति पर भरोसा करने और आवश्यक अनुसार जोख़िम लेने की क्षमता पर निर्भर करेगी।

जाने-माने शोध प्रोफ़ेसर और बेस्टसेलिंग लेखक ब्रेने ब्राउन से संकेत लें। जो किसी को भी सावधान करते हैं, जो सोचते हैं कि प्रामाणिकता जैसे मुद्दों से निपटना उचित नहीं है, क्योंकि ऐसे अन्य मुद्दे हैं, जो अधिक ज़रूरी लगते हैं : ''दुख की बात है कि आप ग़लत हैं।''

प्रामाणिकता मेरी व्यक्तिगत नींव का एक महत्त्वपूर्ण हिस्सा है। मैं दिन भर जो कुछ भी करती हूं उसकी आधार रेखा के बिना, मैं वास्तव में किसका जीवन जी रहा हूं? मैं वास्तव में किस दिशा में काम कर रही हूं? अगर मैं जो करती हूं उसके पीछे कोई उद्देश्य नहीं है तो इसका मतलब क्या है? आपकी तरह मुझे भी केवल एक ही जीवन मिलता है। बस एक चीज़। मैं इसे किसी और के आदर्शों पर खरा उतरने, किसी और के सपनों तक पहुंचने या हर किसी की ज़रूरतों को पूरा करने के चक्कर में बर्बाद नहीं करना चाहती। यदि मैं ऐसा करती हूं, तो मेरी सहनशक्ति ख़त्म हो जाएगी और मैं अपनी ज़रूरतों में पूरी तरह से अधूरा महसूस करूंगी।

लेकिन इस दिन और उम्र में हमें हमारी अपनी प्रामाणिकता से जुड़ना इतना कठिन क्यों हो रहा है, जब आत्म-अभिव्यक्ति और व्यक्तित्व पर ज़ोर दिया जाता है और यह पहले से कहीं अधिक मूल्यवान होता जा रहा है? हम में से अधिकांश लोग अपने स्वयं के सच्चे उद्देश्य से कटे क्यों रहते हैं?

कई विशेषज्ञ आपको बताएंगे कि यह सब बचपन में ही शुरू होता जा रहा है। हां, यह सही है। कभी-कभी, यह पता लगाने के लिए कि आप वर्तमान में इतना खोया हुआ क्यों महसूस कर रहे हैं, आपको अतीत में वापस यात्रा करनी होगी, उन सभी धूल भरी यादों में, पिछली बार जब आप शुद्ध स्वार्थ से बाहर निकले थे, शून्य चिंता के साथ हर किसी के लिए और आपके आस-पास की हर चीज़ से। उस समय, जब आप बहुत छोटे थे, तो आपके अवचेतन से आपका संबंध बहुत बड़ा था। यह 'बड़े-बड़े' प्रभाव से पहले हुआ करता था और आपको सामाजिक मानदंडों और सामाजिक अपेक्षाओं की ओर ले जाया गया था। इससे पहले कि स्वयं की सुंदर और लापरवाह भावना धीरे-धीरे फीकी पड़ने लगी।

इन वर्षों में, आपने एक व्यवहार-और-इनाम प्रणाली विकसित की, जिसने प्रभावित किया कि आपने कैसे निर्णय लिए और आप किस ओर आकर्षित हुए।

केवल अपने मन के अनुसार चलने के बजाय, आपने सबसे पहले बाहरी राय पर विचार किया, अक्सर यह सोचते हुए कि जिन लोगों को आप आदर देते थे और जिनसे मान्यता प्राप्त करना चाहते थे, उनके लिए सबसे अधिक ख़ुशी क्या होगी, जैसे कि परिवार के सदस्य और प्राधिकारी व्यक्ति। आख़िरकार, जैसे-जैसे वयस्कता शुरू हुई और आपका जीवन ''सब कुछ आपके बारे में'' होना बंद हो गया, आपने अपनी इच्छाओं और ज़रूरतों पर पूरी तरह से विचार करना भी बंद कर दिया होगा।

दूसरों की ज़रूरतों और इच्छाओं पर विचार करने का यह विकास बुरा नहीं है। इसने आपको वह व्यक्ति बनने में मदद की जो आप आज हैं और आपको आवेग नियंत्रण, ज़िम्मेदारी, निस्वार्थता और सहानुभूति के बारे में सिखाया - सभी अच्छी चीज़ें! लेकिन अच्छे के साथ बुरा भी आता है। और यहां नकारात्मक पक्ष है : व्यक्तिगत विकास के उस समय के दौरान आपने अंदर की उस छोटी सी आवाज़ को शांत करने की आदत विकसित कर ली। आपने दूसरों की राय और ज़रूरतों को सामने आने देना शुरू कर दिया। आप बड़े हो गए, और आपके अंदर की वह छोटी सी आवाज़ फीकी पड़ गई, एक प्रकाश बल्ब की तरह मंद होती जा रही थी, और आपके अवचेतन में कहीं उपेक्षित रह गई थी।

मुझे याद है कि मेरे बचपन के स्कूली दिनों में, अक्सर ऐसा महसूस होता था कि मेरी तुलना मेरे बड़े भाई-बहन से लगातार की जा रही है। मेरा आंतरिक आत्मविश्वास - अंदर का जिज्ञासु, बहादुर छोटा बच्चा - स्कूल, चर्च और समाज के लैंगिक पूर्वाग्रह - हर तरफ़ से आने वाले प्रभावों और विचारों के कारण ख़त्म होने लगा। जैसे ही मैंने इन तुलनाओं को आत्मसात किया, मुझे ऐसा लगने लगा कि मैं उतनी अच्छी नहीं हूं। मैंने अपनी क्षमताओं के बारे में बाहरी धारणा पर विश्वास करना शुरू कर दिया। और मैंने अपने चारों ओर दीवारें खड़ी होने दीं, जिससे मुझे उन चीज़ों से अलग कर दिया गया, जिनके बारे में समाज ने कहा कि मैं सक्षम नहीं हूं। मुझे याद है कि सभी लोगों में से मेरे मार्गदर्शन परामर्शदाता ने मेरी स्कूली शिक्षा को आगे बढ़ाने की मेरी योजनाओं को हतोत्साहित किया था। इसके बजाय मुझे अधिक ''घरेलू'' रास्ते की ओर ले जाने की कोशिश की थी, जिसके लिए उन्हें लगा कि एक युवा महिला के रूप में, मैं बेहतर उपयुक्त हूं। यह ऐसा था मानो दुनिया चाहती हो कि मैं ''अपनी जगह पर'' रहूं, बस चुप रहूं और झुंड का अनुसरण करूं। मेरे आस-पास की हर चीज़ ''साथ मिलकर चलने'' के विचार को प्रोत्साहित करती प्रतीत होती थी।

मुझे यह समझने में बहुत परिपक्व होना पड़ा कि ये बाधाएं अन्य लोगों द्वारा मेरे चारों ओर रखी गई थीं, जिन्होंने मुझे इतना दुखी महसूस कराया था, उनमें कोई वास्तविक शक्ति नहीं थी, जब तक कि मैंने उन्हें अनुमति नहीं दी।

और मैं आपको बताऊंगी - तब और अब - अपने प्रति सच्चे बने रहना कुछ लोगों को परेशान करने वाला है। हर कोई आपकी प्रामाणिकता को स्वीकार करने के लिए तैयार नहीं है, और हो सकता है कि आप इधर-उधर कुछ पंख फैला दें। एक लीडर के रूप में मेरी भूमिका में, मुझ पर और मेरे व्यवसाय पर भरोसा करने वाले लोगों के सर्वोत्तम हित में कार्य करने के साथ-साथ ख़ुद के प्रति सच्चा बने रहने में सक्षम होने के लिए कुछ सचेत मार्गदर्शन की आवश्यकता होती है। एक अभिभावक के रूप में भी, मैंने सीखा है कि मैं अपने बच्चों के लिए सर्वश्रेष्ठ चाहती हूं (और अब, चूंकि वे माता-पिता बन गए हैं, उनके बच्चों के लिए भी), मैं केवल उदाहरण के द्वारा नेतृत्व कर सकती हूं। आशा करती हूं कि प्रामाणिकता की उनकी अपनी भावना आगे बढ़े उन्हें उस पाठ्यक्रम पर ले जाएं, जो उनके लिए सही है। और वे रास्ते में हमेशा मेरा समर्थन और प्रोत्साहन महसूस करते हैं। क्योंकि अनुभव से, मैं आपको बता सकती हूं, जब आप दिशा के विपरीत जा रहे हों तो यह आसान नहीं होता है।

जैसा कि आप कल्पना कर सकते हैं, क्योंकि मैं एक पारंपरिक इतालवी परिवार से आई हूं। तलाक़ लेना वास्तव में एक ''ब्लैक शीप'' वाला क़दम था - ख़ासकर उस समय तीन छोटे बच्चों की मां के रूप में। और जबकि मुझे तब पता था कि मैंने अपना चुनाव अच्छे इरादों को ध्यान में रखते हुए किया है। इससे प्रक्रिया ज़रा भी आसान नहीं हुई। लेकिन मेरी हिम्मत दृढ़ थी और मैं रास्ते पर रुकी रही। जितना हो सका मैंने अपना सिर ऊपर रखा और अपने जीवन के उस दौर को अनुग्रह और धैर्य के साथ प्रबंधित करने की कोशिश की। परिणामस्वरूप मेरे साथ हुई सबसे क्रूर बातचीत को भी समझने की कोशिश की। क्या यह एक आसान क़दम था? बिलकुल नहीं। लेकिन यह सही क़दम था।

अपने प्रति सच्चे रहें-इसका मतलब रास्ते में कुछ लोगों को निराश करना हो सकता है, लेकिन यह उनके बारे में नहीं है। यदि आप प्रामाणिक स्थान से आ रहे हैं, तो यह इसके लायक़ है।

क्योंकि, यदि आप स्वयं के प्रति सच्चे नहीं हैं, तो आप इसे महसूस करेंगे। गहराई से, आपको पता चल जाएगा। और यदि आप अपने जीवन में किसी ऐसे स्थान पर हैं जो आपको सही नहीं लगता है - चाहे वह व्यक्तिगत हो, काम से संबंधित हो, जो भी हो - तो अपने आप को कुछ बदलाव करने की अनुमति दें। आपकी ख़ुशी मायने रखती है, और यदि आप दूसरों की ख़ातिर दुःख में जी रहे हैं, तो आप किसी पर कोई अहसान नहीं कर रहे हैं। आप परिवर्तन करने के लिए कभी भी ''बहुत अधिक अटके हुए'' नहीं होते हैं। भगवान के लिए, आप एक पेड़ नहीं हैं - यदि आप वास्तव में दुखी हैं, तो एक क़दम उठाएं!

मुझे हाथी और रस्सी का दृष्टांत याद आ गया। कहानी के अनुसार, एक दिन एक आदमी हाथियों के एक समूह के पास से गुज़र रहा था और यह देखकर हैरान रह गया कि उनके सामने के पैरों में रस्सी का एक छोटा सा टुकड़ा बंधा हुआ था, जिससे वे अपनी जगह पर रुके हुए थे। इन बड़े और शक्तिशाली जानवरों को रखने के लिए कोई मज़बूत जंज़ीर या वर्जित पिंजरे नहीं थे। उन्होंने जानवरों के प्रशिक्षक से पूछा कि हाथियों ने आज़ाद होने की कोशिश क्यों नहीं की, और प्रशिक्षक ने बताया कि जब हाथी बहुत बच्चे और बहुत छोटे थे, तो रस्सी का यही टुकड़ा उन्हें बंदी बनाने के लिए काफ़ी मज़बूत था। जैसे-जैसे वे बड़े हुए, उन्होंने कभी भागने की कोशिश ही नहीं की, क्योंकि उनके दिमाग़ में यह रस्सी हमेशा उन्हें उसी जगह पर रखने के लिए पर्याप्त थी।

जो सीमाएं हम अपने ऊपर थोपते हैं उनमें उतनी ही शक्ति होती है, जितनी हम उन्हें देते हैं। और सिर्फ़ इसलिए कि किसी चीज़ ने हमें एक बार रोक दिया, इसका मतलब यह नहीं है कि इसका हम पर हमेशा के लिए प्रभाव रहेगा – जब तक कि हम ऐसा करने नहीं दें। यह पहचानने से कि हम कौन हैं और यह जानकर कि हम जो कुछ भी करने में सक्षम हैं, वह करने में सक्षम हैं, हम अपना जीवन पूरी तरह से जी सकते हैं। आख़िरकार, हम स्वयं को जितना जानते हैं उससे बेहतर कोई दूसरा हमें नहीं जानता। और जिस तरह से हमें यह सुनिश्चित करने की ज़रूरत है कि हमारे इरादे यथार्थवादी हैं, हमें यह सुनिश्चित करने के लिए ख़ुद को जांचने की भी ज़रूरत है कि हम जिन सीमाओं को महसूस करते हैं वे वास्तविकता को प्रतिबिंबित करती हैं, क्योंकि हम अपनी दैनिक आदतों में प्रामाणिकता को शामिल करते हैं। हमें आत्म-जागरूकता का अभ्यास करने की आवश्यकता है।

न्यू यॉर्क टाइम्स की बेस्टसेलिंग लेखिका, मनोवैज्ञानिक और शोधकर्ता ताशा यूरिच की एक टेड टॉक भी दिमाग़ में आती है। सत्रह मिनट से कुछ अधिक समय तक चलने वाली और दो मिलियन से अधिक लोगों द्वारा देखी गई (और बढ़ती हुई) बातचीत को पांच शब्दों में सारांशित किया जा सकता है :

क्यों के बजाय *क्या* पूछें।

आत्म-जागरूकता के बारे में उनकी समझ को व्यापक बनाने के प्रयास में, यूरिच और उनकी टीम ने उन लोगों में से वास्तव में आत्म-जागरूक को छांटने के लिए एक अध्ययन विकसित किया, जो केवल यह *मानते* थे कि वे आत्म-जागरूक थे। और लोगों के दो समूहों के बीच क्या अंतर आया। एक शब्द से दूसरे शब्द की अदला-बदली करना। अधिकांश लोग क्यों पूछते हैं, और जब वे ऐसा करते हैं, तो वे नकारात्मक पक्ष की ओर झुक जाते हैं, और उन उत्तरों पर अंतिमता और भय का नोट लगा देते हैं, जो सामने आ सकते हैं। *मैं क्यों? मैं हमेशा इस तरह से*

व्यवहार क्यों करता हूं? वह मुझसे प्यार क्यों नहीं करता? मुझे वह प्रमोशन क्यों नहीं मिला? उसने झूठ क्यों बोला? मैं इसमें फ़िट क्यों नहीं बैठता? कारण पूछने में, हम उन उत्तरों की खोज करते हैं, जो पहुंच योग्य नहीं हो सकते हैं। और हम पराजित, निराश महसूस करते हैं, और कभी-कभी "वैकल्पिक तथ्यों" के साथ कुछ हद तक रचनात्मक होते हैं। जिन्हें हम तब चुनते हैं, जब उत्तर हमें संतुष्ट नहीं करते हैं। कभी-कभी इसका मतलब ख़ुद को ऐसे उत्तर देना होता है, जो हमें किसी भी तरह की जवाबदेही लेने से बचाते हैं। हमें प्रस्तुत उत्तर पसंद नहीं आते, इसलिए हम दोष मढ़ देते हैं और आत्मपीड़न में लग जाते हैं। आप इसे किसी भी तरह से तैयार करें, बात इस तक पहुंचती है : यदि आप सही प्रश्न नहीं पूछ रहे हैं, तो आपको कभी भी ऐसे उत्तर नहीं मिलेंगे, जो आपकी मदद करेंगे।

दूसरी ओर, यह पूछना कि हमें कहानी बदलने की क्या शक्ति मिलती है। *मैं यह प्रदर्शित करने के लिए अलग तरीक़े से क्या कर सकता था कि मैं उस पदोन्नति को कितना चाहता था?* अगले अवसर के लिए ख़ुद को खड़ा करने के लिए मैं क्या क़दम उठा सकता हूं? क्या पूछते समय, हम स्वयं को उन उत्तरों के लिए खुला और ज़िम्मेदार छोड़ देते हैं, जो रचनात्मक और व्यावहारिक दोनों होते हैं।

मेरे लिए सबसे शुरुआती *क्यों* बनाम *क्या* क्षणों में से एक वह था, जब मैं बारह साल की थी। युवावस्था से पहले मुंहासे ने मुझे ईंटों के घर की तरह प्रभावित किया था। अचानक, ऐसा लगा, मेरे बच्चे जैसा चिकना रंग लाल धब्बों और दर्दनाक उभारों ने ले लिया है। आप्रवासियों के परिवार से आने वाली और पहले से ही अक्सर एक बाहरी व्यक्ति की तरह महसूस करने वाली तेरह बरस की एक लड़की के रूप में, मैं तबाह हो गई थी। यह एक अतिरिक्त समस्या थी, जिसकी मुझे आवश्यकता नहीं थी। अपनी उम्र के विषय पर, मैंने यह पूछने में बहुत समय बिताया, *मैं ही क्यों?* जब तक मुझे अंततः अहसास नहीं हुआ कि किसी भी मात्रा में रोना-धोना और सवाल करना वास्तव में समस्या के समाधान के लिए कुछ नहीं करेगा।

मुझे यह पता लगाने की ज़रूरत थी कि मैं इस समस्या के बारे में *क्या* कर सकती हूं। समाधान खोजने के लिए दृढ़ संकल्पित होकर, मैंने एक स्थानीय त्वचा विशेषज्ञ को दिखाने के लिए अपइनमेंट फ़ोन बुक का उपयोग किया। और अपनी नियुक्ति पर जाने के लिए बस में चढ़ गई। मुझे टेट्रासाइक्लिन के नुस्खे के साथ-साथ हल्के उपचार का उपयोग करने की सलाह दी गई थी। यह ठीक था, लेकिन फिर अगला सवाल उठा : मुझे इस तथ्य के बारे में *क्या* करना चाहिए कि इन उपचारों में पैसे ख़र्च होते हैं और मेरे पास कुछ भी नहीं है? जवाब था नौकरी पाना, इसलिए मैंने एक स्थानीय स्नैक बार में अंशकालिक काम करना शुरू कर दिया। मुझे प्रति घंटे केवल नब्बे सेंट का भुगतान किया जाता था, और मैं हर एक शिफ़्ट

में काम करती थी, हमेशा किसी और के लिए काम करने के लिए उत्सुक रहती थी। आख़िरकार, मेरे पास वह पैसा था, जिसकी मुझे ज़रूरत थी।

मेरा इरादा अपने मुंहासों से छुटकारा पाना था। मेरा प्रामाणिक स्वयं आगे आया और उन लोगों की बात सुनने के बजाय मुद्दे से निपटा, जिन्होंने कहा था कि मेरे मुंहासे ख़राब नहीं थे या यह सिर्फ़ बड़े होने का हिस्सा था। अपने दोष-मुक्त रंग को पुनः प्राप्त करने की मेरी अपेक्षाएं यथार्थवादी थीं – या कम से कम मेरे युवा स्व के लिए यह *संभव* लगा। और *क्यों* के बजाय *क्या* पूछना मुझे मेरी समस्या के समाधान की ओर ले गया। इस अनुभव ने मुझमें आत्मनिर्भरता की ओर प्रेरित किया और यह मेरी अपनी ज़रूरतों और भावनाओं को महत्त्व देने का एक सबक़ था। इतनी कम उम्र में, मेरी समस्या को सिर्फ़ घमंड के रूप में लिखना और इसके माध्यम से पीड़ित होना आसान हो सकता था। लेकिन मैं नाख़ुश थी, और मुझे लगा कि यह संबोधित करने लायक़ है। यदि इसका अर्थ स्वयं के प्रति सच्चा होना है तो कोई भी मुद्दा इतना बड़ा या छोटा नहीं है कि उस पर अपनी ऊर्जा लगा नहीं सकें। और जब भी मैं अपने उस युवा संस्करण के बारे में सोचती हूं, निराश होती हूं और समाधान खोजने के लिए दृढ़ होती हूं, तो मैं मुस्कराती हूं। और उस ज़िद्दी बच्चे के लिए बहुत गर्व महसूस करती हूं, जो कुछ बाधाओं को अपने रास्ते में नहीं आने देती।

हम में से अधिकांश लोग अपने युवा जीवन के बारे में सोच सकते हैं। कम से कम एक परिदृश्य के साथ आ सकते हैं जिसमें हमने अपनी पकड़ बनाए रखी थी। या एक ऐसा समय जब हमने ख़ुद के प्रति सच्चे होने का मौक़ा खो दिया था जो हम चाहते थे कि हम कर सकते थे। जो भी पिछला क्षण मन में आता है, चाहे वह एक छोटी सी जीत थी या आपको पछतावा महसूस होता है – उस भावना को बनाए रखें और इसे प्रामाणिकता के लिए दैनिक ट्रिगर के रूप में उपयोग करें। चाहे स्मृति आपको प्रोत्साहन का अतिरिक्त बढ़ावा दे या आपको यह याद दिलाने का काम करे कि आप कितनी दूर आ गए हैं और आपकी प्रामाणिकता की योग्यता है, इस दैनिक आदत को सुदृढ़ करने के लिए इसका उपयोग करें।

अब तक, हम प्रामाणिकता के लिए कुछ आंतरिक बाधाओं को संबोधित कर रहे हैं, लेकिन एक बाहरी बाधा अक्सर हमारे वर्तमान सामाजिक माहौल की वास्तविकता है। इसके बारे में सोचें : आज की दुनिया में, विज्ञापनों से लेकर सोशल मीडिया तक, हम पर पूरी तरह से अवास्तविक आदर्शों की बौछार की जा रही है।

भौतिक प्रतिनिधित्व से लेकर भावनात्मक मानकों तक जिन तक पहुंचना असंभव है, वहां ऐसी सामग्री की कोई कमी नहीं है, जो हमें पुनर्विचार करने के लिए योजनाबद्ध की गई है कि हम वास्तव में कौन हैं। अपनी आत्म-धारणाओं

को धूमिल करते हुए, हमें प्रतीत होता है कि चमक-दमक जीवनशैली के साथ ''पूर्णता'' के चमकदार प्रतिनिधित्व को देखते हैं। और जब हम अपने स्वयं के जीवन में अंदर देखते हैं, तो हम निराश महसूस करते हैं और झुंड के पीछे रह जाते हैं। ऐसा लगता है कि बाक़ी सभी लोग ''जीवन जी रहे हैं,'' मीलों आगे हैं, अपना काम कर रहे हैं, और अच्छे दिख रहे हैं। हमें अपनी ही गति और दिशा पर संदेह होने लगता है। इससे हम अपने मूल मूल्यों और उन सभी चीज़ों से भटकने लगते हैं जो वास्तव में हमारे जीवन में उद्देश्य और महत्त्व लाती हैं। और यह स्वयं के प्रति सच्चा जीने के हमारे प्रयासों को विफल कर देता है।

आदतन प्रामाणिकता की मांग है कि हम अपने आस-पास के शोर को इतनी देर तक शांत रखना सीखें कि हम अंदर की ओर देख सकें। अपने भीतर गहराई में दबी हुई उस छोटी सी आवाज़ को सुन सकें। हमें उन सभी फ़िल्टर की गई छवियों और आदर्शों, आत्म-संदेहों और बाहरी विचारों को हमारे अवचेतन के चारों ओर ज़ोर-ज़ोर से बजने वाले परेशान करने वाले ड्रमों के रूप में देखने की ज़रूरत है। फिर इसे लंबे समय तक व्यवस्थित करना चाहिए ताकि हमारी आंतरिक आवाज़ें सुनी जा सकें।

**''ख़ुद को जानने और सुनने की अनुमति देने में,
अपनी अनूठी कहानी का मालिक बनने में, अपनी प्रामाणिक
आवाज़ का उपयोग करने में शक्ति है। और दूसरों को जानने और
सुनने की इच्छा रखने में अनुग्रह है।''**

–मिशेल ओबामा

प्रामाणिकता के लाभ जीवन बदलने वाले लाभ हैं और दूर-दूर तक फैले हुए हैं।

जब आप प्रामाणिक होते हैं, तो आप स्वयं को संवाद करने, विश्वास हासिल करने, निर्णय लेने और अपने रास्ते में आने वाली चुनौतियों को स्वीकार करने में स्वयं को बेहतर सक्षम पाएंगे। आपकी स्वयं की बढ़ी हुई भावना आपको आंतरिक संघर्ष को अधिक आसानी से हल करने की अनुमति देगी। जिससे आपकी आंत सहज और आपका दिमाग़ संतुष्ट हो जाएगा। और आपको इस अहसास से शांति मिलेगी कि आप *सब कुछ* नहीं कर सकते। आप जितनी कोशिश कर सकते हैं, और आपके इरादे जितने अच्छे हों, कोई भी यह सब नहीं कर सकता। यहां तक कि अपने सबसे अच्छे दिन पर भी, जब मैंने अपने लिए निर्धारित लक्ष्य हासिल कर लिए हैं और

मैं अपनी लय में हूं, तब भी मैं उस बड़ी तसवीर का सिर्फ़ एक घटक हूं, जो मेरे व्यवसाय और परिवार के पहियों को गतिमान रखता है।

एक महत्त्वपूर्ण चेतावनी : प्रामाणिक होने का मतलब यह नहीं है कि आपको सीमाओं को बनाए रखने और अपने व्यक्तिगत स्थान और कल्याण को प्राथमिकता देने की आवश्यकता नहीं है। इसका मतलब यह भी नहीं है कि आपको पूरी सच्चाई के लिए पूरी तरह से ईमानदार होने या पूछने वाले को अपने कार्ड दिखाने में अपने दिन बिताने की ज़रूरत है। लेकिन इसका मतलब पारदर्शिता के प्रति सचेत रहना है। हालांकि किसी समय व्यवसाय में पारदर्शिता को कमज़ोरी या असुरक्षा का संकेत माना जाता था। लेकिन आज उद्योग जगत के नेता बेहतर जानते हैं। 2013 में, एडेलमैन ट्रस्ट बैरोमीटर के एक अध्ययन में कुछ परेशान करने वाली ख़बरें सामने आईं। जिसमें दिखाया गया कि 82 प्रतिशत पेशेवरों को इस बात पर भरोसा नहीं था कि उनके बिज़नेस लीडर उनके साथ ईमानदार हैं। सौभाग्य से, कार्यस्थल में पारदर्शिता और विश्वास निर्माण बढ़ रहा है। और यह प्रामाणिक होने के हर किसी के प्रयासों का समर्थन करता है। मैं कार्यस्थल में पारदर्शिता को बहुत गंभीरता से लेती हूं और चाहती हूं कि हर किसी को पता चले कि मैं अपने सभी व्यावसायिक रिश्तों और लेनदेन में प्रामाणिक हूं। शाब्दिक अर्थ में भी! जब कोई हमारे मुख्य भवन में क़दम रखता है, तो वे ध्यान देंगे कि मेरा कार्यालय शीर्ष मंज़िल पर नहीं है। नहीं, आप मुझे सीधे हमारे प्रशासन डेस्क के सामने मुख्य स्तर पर पा सकते हैं। मैं उपस्थित हूं और पूर्ण दृश्य में हूं। यह पारदर्शिता है, जिसे हमारे खुले-परिकल्पना कार्यालय के साथ शाब्दिक परिभाषा तक लागू किया गया है। जिसे मैंने फ़र्श से छत तक कांच के दरवाज़े के साथ डिज़ाइन किया है। यह मेरा अपना निजी मछली का कटोरा है। और मैं इसे किसी और तरीक़े से नहीं चाहूंगी!

प्रामाणिकता के बारे में एक और विस्मयकारी और आश्चर्यजनक लाभ जो मैंने पाया वह यह है कि यह *संक्रामक* है। जब आप प्रामाणिकता से जीते हैं, तो आप समान विचारधारा वाले लोगों को अपनी ओर आकर्षित करते हैं। जब लोग मेरे कांच के कार्यालय की दीवारों को देखते हैं और देखते हैं कि मैं क्या कर रही हूं, और मैं अपने प्रति कितनी सच्ची हूं। तो वे अक्सर ऐसा ही करते हैं। और जब पेशेवर सेटिंग की बात आती है, तो प्रामाणिकता का माहौल होना आपकी कल्पना से कहीं अधिक फ़ायदेमंद होता है। अपने प्रति सच्चा होने के परिणामस्वरूप पारदर्शिता और ईमानदारी की प्रतिष्ठा हुई है – और यह एक बड़ा अतिरिक्त मूल्य है, जब लोग मार्गदर्शन और दिशा के लिए आप पर भरोसा कर रहे हैं। लोग जानते हैं कि एक नेता के रूप में वे ईमानदार प्रतिक्रिया के लिए मुझ पर भरोसा कर सकते हैं। उदाहरण के तौर पर नेतृत्व करने में, मैं उन मूल्यों और आत्मविश्वास को मज़बूत कर रही हूं, जो मैं चाहती हूं कि मेरे लोग कार्यस्थल पर इसे अपनाएं।

मुझे पूरे दिन अपने आप में जांच करने की आदत है, और जब भी मैं ख़ुद को अभिभूत पाती हूं, *मैं रुक जाती हूं और आकलन करती हूं। क्या मैं इस क्षण में प्रामाणिक हूं? या क्या मैं सिर्फ़ यह छिपा रही हूं कि मेरे आस-पास जो हो रहा है उसके बारे में मैं वास्तव में कैसा महसूस करती हूं? यहां से मेरा इरादा क्या है?*

और केवल अपने आप से ये प्रश्न नहीं *पूछें।* उत्तर के लिए *सुनें।* मैं अपनी अंतरात्मा की आवाज़ सुनती हूं और उन प्रवृत्तियों को मुझे चलाने देती हूं। मेरा हर निर्णय और क़दम मुझे सही लगना चाहिए। आपकी निर्णय लेने की प्रक्रिया को कभी भी उस बिंदु तक नहीं ले जाना चाहिए जहां आप तुरंत रुक नहीं सकें और अनुमान नहीं लगा सकें कि यह आपको कैसा लगता है। और यदि आप पर उत्तर देने के लिए दबाव डाला जा रहा है, बिना स्वयं जांचने का समय दिए, तो आपको इसे एक ख़तरे के संकेत के रूप में ध्यान देना चाहिए और पूछना चाहिए कि क्यों। मैं इसे हर दिन, हर नए निर्णय या अवसर के साथ इसी तरह से करती हूं - मैं अपने आप में जांच करती हूं, और सुनती हूं कि मेरी अंतरात्मा मुझे क्या बता रही है। अपने आप पर इतना भरोसा रखें कि आप स्वयं के प्रति सच्चे रहें।

आइए इसे एक और नई आदत बनाएं, जिसकी शुरुआत कल से पहला क़दम उठाकर की जाएगी।

कार्रवाई आइटम #5 : पूरे दिन के अपने कार्यों और निर्णयों पर ध्यान दें, यह आकलन करते हुए कि क्या वे आपके प्रामाणिक इरादों, विश्वासों, मूल्यों और व्यक्तित्व को दर्शाते हैं।

मुझे विश्वास है कि जब आप इसे अभ्यास में लाएंगे, तो आपका दिन अधिक सुचारू रूप से चलेगा। आपके आस-पास के लोग बेहतर काम करेंगे। और आप एक दिन ख़ुद को अपने अंतिम लक्ष्य हासिल करने के क़रीब पाएंगे। स्वयं के प्रति सच्चा नहीं रहकर 24 का एक और सेट बर्बाद नहीं करें। मुझ पर विश्वास करें : यह जानने से बेहतर कोई अहसास नहीं है कि आप कौन हैं और अपना दिन वहीं से शुरू करें।

आदत 6

चीज़ों को टुकड़ों में विभाजित करें

''बाधाएं तुम्हें रोक नहीं सकती हैं। यदि तुम किसी दीवार से टकरा भी जाओ तो पीछे मुड़कर हार नहीं माननी चाहिए। उस पर चढ़ के या उसके भीतर से, या उसके बगल से जाने का कोई न कोई मार्ग ढूंढ़ना चाहिए।''

– माइकल जॉर्डन

कुछ गर्मियों से पहले की बात है, उत्तरी ओंटारियो के ''कॉटेज कंट्री,'' में एक पारिवारिक सप्ताहांत के दौरान मैं अपने कुत्ते के साथ समुद्र तट पर टहलने के लिए निकल रही थी। मेरी बेटी ने भी अपने कुत्ते को लेकर मेरे साथ चलने का निर्णय लिया। आपको यहां बताते चलूं कि जब मैं अपना वक़्त इस कॉटेज कंट्री में व्यतीत करती हूं तो वह मेरे लिए बेहद वैयक्तिक और पवित्र समय होता है। ये गर्मी की सप्ताहांत छुट्टियां ही हैं नहीं तो कहां ही मुझे अपने बच्चों और पोते पोतियों से जुड़ने का मौक़ा मिलता – और यही वह समय है, जब मैं बाहर और आसपास की प्रकृति की शांति और सुंदरता का आनंद ले सकती हूं। यह एक तरह से हमारे परिवार के एकत्रित होने का स्थान बन गया है। और यह डिसकनेक्ट करने, ''उपस्थित रहने'' और पल के प्रति अधिक सचेत रहने (अनावश्यक रुकावटों को छोड़कर) की आवश्यकता के कारण है, कि मैंने और मेरी बेटी ने अपने फ़ोन वापस कॉटेज में छोड़ने का फ़ैसला किया। अपने पानी के बोतलों से लैस और अपने ऊर्जा से भरे हुए कुत्तों को साथ में ले कर हम सैर के लिए निकल पड़े।

हम चल पड़े। हमारे नंगे पैरों के नीचे की रेत मुलायम और गीली थी, यहां पर ज्वार धीरे से आ कर तट पर वापस चला गया था। यह प्रात: मध्य काल था और हमारे ज़्यादातर पड़ोसी या तो पानी के इस तट पर जल्दी आ गए थे या अभी तक वे अपने कॉटेज में इस तट से वापस जाकर अपने अपने दिन की तैयारी में लगे हुए थे। हम कुछ वक़्त से टहल रहे थे और अपनी कॉटेज से कुछ ही दूरी पर थे, जब मेरी बेटी का कुत्ता अचानक से जोश में कूदा और हमारे बीच से भागते हुए तट की तरफ़ दौड़ लगा दी। मेरा संतुलन बिगड़ गया और मैं घूमते हुए अजीब तरीक़े से एक तरफ़ गिर पड़ी। गिरते ही मुझे अपने कूल्हों पर एक दवाब महसूस हुआ – और फिर एक बेहद गर्म, कष्टदाई दर्द में बगल में चीरता हुआ महसूस हुआ। मैं खड़ी नहीं हो सकती थी। मुझे बेहोशी जैसी लगने लगी।

घबराहट में भी, मेरी बेटी को यह तुरंत समझ में आ गया कि हमें मदद की ज़रूरत है। यह वह समय था, जब हम फ़ोन को अपनी पहुंच से दूर छोड़ आए थे! मिशेल किसी फ़ोन वाले व्यक्ति की तलाश में तट तक चली गई। बदक़िस्मती के बावजूद कुछ प्रयासों के बाद उसने आख़िरकार एक व्यक्ति को ढूंढ़ा जिसके पास फ़ोन था – फ़्लिप फ़ोन! लेकिन यह काम कर देता! वह अपने पति का नंबर डायल करते हुए,जो कॉटेज में ही था, भागते हुए मेरी तरफ़ आई, तब मैं यह सोच रही थी कि क्या वह भी मेरी तरह एक अनजान नंबर देख कर फ़ोन उठाने से हिचकेगा। शुक्र है, उसने फ़ोन उठाया और जल्दी ही हमारे पास तट पर आ गया। उस बिंदु तक मुझे नहीं पता था कि मैं कितना दर्द सह सकती हूं, वह भी बिना होश गंवाए।

मेरे बच्चों ने मुझे कॉटेज तक आने में मदद की और मैं आराम करने लगी इस उम्मीद में की शायद कोई मांसपेशी खिंच गई होगी या फिर कोई अजीब सी मोच आ गई होगी।

मैं अगले दिन एक्स–रे के लिए गई और यह पता लगा कि मेरे गिरने से मेरे कूल्हों में हेयरलाइन फ्रैक्चर आ गया है। सब अच्छा होते हुए भी कुछ हफ़्तों तक मेरी गतिशीलता काफ़ी सीमित रहेगी। इस चोट को ख़ुद ब ख़ुद ठीक होने का अगर कोई भी मौक़ा है तो मुझे ठीक होने के लिए काफ़ी सतर्क और धैर्यवान रहना होगा।

अतः कुछ दिनों बाद मैं वापस अपने घर में थी, अपने बिस्तर में आराम करती हुई और एक गमले में लगे पौधे जैसा महसूस कर रही थी। मैं एक बेहद सक्रिय इंसान हूं। अगर मैं सोई हुई नही हूं तब उसके अलावा मैं ज़्यादातर वक़्त सक्रिय ही रहती हूं – फंसे हुए या स्थिर रहने का विचार मात्र मेरे लिए परेशान करने वाला होता है। मुझे मालूम था कि मुझे इस रिकवरी को गंभीरता से लेना है, सिर्फ़ तुरंत और पूर्णतः ठीक होने के लिए ही नहीं। आख़िरी चीज़ जो मैं चाहती थी वो यह कि जल्दबाज़ी में, मैं काम को और ख़राब कर लूं, इसलिए मुझे इस कार्य के लिए बहुत सोच–समझकर, धैर्य से एक बार में एक ही क़दम उठाना था। मेरी पहली

चुनौती थी, बिस्तर से बाथरूम तक ख़ुद से जाना। अभी तक मैं अपने प्रभावित हिस्से पर ज़रा भी वज़न नहीं डाल सकती थी, और मैं अभी भी इतना ठीक नहीं हुई थी कि उस बेंत पर भरोसा कर सकूं, जिसके बारे में उन्होंने मुझसे कहा था कि वह अबसे मेरा नया सबसे अच्छा दोस्त होगा। वह भी तब से जब मैं आने वाले अगले कई हफ़्तों में गतिशीलता हासिल करना शुरू करूंगी। मुझे एक ऐसी प्रणाली की आवश्यकता थी, जिससे मैं ख़ुद को पूरी तरह से तैयार कर सकूं, लेकिन फिर भी बिना किसी मित्र की मदद के बाथरूम जाने की आज़ादी पा सकूं। मेरे पास एक विचार था। मैंने सुदृढीकरण की मांग की। और कुर्सियों की। ढेर सारी कुर्सियां।

मेरे बिस्तर से मेरे बाथरूम तक अब मेरे पास आठ कुर्सियां पंक्तिबद्ध लगी हुई थीं। ऐसा लग रहा था मानो मेरे रूम में एक ख़ाली और शांत सम्मलेन चल रहा हो, पर मुझे इसकी कोई परवाह नहीं थी। जब मेरे पिता मुझसे मिलने आए और उन्होंने यह दृश्य देखा तब मुझे उन्हें समझाना पड़ा कि नहीं मैंने अपना दिमाग़ नहीं खो दिया है। यह कुर्सियों की ट्रेन मेरा टिकट थी, थोड़ी बहुत आज़ादी की – और अपने बाथरूम तक ख़ुद से जाने की। मैंने तब तक अभ्यास किया, जब तक की मेरे पास, एक कुर्सी से दूसरी पर फेरबदल करते हुए बिस्तर से बाथरूम तक पहुंचने का और वापस आने का एक सिस्टम नहीं बन गया। मैंने जल्द ही (सावधानीपूर्वक) बिंदु क से बिंदु ख तक का अपना रास्ता बना लिया, प्रत्येक कुर्सी के पिछले हिस्से को पकड़ कर, अपना वज़न एक से दूसरे पर और फिर वापस ले जा रही थी। अगले कुछ दिनों में मैंने एक नया सिस्टम बनाया, जिससे मैं सीढ़ियों पर स्वामित्व प्राप्त कर सकूं। ज़ाहिर है, इस समय उन सीढ़ियों पर चढ़ने या उतरने का विकल्प नहीं था, इसलिए मैंने अपनी कुर्सियों के ट्रेन को हॉल तक बढ़ा दिया और वहां से छोटे बच्चों से सीख लेते हुए जो इस कार्य को यानी चलना-फिरना, सीढ़ियों से उतरना और चढ़ना पहली बार सीख रहे होते हैं। और इसी कोशिश में मैंने ख़ुद को नीचे की तरफ़ हल्का फिसला दिया, और अपने पीठ के बल ही एक सीढ़ी से दूसरी सीढ़ी पर जाती गई। बाद में हर फिसलन पर मैंने घर की सीढ़ियों पर लगे गद्देदार कालीन और मज़बूत रेलिंग का बहुत-बहुत आभार माना।

मैं यहां बस यह कहना चाहती हूं कि मैं किसी भी तरह से फ़िजियो की कोई विशेषज्ञ नहीं हूं और ना ही मैंने सोचा था कि मेरे पास ठीक होने के लिए कोई सटीक या कारगर योजना थी। लेकिन मुझे पता था कि मैं ख़ुद को सिर्फ़ ''फंसा हुआ'' या इससे भी बदतर, हर छोटी कार्रवाई के लिए किसी और पर निर्भर नहीं रहने दूंगी। तो जैसे मैं स्वाभाविक रूप से किसी भी समस्या के समाधान के लिए अपना रास्ता सोचती हूं, मैंने बिंदु ए से बिंदु बी तक अपना रास्ता यथासंभव सर्वोत्तम तरीक़े से मैप किया। फ़र्क़ सिर्फ़ इतना है कि इस बार, कम से कम शुरुआत में, मैंने अपना रास्ता कुर्सियों से बनाया!

मुझे शुरुआत में बताया गया था कि रिकवरी में उम्मीद से कुछ महीने ज़्यादा ही लगेंगे। और हालांकि मैं अपनी तबियत की सुधार के हर क़दम पर सतर्क और सचेत थी, लेकिन साथ ही मैं अपने दिनचर्या में वापस जाने के लिए उत्सुक भी थी। हर दिन नई बाधाओं और चुनौतियों को तोड़ते हुए, मैं छह सप्ताह के भीतर अपनी कुर्सी और अपनी अस्थायी छड़ी से छुटकारा पाने और यहां तक कि अपने ट्रेडमिल पर वापस आने में सक्षम हो गई। यह कोई दौड़ नहीं थी, लेकिन मैंने अपने शरीर की बात सुनी और अपना ध्यान पूर्ण शारीरिक सुधार के अंतिम लक्ष्य पर केंद्रित रखा। यहां एक और सबक़ सीख गई : सुनिश्चित करें कि समुद्र तट पर सैर के दौरान कम से कम एक व्यक्ति के पास फ़ोन हो! आप को ध्यान रखना होगा कि यदि अगली बार जब कुत्ते पीछा करने का निर्णय लेते हैं तो फ़्लिप फ़ोन वाला वैसा मित्रवत पड़ोसी हमेशा आसपास नहीं होता है।

समस्याओं को सुलझाने का मतलब कभी-कभी अपने आप पर दांव लगाना होता है और प्रत्येक चरण के साथ प्रक्रिया पर भरोसा करने के लिए अपनी दृष्टि पर पर्याप्त विश्वास भी रखना होता है। और कभी-कभी इसका मतलब होता है की नीचे से शुरू करना- और इस बात का अर्थ मैं शाब्दिक रूप से कह रही हूं।

मैं आपको एक और कहानी सुनाती हूं, यह इस बारे में है कि योंग स्ट्रीट पर मेरा मुख्य कार्यालय कैसे बना। मेरा सपना था कि किसी दिन मैं जहां काम करती थी, उसके निकट ज़मीन के एक टुकड़े पर एक नया कार्यालय बनाऊं, और क्योंकि मेरे लीज़ का अंततः फिर से नवीनीकरण करने का समय आ गया था, मुझे पता था कि आज जैसा कोई समय फिर नहीं आएगा, ख़ासकर यह देखते हुए कि मेरा वर्तमान कार्यालय भवन मुश्किल से हमारी आवश्यकताओं को समायोजित कर पा रहा था। मैंने जगह को छोटे-छोटे टुकड़ों में बांट कर इसे काम करने लायक़ बनाया हुआ है, और यह भविष्य के विकास के लिए टिकाऊ नहीं था। मैं यह भी जानती थी की किराया भी वक़्त के साथ-साथ बढ़ता जाएगा।

अगर मेरे पास ख़ुद की इमारत होती, तब मेरे पास मेरी व्यापारिक तथा व्यावसायिक ज़रूरतों के लिए ज़्यादा जगह होगी। और उस जगह पर मेरा पूरा *नियंत्रण* भी होगा। मुझे पूरा यक़ीन था और पता भी था कि बगल वाला पार्सल ही मेरे व्यापार का भविष्य है। मुझे पता था कि यह क़दम उठाने का सही वक़्त था। मगर इसका मतलब ये नहीं था कि यह कहीं से भी आसान होने वाला था।

जब मालिक ज़मीन बेचने के लिए तैयार था, तो मैं तीन साल की अवधि के लिए वेंडर टेक बैक (वीटीबी) के साथ लोन पर मोलभाव कर लिया था। चूंकि भूमि निर्माण के लिए तैयार थी, आवश्यक रीज़ोनिंग प्राप्त करने से मुझे बैंक से वित्तपोषण प्राप्त करने की अनुमति मिल जाती, जिसका उपयोग मैं वीटीबी का भुगतान करने के लिए कर सकती थी। ज़ाहिर है, आवंटित समय के भीतर आवश्यक मंजूरी मिलने

का दबाव महसूस हो रहा था। मैं घबराई हुई ज़रूर थी, लेकिन मुझे विश्वास था कि यह सब काम सफलतापूर्वक हो जाएगा और तीन साल की अवधि ज़रूरत से ज़्यादा लग रही थी। मुझे लगा कि भूमि पहले से ही एक वाणिज्यिक सड़क पर स्थित थी और वाणिज्यिक उपयोग वाले व्यवसायों और इमारतों से घिरी हुई थी, इसलिए मेरी परियोजना को हरी झंडी देने में कोई समस्या नहीं आनी चाहिए थी। गेंद गति में थी, और मुझे ऐसा लग रहा था कि जैसे मैं अपने अंतिम लक्ष्य की ओर प्रगति कर रही हूं।

और फिर मुझे एक बहुत बड़ी बाधा का सामना करना पड़ा, जिसकी मैंने कभी कल्पना भी नहीं की थी : स्थानीय समुदाय और स्थानीय प्रतिनिधियों का विरोध। मुझे ''बड़े बुरे व्यवसायी'' के रूप में देखा जा रहा था, जो एक हरित क्षेत्र को उखाड़ने और समुदाय को कंक्रीट के जंगल में बदलने के लिए आ रही थी। असल में मामला यह नहीं था। योंग रोड का यह क्षेत्र पहले से ही चहल पहल, तरक्की और विकास से भरा पूरा था : प्लाज़ा, गैस स्टेशन, और अन्य वाणिज्यिक कारोबार पहले से ही बने हुए थे... यह सब उस बिल्डिंग से काफ़ी बड़े थे, जिसके निर्माण के लिए मैं जोनिंग की स्वीकृति मांग रही थी। मेरा इरादा इस समुदाय की तरक्की में वृद्धि करने का था... उस से तरक्की को दूर ले जाने का नहीं। लेकिन जैसे-जैसे तीन साल समाप्ति की ओर बढ़ रहे थे, जोनिंग की स्वीकृति मिलने का कार्य होता हुआ नहीं दिखाई दे रहा था। और आपको तो वह प्रचलित कहावत पता ही होगी कि ''जब बारिश होती है, तो मूसलाधार होती है।''

विक्रेता अपना पैसा तीसरी सालगिरह पर चाहता था, जो बहुत निकट थी। ठीक इसी समय पर मेरे वर्तमान ऑफ़िस की बिल्डंग का पट्टा पूरा हो रहा था और मकान मालिक ने साफ़-साफ़ कह दिया था कि नया पट्टा पांच साल का होगा या फिर आप बाहर निकल जाइए।

अब तक मैंने उस इमारत के निर्माण के लिए कई लाख डॉलर निवेश कर दिए थे - प्लानर्स, सर्वे, अधिवक्ता, साइट रिसर्च और अन्य जुड़े हुए कामों पर। मुझे अभी भी इस भूमि और अपने व्यवसाय के भविष्य के प्रति अपने दृष्टिकोण पर दृढ़ विश्वास था, और विश्वास था कि इस ज़मीन में निवेश मेरे हर एक पैसे के लायक़ था। लेकिन अब मेरे चारों ओर दीवारें ढहती हुई सी दिखाई दे रही थीं, और मुझे विक्रेता और मेरे मकान मालिक से अल्टीमेटम मिल रहा था। दवाब की बात करें... मैं उसे महसूस कर रही थी! मैं एक झटके में अपने बिज़नेस *और* ज़मीन दोनों को खो देने के ख़तरे में थी। मेरे पास समय की सहूलियत अब नहीं थी। मुझे जल्द से जल्द कुछ करने की ज़रूरत थी। इसलिए मैंने एक कार्य योजना बनाई और सबको कुछ छोटे चरणों में बांट दिया, ताकि मैं एक वक़्त में एक क़दम उठा सकूं और अपना पूरा ध्यान उस पर केंद्रित कर सकूं।

मेरा पहला क़दम था – ज़मीन के विक्रेता के साथ समझौता करना। मैंने विक्रेता से खुल कर और ईमानदारी से इस प्रक्रिया में आने वाली रुकावटों और समस्याओं के बारे में बताया और उससे वक़्त बढ़ाने की गुज़ारिश की... ठीक है यहां इस काम के लिए भीख मांगना प्रयोग करना एक बेहतर शब्द होगा। मुझे एक और वर्ष के समय की ज़रूरत थी और इस अधिक वक़्त के लिए उन्हें अतिरिक्त जमा राशि का भुगतान करने की पेशकश की ताकि उनका भी कुछ लाभ हो सके। यह तरीक़ा काम कर गया। मेरे लिए यह ना तो एक सस्ता और ना ही एक आदर्श समाधान था, लेकिन इसने मुझे वह क़ीमती वक़्त दे दिया, जिसकी मुझे सख़्त ज़रूरत थी।

अगला क़दम था, अपने वर्तमान मकान मालिक के साथ अपनी लीज़ का नवीकरण करना। मैं किसी भी कारण से कार्यालय के बिना नहीं रह सकती थी, इसलिए मेरे पास कोई और विकल्प मौजूद भी नहीं था। हां, इसका मतलब था कि मेरा इस कार्यालय में आगामी पांच वर्ष के लिए बंध जाना। लेकिन उसी वक़्त मैंने यह बात भी समझ ली थी कि मैं जब अपनी ख़ुद की इमारत और पते पर जा सकने की स्थिति में आ जाती और इमारत तैयार हो जाती, तब मैं अपने वर्तमान कार्यालय को सब लीज कर सकती थी। दिन के अंत में, यही एकमात्र तरीक़ा था अपने व्यवसाय को उसकी जगह पर बनाए और अबाधित रखने का।

तीसरा क़दम ज़ोनिंग के साथ पुरानी पटरी पर वापस आना था। मैंने इसे संभव बनाने के लिए बहुत मेहनत की – शहर के योजनाकारों के साथ एक बैठक की और जितना संभव हो पाया मैंने उतना ही विपक्ष की चिंताओं को आश्वासन देने और उन्हें संतुष्ट करने का प्रयास किया – और, शुक्र है, *आख़िरकार* ज़ोनिंग हो गई। मैंने इमारत की योजनाएं पूरी कर लीं, और जैसे ही सब कुछ एक साथ आना शुरू हुआ, फावड़ा जमीन पर गिर गया। जब तक नई इमारत बनकर तैयार हुई, तब तक पूरी परियोजना में मेरी कल्पना से कहीं अधिक समय लग गया। लेकिन मेरा स्वप्न सच हो गया। वो क्या कहते हैं? ''अगर तुम कुछ बना सकते हो, तब दूसरे उसे देखने ज़रूर आएंगे!''

शुरू से अंत तक की प्रक्रिया एक सीधी रेखा के अलावा सबकुछ थी। क्या कभी मुझे मेरे दिमाग़ में यह लगा कि सबकुछ ख़त्म हो जाएगा। जी हां, बिलकुल मुझे ऐसा लगा था।

क्या मेरी योजना उत्तम थी? नहीं। यह समय खपत करने वाला, तनावपूर्ण, और मेरी उम्मीद से ज़्यादा ख़र्चीला था। लेकिन मुझे तब भी विश्वास था, जैसा कि अब भी है कि कभी-कभी आपको अपने आप पर और अपनी दृष्टि पर जोख़िम उठाना पड़ता है। यह मेरे भविष्य-मेरे व्यवसाय, मेरी आजीविका और मेरे परिवार

की वित्तीय भलाई के लिए एक निवेश था। यह सभी प्रयासों, निवेश किए गए हर पैसे और हर क़दम के लायक़ था।

यहां मेरा अंतिम लक्ष्य और दृष्टिकोण हमेशा किराए भुगतान करते रहना नहीं था, बल्कि उन फ़ंडों को स्वामित्व में पुनर्निर्देशित करना था, किसी और के बजाय ख़ुद के पट्टे का भुगतान करना था।

आपके जीवन में इस वक़्त ''बड़ी चीज़ें'' क्या हैं? जीवन के प्रमुख लक्ष्यों से लेकर कार्य परियोजनाओं और व्यक्तिगत समय-सीमाओं तक, आपके दिमाग़ में जगह बनाने वाली महत्त्वपूर्ण चीज़ों की सूची लगातार बढ़ती जा रही है, और आश्चर्य की बात नहीं है, यह आपके दैनिक जीवन में व्यवधान की हद तक भी आपको प्रभावित कर सकती है। हो सकता है की आप पाएं कि आपको इन परियोजनाओं को छोटे-छोटे कार्यों में तोड़ना शुरू करने की आवश्यकता है, ताकि उन्हें प्रबंधित किया जाए सके। याद है कैसे हमने पहले विवरण के महत्त्व के बारे में बात की थी? कभी-कभी वे ही एकमात्र रास्ते होते हैं, जिससे हम अपने मार्ग पर बने रहे और बड़ी तसवीर या लक्ष्य से हमारा ध्यान नहीं भटके।

क्या आप कभी रात भर हर अनसुलझे कार्य और मुद्दे पर सोचते हुए करवटें बदलते रहते हैं? क्या आप आसन्न समय-सीमाओं और बाहरी दबावों के बारे में चिंतित रहा करते हैं? क्या आप कभी इस बात से घबराते हैं कि आप कैसे क्या करके वह सब पूरा करेंगे?

ये सभी अपूर्ण कार्य और अन्य कार्य शीघ्र ही बड़े होकर समस्याओं का पहाड़ बन सकते हैं, जिसका शिखर हमारी पहुंच से दूर रहता है फिर हम कहीं भी खड़े हों। हम समस्याओं के इस पहाड़ की नींव से भी अच्छी ख़ासी दूरी पर ख़ुद को पाते हैं। अच्छी ख़बर यह है कि किसी भी बड़ी समस्या के समाधान के लिए एक सामान्य विभाजक है, जो स्प्रिंगबोर्ड के रूप में कार्य करता है, जिससे हम अपनी सूची में किसी भी भारी कार्य को निपटा सकते हैं : यह रणनीति है किसी भी बड़े कार्य को टुकड़ों में विभाजित करने की।

अक्सर हमारे मन में अपने आराम केंद्र से बाहर की किसी चीज़ से निपटने का विचार हमें शुरू से ही हतोत्साहित महसूस करा सकता है। हम या तो कार्य को ठंडे बस्ते में डाल देते हैं और उसे अंतिम क्षण तक छोड़ देते हैं या फिर हम घबराहट की स्थिति में उस कार्य का बोझ हमें तनाव की ओर ले जाए इसकी अनुमति दे देते हैं। इनमें से कोई भी तरीक़ा उत्पादक और लाभदायक नहीं है। कार्यस्थली उत्पादकता की प्रशिक्षक और वक्ता मेलिसा ग्रतियास, पीएचडी, कहती हैं कि कार्यों को टुकड़ों में तोड़ कर देखना हमारे लक्ष्य को ज़्यादा आसान और उन्हें हासिल करने लायक़ बना देता है। यह ''हमारी कार्यों को टालने या स्थगित करने की प्रवृत्ति को भी

कम करता है।'' यह कार्य को शुरू करने के लिए हमारे अंदर काफ़ी आत्मविश्वास बना देता है।

मैं चाहती हूं कि आप मुझे इस बात पर सुनें : इस दुनिया में ऐसा कुछ भी नहीं है, जो आप साधारण तरीक़े से *शुरू* नहीं कर सकते। और आप शुरुआत करें उस बड़ी चीज़ को अपने सामने कल्पना करके जो आपके दिमाग़ पर किसी बोझ की तरह बनी हुई है। आप पीछे हट के पूरी तसवीर को समाहित करते हुए सवाल कर सकते हैं। *यहां पर मुख्य अवयव क्या है? क्या इस तक पहुंचने का कोई और तरीक़ा है?* अपने दिमाग़ में कार्य को विच्छेदित करके और अपने अंतिम लक्ष्य से पीछे की ओर काम करके, टुकड़े-टुकड़े क़दम बनाकर, जो आपको आगे बढ़ाएंगे, आप उन सभी डरावने विचारों को दूर करने में सक्षम हैं कि *मैं इसे कैसे पूरा करूंगा?*

और फिर आप अपनी योजना अनुसार पहला क़दम बढ़ा सकते हैं। नींद और मन की शांति खोने की बजाय, अपनी ऊर्जा और प्रयास उस विज़ुअलाइज़ेशन अभ्यास और बिंदु ए से बिंदु बी तक पहुंचने के लिए इसे छोटे, कार्रवाई योग्य चरणों में तोड़ने की प्रक्रिया में लगाएं। आप आश्चर्यचकित रह जाएंगे कि कितने आराम और तेज़ी से आप ख़ुद को पहले से दूसरे क़दम में ले कर चले गए।

हो सकता है कि आप इस योजना बनाने वाले चरण को छोड़ने के लिए प्रलोभित हों, लेकिन यदि आप इस प्रक्रिया में समय लगाएंगे तो आप बाद में स्वयं को धन्यवाद देंगे, और इसके कारण हैं यह। जीवन आपको बहुत सारे आश्चर्य भेंट कर सकता है। किसी भी समय, हमारा दिमाग़ परिवार, काम और इनके बीच की हर चीज़ के विचारों से पूरी तरह भरा रहता है। मेमोरी रिकॉल और स्टोरेज पर कई अध्ययनों का संदर्भ देते हुए नेल्सन कोवान के एक लेख से पता चला है कि हमारी कामकाजी मेमोरी - आपके मस्तिष्क का वह हिस्सा है, जहां ऑन-द-फ़्लाई, अस्थायी, रोज़मर्रा के कार्यों के टुकड़े रहते हैं - एक साथ केवल तीन से पांच आइटम को सफलतापूर्वक स्टोर करने में सक्षम है। जब आप इस बात पर विचार करते हैं कि आप प्रत्येक दिन एक कार्य से दूसरे कार्य में परिवर्तन करते समय इस कार्यशील मेमोरी पर कितना भरोसा करते हैं, तो यह देखना मुश्किल नहीं है कि एक बड़े पैमाने की परियोजना या चुनौती कैसे हावी हो सकती है और आपकी मानसिक भंडारण इकाई पर क़हर बरपा सकती है।

समस्याओं का चरण दर चरण समाधान करना कारगर होता है, क्योंकि हम तब सबसे अच्छा कार्य करते हैं, जब हम अपना ध्यान एक समय में एक ही चीज़ पर केंद्रित करते हैं। इसका मतलब यह नहीं है कि हम बाक़ी सभी चीज़ों को अपने दिमाग़ से पूरी तरह से बाहर निकाल दें - यह असंभव होगा, क्योंकि हम लगातार कार्यों का एक मानसिक फेरबदल कर रहे हैं, अपने विचारों को इधर-उधर घुमा रहे

हैं और ज़िम्मेदारियों की कभी न ख़त्म होने वाली असेंबली लाइन से निपटने और संबोधित करने की कोशिश कर रहे हैं। जितना अच्छा हम कर सकते हैं। समस्या यह है कि जब हम उन चीज़ों को जोड़ने का प्रयास करते हैं, जिसे हमारे दिमाग़ ने बड़ी चीज़ों के रूप में वर्गीकृत किया है, हम लगभग तुरंत ही अपने सिस्टम के क्रैश होने को महसूस कर सकते हैं, और हम कार्य, मुद्दे या जो कुछ भी है, उसके दूसरी तरफ़ ख़ुद की कल्पना करने के लिए संघर्ष करते हैं।

यहां तक कि सबसे आम दैनिक संघर्षों तक, किसी समस्या को प्रबंधनीय चरणों तक तोड़ना मेरे लिए हमेशा काम आया है। जब मेरे बच्चे किशोरावस्था में थे, तो हर वक़्त काम करने वाली अकेली मां के लिए "ख़ाली समय" जैसी कोई चीज़ नहीं थी। मैं हमेशा से ही ऐसी व्यक्ति रही हूं, जिसे चलने-फिरने और व्यायाम से लाभ हुआ है। इसने मुझे ऊर्जा प्रदान की और तनाव निवारक के रूप में अद्भुत काम किया। लेकिन उस समय के सभी बड़े बदलावों के बीच, परिवार से लेकर काम तक, जिम जाने के लिए समय, स्थान और धन की तलाश नहीं हो पा रही थी। अपने व्यस्त दिनचर्या में से किसी बिंदु पर जिम से आना-जाना करने की बात ही मेरे सिर से ऊपर जा रही थी। यह मेरे लिए काम नहीं कर रहा था। लेकिन अगर मुझे सक्रिय और स्वस्थ आदतों को वापस पाना है, जैसे कि रोज़ाना व्यायाम, तब मेरे पास कोई दूसरा विकल्प ही क्या था?

खैर, मैंने पाया कि *अगर मैं जिम नहीं जा सकती तब मैं जिम को अपने पास ले आउंगी।* ठीक है... पहला क़दम! मुझे एक ट्रेडमिल की ज़रूरत होगी... बस एक मज़बूत मशीन से काम हो जाएगा। मेरा तहखाना जहां हम उस वक़्त रह रहे थे वह एक अस्थाई घरेलू जिम बन जाएगा... मुझे ज़रूरत थी बस एक ख़ाली जगह की, ताकि मशीन को लगाया जा सके और एक ट्रेडमिल अकेले तो बहुत जगह नहीं लेगी। आर्थिक रूप से, पेट्रोल का ख़र्चा, जिम की सदस्यता, और बच्चे संभालने का ख़र्चा अगर मैं घर से बाहर रहने की योजना बनाती हूं, इन सबको देखते हुए मशीन की क़ीमत इन्वेस्टमेंट के लायक़ थी और हर बिंदु से सबसे ज़्यादा समझ भरी थी। सबसे महत्त्वपूर्ण, मैं अपने वक़्त पर व्यायाम कर सकती थी बिना अपने बाक़ी जीवन के कार्यों को बाधित किए।

इस स्थिति में, मैं एक ऐसी आवश्यकता की पहचान करने में सक्षम थी, जो मेरे लिए महत्त्वपूर्ण थी और पारंपरिक-जिम के विकल्प को ख़त्म करने में जो काम नहीं करेगा, मैं उस विकल्प की ओर क़दम बढ़ाने में सक्षम थी, जो मेरे लिए काम कर सकता था। मैं उस विकल्प की ओर क़दम बढ़ाने में सक्षम थी, जो मेरे लिए कार्य करेगा। मैंने बेसमेंट में मशीन के लिए आवश्यक जगह ख़ाली कर दी। जो ट्रेडमिल मैं चाहती थी उसका ख़र्च उठाने के लिए मैंने एक योजनाबद्ध अवधि के लिए थोड़ा सा पैसा अलग रखा। और आख़िरकार मेरे नए छोटे होम जिम के

स्थापित होने के बाद, मैंने हर सुबह एक समय निकला, जो मेरे परिवार की दैनिक दिनचर्या के साथ तारतम्य में होता था और मुझे हर दिन कुछ गतिविधि करने के लिए जगह मिलती थी।

उसका परिणाम? मेरे जीवन में एक सकारात्मक दैनिक आदत के लिए जगह बनाने की दिशा में उठाए गए उन छोटे क़दमों ने मेरी शारीरिक और मानसिक भलाई को बेहतर बनाने में मदद की, मुझे थोड़ी ''आत्म-देखभाल'' का समय प्रदान किया, जो मेरी ज़रूरतों के अनुरूप रहा, और मेरे बच्चों में दैनिक गतिविधि और स्वस्थ जीवन को प्राथमिकता देने का मूल्य पैदा हुआ।

आपके जीवन की लगभग हर ''समस्या'' या बाधा को छोटे, कार्रवाई योग्य चरणों में तोड़कर आसान या अधिक प्रबंधनीय बनाया जा सकता है। पूरी तसवीर देखें – आप आगे कौन सा पहला क़दम उठा सकते हैं? अपनी हर सीधे बल्ले से शुरू होने वाले कल्पना के बारे में चिंता नहीं करें अगर वह बहुत भारी लगता है। अभी उस पहले क़दम के बारे में सोचें। छोटी, ''आसान'' दैनिक बाधाओं से लेकर आपके रास्ते में आने वाले बड़े आश्चर्यों तक – एक क़दम पीछे हटने और समस्या को तोड़ने की आदत डालें। आपको तुरंत कोई समाधान या रणनीति बनाने की आवश्यकता नहीं है। हो सकता है कि आपके मन में जो बाधा है, उसके कारण यह संभव नहीं है। चाहे जो भी हो जाए आप हमेशा पहला क़दम ढूंढ़ सकते हैं। और मेरे अनुभव में अगले क़दम का दृश्य बहुत साफ़ हो जाता जब आप पहले क़दम के सुविधाजनक स्थान से सोच रहे होते हैं।

अपनी परियोजनाओं को छोटे-छोटे चरणों में तोड़कर, हम अंतिम रेखा की ओर एक स्पष्ट और कार्रवाई योग्य मार्ग बनाते हैं, जो रास्ते में प्रत्येक चेकपॉइंट पर संतुष्टि – और प्रेरणा को फिर से जाग्रत करने की अनुमति देता है।

इन छोटे क़दमों का अर्थ यह भी है कि ग़लतियों की संभावना कम होगी, क्योंकि आप ग़लतियां पहचानते हैं, अप्रत्याशित मुद्दों से निपटते हैं, और सफलतापूर्वक उस समाप्ति रेखा की ओर अपना रास्ता बनाते हैं।

जो कुछ भी करने लायक़ है वह सही ढंग से करने लायक़ है – आदर्श रूप से, पहली बार – और यह केवल बड़ी परियोजनाओं पर ही नहीं, बल्कि दिन भर में हम जो कुछ भी करते हैं उस पर भी लागू होता है। और हम जितने अधिक विशिष्ट और स्पष्ट होंगे, हमारी सफलता की संभावना उतनी ही बेहतर होगी। सुबह उठने से लेकर रात के अंत तक करवट बदलने तक, हम तब सबसे अच्छा काम करते हैं, जब हम अपने अगले क़दमों की स्पष्ट रूप से कल्पना कर सकते हैं। हमारे

जीवन में बहुत कुछ ऐसा चल रहा है, जो हमारे नियंत्रण से परे है; हम जहां भी संभव हो, हर दिन अपने जीवन को सरल क्यों नहीं बनाएं और *समस्या को तोड़ने* की आदत क्यों ना डाल लें? यहां तक कि एक अस्त-व्यस्त घर जैसी बुनियादी चीज़ भी परिप्रेक्ष्य में एक साधारण बदलाव और छोटे क़दमों की रणनीति के साथ चुनौतीपूर्ण रूप से संभव हो सकती है : बिस्तर बिछाना, आस-पास पड़े कपड़ों को लटकाना, इत्यादि।

समय के साथ, आप पाएंगे कि परियोजनाओं और समस्याओं के प्रति यह चरण-दर-चरण दृष्टिकोण थकाऊ कामों से कहीं अधिक बड़ा हो जाएगा; इससे आनंद की भावना जाग्रत होगी और चीज़ों की अगली सूची सामने आने पर उन्हें प्रबंधित करना आपके लिए आसान हो जाएगा। यह आपको ''समस्या को काम करने'' में मदद करेंगे, समय बर्बाद करने वाले तत्वों और नगण्य विवरणों को एक तरफ़ रख देंगे, जिन पर आपने अन्यथा ध्यान दिया होगा। आप गति को बनाए रखने के लिए ख़ुद को अधिक ऊर्जावान और उत्साहित पाएंगे, क्योंकि छोटी-छोटी सफलताएं आत्मविश्वास बढ़ाने और प्रयास को जगाने के लिए जानी जाती हैं। अंततः प्रत्येक चरण के पूरा होने पर आपके यह चेकपॉइंट्स आपके लिए एक चीयर-लीडर के रूप में काम करेंगी और आपको आगे बढ़ने के लिए प्रोत्साहित करेंगी।

जब मैंने अपने भावी कार्यालय भवन के लिए ज़मीन का वह टुकड़ा ख़रीदने का निर्णय लिया, तो मेरे सामने कोई गारंटी नहीं रखी गई थी। और मेरे लक्ष्यों को प्राप्त करने के लिए एक ठोस योजना और पहचाने गए क़दमों के बावजूद, अप्रत्याशित चीज़ें हुईं – जैसा कि वे हमेशा होती हैं! जैसे-जैसे मैं आगे बढ़ती गई मुझे सामांजस्य बिठाने के लिए मजबूर होना पड़ा। लेकिन मेरा अंतिम लक्ष्य वही रहा, चाहे रास्ते में कितने भी मोड़ आएं और मेरे सामने कितनी भी बाधाएं क्यों ना खड़ी की जाएं। मेरे पास एक सपना था और मैं अपने सपने को हक़ीक़त में बदलने के लिए प्रतिबद्ध थी।

लेकिन अपने करियर के शुरुआती दिनों में मैंने अपने लिए जो भी सपने देखे थे, उनमें मेरे लिए अपने बच्चों के लिए सबसे स्थिर और सुरक्षित जीवन बनाने और बनाए रखने से ज़्यादा महत्त्वपूर्ण कुछ भी नहीं था। और मैं आपको बताऊंगी, जब आप ज़मीनी स्तर से कुछ बनाने के लिए कड़ी मेहनत कर रहे हैं और अपने बच्चों के लिए सर्वोत्तम माता-पिता बनने की संभव कोशिश कर रहे हैं, तो अपनी लय ढूंढ़ना अविश्वसनीय रूप से मुश्किल हो सकता है।

जब मैंने पहली बार ब्रोकरेज ख़रीदी थी, उस ज़मीन के सौदे से बहुत पहले, मैं यह सोच कर अभिभूत थी कि जिस जीवन दशा में मैं थी – तीन बच्चों की एकल मां, पहले से ही अधिकतम क्षमता पर काम कर रही थी – वहां से मैं कैसे वहां

जाऊंगी, जहां मैं होना चाहती थी : सुरक्षित, स्वतंत्र, और संपन्न। ज़रूर, मुझे आगे की सड़क पर डर लग रहा था, लेकिन पलटना कोई विकल्प नहीं था।

तब मैंने क्या किया? आपने सही समझा। अपने लक्ष्य को टुकड़ों में तोड़ दिया।

मैं पीछे हट गई और बड़ी तसवीर की तरफ़ अपना ध्यान केंद्रित किया – अपने ख़ुद का ब्रोकरेज कार्यालय खोलना – और फिर यह पता लगाया कि इसे पूरा करने के लिए मुझे क्या-क्या क़दम उठाने होंगे। पहला क़दम उन व्यावसायिक कौशलों को विकसित करना था, जिनकी मुझे अपनी नई ब्रोकर ज़िम्मेदारियों को निभाने के लिए आवश्यकता होगी। दूसरा चरण : अपने बच्चों के लिए एक योजना बनाना था ताकि मेरे नए व्यावसायिक उद्यम का मतलब उनसे दूर अधिक समय बिताना नहीं हो। इस समय मेरे तीन किशोर थे, और मुझे पता था कि यह उनके लिए एक महत्त्वपूर्ण समय था, जो युवा वयस्कों के लिए नींव तैयार करेगा, जो वे जल्द ही बनेंगे। उन्हें मार्गदर्शन, समर्थन, और उचित ध्यान की आवश्यकता थी। और आइए इसका सामना करें : हालांकि वे बेहद अच्छे और संस्कारी बच्चे थे, लेकिन उन्हें यह पता होना ज़रूरी था कि मेरी नज़र उन पर है!

मैं सोचती रही, *मैं अपने बच्चों के जीवन की "जांच" किए बिना, इस नए करियर अवसर का लाभ कैसे उठा सकती हूं?*

मेरी नई भूमिका के लिए मुझे समय और ऊर्जा की आवश्यकता थी, लेकिन मेरे बच्चों को इसकी अधिक आवश्यकता थी। मैं किसी को भी कष्ट नहीं होने दे सकती थी; इसलिए मुझे दोनों कार्यों को सफलतापूर्वक संपन्न करने के लिए एक सही तरीक़ा खोजना पड़ा। मैं इस पर विचार करती रही – मैं दोनों काम एक साथ संभव कैसे कर सकती हूं? और फिर मेरे मन में यह बात आई। यहां केवल एक पहला क़दम था, जो मेरे समय की दोनों मांगों को पूरा करेगा।

मैंने उन्हें अपने साथ काम में लाने का फ़ैसला किया। इसलिए तीसरा क़दम उनके लिए नौकरी के अवसर पैदा करना था, जो उन्हें अपने आप में व्यक्तिगत विकास की दिशा में एक रास्ता प्रदान करेगा लेकिन इससे व्यवसाय को भी लाभ होगा। जिस तरह मैंने यह नया उद्यम शुरू किया था, मैं चाहती थी कि मेरे बच्चे भी मेरे साथ इस नई दुनिया में आएं। मेरी दो बेटियों ने फ्रंट डेस्क पर काम सीखना शुरू किया, जबकि मेरा बेटा सफ़ाई का काम संभालता था। मैं अपने सपने का पीछा करने में सक्षम थी, और उन्होंने अनुशासन, विनम्रता और महत्त्वाकांक्षा के साथ बहुत कुछ सीखा- वे मूल्य जो वे घर पर बैठकर मेरे कार्यदिवस समाप्त होने की प्रतीक्षा में नहीं सीख सकते थे। यह समस्या, जो शुरू में असहनीय लग रही थी, एक बार जब मैं इसे टुकड़ों में तोड़ने और दूसरे दृष्टिकोण से देखने में सक्षम हो गई तो यह एक छिपे हुए वरदान के रूप में सामने आई।

अपनी समस्याओं के सदमे से अपने आपको भयभीत नहीं होने दें। जीवन डरावना है, और आपके सबसे अच्छे दिन आपके आराम क्षेत्र से परे हैं। असहज होने की अपेक्षा करें, भय का अनुमान लगाएं और फिर भी इसके लिए प्रयास करें। तैयार रहें?

कार्रवाई आइटम #6 : अपने दिन के लिए कार्यों की कल्पना करें और उन्हें छोटे-छोटे चरणों में विभाजित करें।

किसी कार्य या किसी बड़े प्रोजेक्ट के बारे में सोचें जो आज आपके दिमाग़ में है। चाहे वह कोई नया उत्पाद विकसित करना हो या अपनी अलमारी को फिर से जमाना हो, यह स्पष्ट करके की समग्र योजना या लक्ष्य क्या है, और अंतिम परिणाम की कल्पना करके शुरुआत करें। फिर वहां तक पहुंचने के लिए आपके द्वारा उठाए जाने वाले क़दमों की रूपरेखा तैयार करने में कुछ समय व्यतीत करें। इसमें सही होने के लिए एक से अधिक पुनरावृत्ति, और एक दिन से अधिक का समय लग सकता है और यह ठीक है। बस आरंभ करें - अभी, इसी क्षण।

आप कर सकते हैं!

आदत 7

ना कहने की कला सीखें

"जब आप दूसरों को हां कहें, यह सुनिश्चित कर लें कि आप ख़ुद को तो ना नहीं कह रहे हैं।"

– पाओलो कोएलो

जी हां आपने पहली बार में ही सही पढ़ा। इस प्रेरक किताबों के समुद्र में एक प्रेरक किताब आपको बता रही है कि आप ना बोलना सीखिए।

यह कुछ कारणों से ज़रा भ्रामक हो सकता है। सबसे पहले तो *'ना'* शब्द आरंभ से ही नकारात्मक प्रतीत होता है। दूसरा ना कहने का विचार अपने दैनिक जीवन में अवसर बढ़ाने वाली आदतें और व्यवहार में सुधार लाने के विचार के विरुद्ध लगता है। और तीसरा, पहाड़ों की चोटियों से *"हां"* चिल्लाना सफलता के लिए गेम-चेंजिंग रहस्य माना जाता है, है ना?

तब फिर ना कहना आपको क्या देता है?

ध्यान से सुनिए, क्योंकि ये ऐसा कुछ है, जिसे आपको स्वीकार करना होगा इससे पहले की देर हो जाए। और अगर आपको उम्मीद है कि आप अपने जीवन में कुछ गंभीर बदलाव लाना चाहते हैं। तब आपको समझना होगा कि ना कहना ठीक है। उस से भी ज़्यादा यह ज़रूरी है। *नहीं* एक औज़ार है। *नहीं* आपका किनारा हो सकता है।

नहीं आपकी महाशक्ति बन सकती है।

लेकिन इससे पहले की मैं आपको *नहीं* की ताक़त देखने में मदद करूं, हम थोड़ी बात करते हैं कि हम *हां* क्यों बोलते हैं। यह आसान है। यह और लोगों को ख़ुश

करता है, जिसका मतलब है वो हमें पसंद करेंगे। यह हमें अपने दायित्वों को पूरा करने और दूसरे हमसे क्या अपेक्षा करते हैं, उस पर ख़रा उतरने में मदद करता है। और कभी-कभी यह हमें अपने जीवन पर अधिक नियंत्रण देता है। क्या आप उस पुरानी कहावत को जानते हैं, "यदि आप कुछ सही करना चाहते हैं, तो आपको इसे स्वयं करना होगा?" हम इतनी बार *हां* क्यों कहते हैं, इसमें यह मानसिकता एक बड़ी भूमिका निभाती है। हम दूसरों द्वारा गेंद गिराए जाने के बारे में चिंता करते हैं और अंदर ही अंदर हम यह सब करने वाले व्यक्ति होने के विचार का आनंद लेते हैं। यह पूर्णता की ओर हमारे चल रहे अभियान का हिस्सा है।

कभी-कभी हम *हां* इसलिए कहते हैं, क्योंकि उस वक़्त हमारे पास वही एक विकल्प होता है। जब कोई ज़रूरतमंद आपके सामने खड़ा होता है - चाहे वह सहकर्मी, कर्मचारी, मित्र, साथी या बच्चा हो - और आपसे कुछ ऐसा मांगता है, जो आसपास कोई नहीं दे सकता है, तो आप *हां* कहने के विकल्प पर भी विचार नहीं करते हैं।

तो, उन सभी कारणों के पीछे सबसे चिंताजनक आम भाजक क्या है, जो हम *हां* कहते हैं? उनमें से कोई भी आपके सर्वोत्तम हितों को संबोधित नहीं करता है। निश्चित रूप से, वे पसंद किए जाने की आपकी ज़रूरत को पूरा कर सकते हैं या आपको अपराधबोध से बचने में आपकी मदद कर सकते हैं, लेकिन वे आपके इरादों या लक्ष्यों की सीधी प्रतिक्रिया नहीं हैं। वो बाहरी स्रोत से आते हैं।

कई साल पहले मैंने ये सीख *नहीं* बोलने की सीखी, जो कि मैं आज तक नहीं भूली हूं।

एक साथी ब्रोकर हताश होकर मेरे पास आया। आंखें चौड़ी करके और विनती करते हुए उसने बताया कि उसकी पत्नी बेहद बीमार है। उसे छुट्टी चाहिए थी ताकि वह अपनी पत्नी के साथ वक़्त बिता पाए मेरा दिल बैठ गया। मैं इस व्यक्ति, उसकी साथी, और उसके परिवार के लिए बहुत दुखी हो गई थी... हर कोई ऐसी पीड़ादाई स्थिति में दुखी हो जाएगा, यह अपरिहार्य है, जो कि मैं जानती थी।

उसको अपनी कंपनी बेचने की ज़रूरत थी ताकि इस मुश्किल वक़्त में कुछ पैसे आ जाएं उसके पास और मुझे लगा मैं उसकी मदद कर सकती हूं। मेरा ह्रदय 'हां' कह रहा था (जबकि मेरा दिमाग़ *नहीं*)। इस परस्पर विरोध की स्थिति में मैंने उसके अनुरोध पर विचार करने का समय मांगा। लेकिन वह दवाब बनाए जा रहा था यह कहते हुए की यह वक़्त बेहद संवेदनशील मुद्दा है। और मैं ही एकमात्र व्यक्ति थी, जिस पर वह भरोसा कर सकता था।

मुझे मदद करने के लिए मजबूर होना पड़ा। कौन मदद नहीं करेगा? निश्चित ही, यह एक बड़ा सवाल था। और नहीं, मुझे अपना उचित परिश्रम करने के लिए

ज़्यादा जगह नहीं दी जा रही थी – लेकिन यह जीवन और मृत्यु थी! निश्चित रूप से यह सामान्य प्रोटोकॉल से बेहतर था। और इसके अलावा, उनकी बैंकिंग पृष्ठभूमि थी, जिससे मुझे उनके द्वारा प्रस्तुत वित्तीय विवरण की सटीकता पर कुछ अतिरिक्त आश्वासन मिला। इसलिए मैं उसका व्यवसाय ख़रीदने के लिए सहमत हो गई।

आगे बढ़ते हैं, उस बिंदु पर जब यह सेल क्लोज हो रही थी। उस बिंदु तक सब कुछ जल्दी-जल्दी हो गया था – बहुत तेज़ी से – लेकिन मैं इस सोच में ज़रूर रही कि हड़बड़ी सबसे ख़राब परिस्थितियों में भी सबसे अच्छे इरादों पर आधारित थी। बिक्री आधिकारिक थी, और जितनी जल्दी स्याही सूखने में लगती है, सच्चाई, जैसा कि आमतौर पर होता है, सामने आ गई।

सुनना; मैं कूटनीति के नाम पर जितना चाहूं इसे कम कर के बता सकती हूं, लेकिन सच तो यह है कि मेरे साथ खिलवाड़ किया गया। जो संख्याएं मुझे प्रदान की गई थीं, वे फ़ॉरेंसिक जांच के बाद ठीक से जुड़ नहीं पाईं, और पूरी पराजय के बाद वर्षों तक अदालतों, वकीलों और बहुत सारे समय की बर्बादी हुई, साथ ही मुझे एक बड़ा वित्तीय सबक़ भी मिला। ओह।

और स्पष्ट होने के लिए, यहां सबक़ यह नहीं है कि स्वार्थी बनें और अपनी सहानुभूति और दूसरों की मदद करने की इच्छा को नज़रअंदाज़ करें। आपकी सहानुभूति कोई कमज़ोरी नहीं है; यह एक पूर्ण शक्ति है। यहां सबक़ हां से सावधान रहने के बारे में है; मेरे मामले में, मुझे मदद के लिए सहमत होने से पहले अपने दिल की बात सुननी चाहिए थी। यदि मेरे पास होता, तो मैं अपनी भावनाओं को किनारे रख देती, मुझसे जो पूछा जा रहा था उस पर विचार करने के लिए समय निकालती, और आवश्यक परिश्रम करती। मैं अभी नहीं के जवाब से शुरुआत करती और फिर अपना काम पूरा करने के बाद दृढ़ता से 'नहीं' कह देती। और मुझे इस बात से कोई दिक़्क़त नहीं होती।

आख़िरी बार आपने किसी चीज़ के लिए हां कब कहा था? मैं शर्त लगाने को तैयार हूं कि हाल ही में कम से कम मुट्ठी भर "हां के क्षण" आपके दिमाग़ में आए होंगे। हो सकता है कि अकेले आज से कुछ मुट्ठी भर : विविध कार्य, सामाजिक निमंत्रण, पारिवारिक अनुरोध, और यहां तक कि उस कष्टप्रद फ़ोन सेवा प्रतिनिधि के लिए कुछ मिनट भी बचे हों, जिसने आख़िरकार आपको अपने नवीनतम विशेष प्रस्ताव से थका दिया है।

अब, आख़िरी बार आपने *ना* कब कहा था?

अब तक सोच रहे हैं? मैं इंतज़ार करूंगी आपके जवाब का।

यदि आपको लगता है कि यह याद करना आसान नहीं है कि आपने कब *नहीं* कहा था, तो आप अकेले नहीं हैं। बचपन की परवरिश से लेकर व्यक्तिगत

असुरक्षाओं तक कई कारणों से, अधिकांश लोग नहीं कह पाने की परेशानी से जूझते हैं। अकेले इस शब्द के साथ बहुत सारे नकारात्मक अर्थ जुड़े हुए हैं। व्यवसाय में महिलाओं के लिए, आज के दिन और युग में भी, कार्यस्थल पर *नहीं* कहना अभी भी उद्दंड और भावनात्मक माना जाता है, जबकि *नहीं* कहने वाले पुरुषों को अक्सर मुखर और आत्मविश्वासी माना जाता है। इसके अलावा, हममें से ज़्यादातर लोग प्रवाह के साथ चलना पसंद करेंगे और अपने ऊपर अधिक ज़िम्मेदारियां डालेंगे किसी और की समस्या बढ़ाने की बजाय।

लेकिन यह टिकाऊ नहीं है, अनुसंधान ने यह दिखाया है कि बहुत ज़्यादा हां और बहुत ज़्यादा *नहीं* से होने वाले हानि काफ़ी वक़्त तक आपकी ख़ुशियों को ख़राब कर सकती है।

हक़ीक़त तो यह है कि एक दिन में आपसे जो भी पूछा जाता है, आप उसके लिए हां नहीं कह सकते। यह दूसरों को ख़ुश कर सकता है और उनका बोझ हल्का कर सकता है, लेकिन यह आपको आपके अपने क़ीमती (और सीमित) समय से वंचित कर देता है, जिसे अपने लक्ष्य को हासिल करने में बेहतर ढंग से ख़र्च किया जा सकता है, लक्ष्य बनाना और चीज़ों को अपनी टु-डू लिस्ट से मार्क कर के कर सकते हैं।

इस बात की संभावना है कि जब हम ज़रूरत से ज़्यादा प्रतिबद्धता दिखा देते हैं, दूसरों के प्रति तब अक्सर आप उन प्रतिबद्धताओं को निभा नहीं पाते हैं और थका हुआ महसूस करते हैं और उन लोगों से नाराज़ रहते हैं, जिनके बारे में हमें ऐसा लगता है की उन लोगों ने हमारा फ़ायदा उठाया है।

बेशक, आप अनुरोधों जैसे कि – ''क्या आप बस इतना कर सकते हैं'' और ''क्या आप बुरा मानेंगे'' और ''कृपया, ओह कृपया'' की निरंतर धारा को नियंत्रित नहीं कर सकते हैं, जो हर दिन आपके रास्ते में आती हैं। लेकिन आप यह नियंत्रित कर *सकते* हैं कि आप उन अनुरोधों का जवाब कैसे देते हैं। आप ये सुनिश्चित कर सकते हैं कि कौन से अनुरोध आपके समय और शक्ति को ख़र्चने के लायक़ हैं, और आप यह तय कर सकते हैं कि हर दिन में आपके *हां* बोलने की कितनी क्षमता है।

आप *नहीं* शब्द के बारे में अपना दृष्टिकोण भी बदल सकते हैं। इसे इस तरह से सोचें : हर बार जब आप *नहीं* कहते हैं, तो आप अपने दिन में उन चीज़ों के लिए *हां* कहने के लिए थोड़ी और जगह खोल देते हैं, जो वास्तव में आपके लिए मायने रखती हैं और जो आपको आज़ादी देती हैं, प्रामाणिक रूप से जीने की। केवल उस मामले में जब कोई सहकर्मी मुझे अपना व्यवसाय ख़रीदने के लिए मनाने की कोशिश कर रहा हो, यह सीधे *नहीं* कहने के तनाव को कम करने में भी मदद कर

सकता है, जबकि आप ख़ुद को प्रक्रिया के लिए थोड़ा समय देते हैं। हालांकि, मेरे मामले में, मुझे सही उत्तर तक पहुंचने में अधिक समय लेना चाहिए था।

जब आप ना या अभी *नहीं* कहते हैं, तब आप

- *स्वार्थी* महसूस करने के बजाय आत्म-देखभाल पर ज़ोर दें रहे होते हैं;
- *दोषी* महसूस करने के बजाय अपने आंतरिक मार्गदर्शक को आगे बढ़ने दें रहे हैं;
- *आक्रामक* महसूस करने के बजाय मुखर होकर अपनी प्रवृत्ति को महत्त्व देते हैं।

क्या आप इस बात से चिंतित हैं कि जब आप किसी चीज़ के लिए *हां* कहते हैं तो उसके बारे में अधिक चयनात्मक होने के बाद आपके कुछ रिश्तों पर कैसा असर पड़ सकता है? नहीं! आप क्या हैं और क्या नहीं करने के लिए प्रतिबद्ध हैं, इसके बारे में अधिक प्रामाणिक और पारदर्शी होने में, आपकी ईमानदारी किसी भी विषाक्त, एकतरफ़ा रिश्ते के लिए एक फिल्टर के रूप में काम करेगी और आपके स्वस्थ रिश्तों को मज़बूत और पारस्परिक रूप से अधिक सम्मानजनक बनने की अनुमति देगी।

अपना मूल्य समझें। आपका वक़्त बाक़ी सभी लोगों के वक़्त जितना ही क़ीमती है, और आपके पास हर अधिकार है हर क़ीमत पर, हर हाल में उसकी रक्षा करने की। अगर आपका यह अंतिम दिन है, इन आख़िरी 24 घंटों में से आपने ख़ुद के लिए सच में कितना जिया है और अपने उद्देश्य के लिए कितना जिया है।

क्या *नहीं* से *हां* पर कूदने में थोड़ा डर महसूस हो रहा है? हालांकि ऐसा समय होता है, जब आपको दृढ़तापूर्वक *नहीं* कहने के लिए तैयार रहने की आवश्यकता होती है, आप इन स्पष्ट लेकिन दयालु वाक्यांशों के साथ इस नई आदत को भी अपना सकते हैं :

- दुर्भाग्य से, यह अभी मेरे लिए संभव नहीं है, लेकिन मेरे बारे में सोचने के लिए धन्यवाद।
- मैं इस अवसर की सराहना करता हूं, लेकिन मैं इस समय किसी भी नई चीज़ के लिए पूरी तरह प्रतिबद्ध नहीं हो सकता हूं।
- यह मेरे लिए काम नहीं करेगा, लेकिन अगर मैं किसी ऐसे को जानता हूं, जो आपकी मदद करेगा तब मैं आपको बता दूंगा।

- धन्यवाद, लेकिन मैं इसे अभी किसी और के लिए ख़ुद के आगे से जाने दूंगा!

नहीं कहने को असभ्यता नहीं माना जाना चाहिए। कभी-कभी डिलिवरी ही फ़र्क़ लाती है-हमेशा यह नहीं मांयने रखता कि आप क्या कह रहे हैं, लेकिन आप इसे कैसे कह रहे हैं। और याद रखें : नहीं कहने से आप बुरे इंसान नहीं बन जाते। आपको इस बात की अनुमति है की आप अपनी ज़रूरतों को प्राथमिकता दें और अपनी सीमाएं ख़ुद निर्धारित करें। आपको अनुमति है अपने वक़्त का स्वामी बनने की।

नई आदतों को लागू करना सीखने का मतलब अक्सर पुरानी, बुरी आदतों को छोड़ना होता है। आपके जीवन में कितने लोग आपसे मदद मांगने की आदत बनाते हैं, क्योंकि वे जानते हैं कि वे ऐसा कर सकते हैं? संभावना यह है कि कुछ लोग जो मदद के लिए लगातार आपके पास पहुंचते हैं, वे वापस आ जाते हैं, क्योंकि वे जानते हैं कि आप हमेशा हां ही कहेंगे, चाहे कुछ भी हो; यह बुरी आदत है, जिसे ख़त्म करने की ज़रूरत है। ऑटो रिफ़्लेक्स के रूप में या कम से कम प्रतिरोध के मार्ग के साधन के रूप में हां कहना बंद करें।

आज के बाद से इसे नियमित अभ्यास बना लें। उन ही बातों में हां बोलने की प्रतिबद्धता बनाएं, जो आपके संस्कार को प्रदर्शित करें और जिसके लिए आपके पास वास्तव में बैंडविड्थ हो।

अपने आप को टोटेम पोल पर सबसे निचला व्यक्ति नही बनाएं!

हां तभी कहना शुरू करें जब :

- यह उत्पादक है;
- आपने वास्तव में इसके बारे में सोचा है;
- आप जानते हैं कि वहां महत्त्वपूर्ण मूल्य है;
- यह आपकी आत्मा के लिए अच्छा है, ना कि आपके ''यह सब करने'' वाले अहंकार के लिए;
- यह वास्तव में *आपके* लिए सार्थक है।

मुझ पर विश्वास करें : *नहीं* कहने से बाद में आपके लिए *हां* की दुनिया खुल जाएगी!

कार्रवाई आइटम #7: आपने कितनी बार हां कहा और कितनी बार आपने नहीं कहा, इस पर नज़र रखने के लिए एक लॉग प्रारंभ करें।

हर हां के लिए ख़ुद से पूछें कि क्या इस हां ने उन सब दिशानिर्देशों को जो ऊपर दिए गए हैं, उनका पालन किया है। हर *नहीं* के लिए ख़ुद को बधाई दें, क्योंकि इसका मतलब है कि आप स्वयं देखभाल पर ध्यान दे रहे हैं, अपनी प्रवृत्ति को मान्यता दे रहे हैं, और आक्रामक नहीं हो कर दृढ़ बनना सीख रहे हैं। क्या *हां* से *नहीं* का अनुपात आपको आश्चर्यचकित कर रहा है। मुझे यह आभास है कि वह करेगा।

आदत 8

मौजूद रहें

"किसी भी क्षण को नहीं गंवाएं... यही हमारा सब कुछ है।"

–एरियाना हफ़िंगटन

एक से लेकर दस तक के स्केल पर, आप अपने दैनिक जीवन में कितने *"वर्तमान"* में यानी उसी क्षण में रहते हैं?

दिन में कितने वक़्त आप पूरे मनोयोग से, शत-प्रतिशत, मौजूद रहते हैं? आप कितने यक़ीन के साथ यह कह सकते हैं कि मैं दिन के इतने हिस्सों में अपने पूरे मन और आत्मा के साथ जुटा हुआ होता हूं। सुबह से रात तक, आपकी सभी व्यक्तिगत बातचीत, मीटिंग्स और दैनिक कामों के माध्यम से, और उन सभी नीरस और उबाऊ क्षणों में जो बीच-बीच में आते रहते हैं, ऐसे में आप अपने दिन के कितने हिस्से में मानसिक रूप से मौजूद रहते हैं?

मैं यह पूछ रही हूं, क्योंकि मुझे पता है कि यह सभी के लिए लागू होता है, जीवन अंत में सभी के लिए बेहद व्यस्त हो जाता है। करने के लिए इतना कुछ होता है, और हम एक बिंदु तक पहुंचते हैं, जहां दैनिक जीवन में यह सभी चीज़ें इस बात पर केंद्रित होने लगती है कि हम दिन भर में कितना कर सकते हैं और कितने कार्यों को पूरा कर सकते हैं। हम उठते हैं और सुबह-सुबह ही दौड़ने लगते हैं, जहां पर हम एक संकीर्ण दृष्टिकोण अपना लेते हैं। जब हम एक परिस्थिति से दूसरी में ज़ूम कॉल पर, टेक्स्ट करते हुए, ईमेल लिखते हुए पहुंचते हैं तो हम अपनी उस दिन की सफलता इस बात से मापते हैं कि पूरे दिन में हमने अपनी टु-डू लिस्ट में से कितनी चीज़ों को पूरा कर पाएं हैं। हम यह करते हैं; हम वह करते हैं। हमारा सारा ध्यान इस बात पर रहता है कि हम कितना काम कर रहे हैं। हमारा सारा फ़ोकस

ज़्यादा से ज़्यादा मात्रा में काम पूरा करने पर लगा रहता है। मुझे ग़लत नहीं समझें; उत्पादकता अच्छी चीज़ है – यह वास्तव में शानदार है – लेकिन हमारे दिनों की *गुणवत्ता*, वास्तविक *अनुभव* क्या है?

मैं आपसे पूछती हूं, यदि कोई आपके दिन भर की गतिविधियों का एक स्नैपशॉट ले, जो आपके 24 घंटे के अंतराल में से एक स्पष्ट क्षण में क़ैद हो, तो वह छवि कैसी दिखेगी? आप कैसे दिखेंगे, अपने मध्य दिवस के मझधार में फंसे हुए? क्या आप शांत दिखाई देंगे, किसी काम में जुटे हुए और ध्यानाकर्षण में लगे हुए होंगे? या फिर आप एक ब्लर चित्र में होंगे, जल्दबाज़ी में अगली चीज़ की ओर बढ़ते हुए?

बहुत से लोग हर पल को जल्दी में गुजार रहे होते हैं, अगले काम को पूरा करने के लिए उत्साहित होते हुए। हम शायद चिंतित या तनावग्रस्त भी दिखाई पड़ सकते हैं, जब हम हर पल को अपने मुताबिक़ व्यतीत करते हैं। हमारे दिमाग़ में हर वक़्त लाखों चीज़ें चल रही होती हैं। आप पर बहुत से लोग निर्भर कर रहे हैं, बहुत सारी चीज़ें ख़तरे में हैं। आप इस भार को महसूस करते हैं, इस दबाव को अपने कंधों पर महसूस करते हैं, और आप यह बोझ सारे दिन अपने साथ लेकर चलते हैं, सही? और फिर इन तमाम जल्दबाजियों और प्रयासों का परिणाम एक आधा जिया हुआ दिन होता है, जिसके बारे में शायद ही आपको कोई असली या सच्ची जानकारी याद रह पाए।

क्या आप यह नहीं चाहते कि आप जीवन को *पूरी* तरह से जियें?

जब हम वर्तमान में होने का अभ्यास करते हैं, तो हम *"अब"* को महसूस करने की क्षमता को स्वाधीनता से सीखते हैं और यही वक़्त है, जब हम अच्छी तरह से फलित होते हैं। हम इस पल में पूरी तरह से मौजूद और व्यस्त होते हैं। हम अपने जीवन की गाड़ी को ख़ुद ही चलाते हैं और रास्ते को ड्राइवर की सीट से निर्देशित करते हैं।

और *आपको* इसी जगह पर होना चाहिए, हर कर्व और मोड़ का *संज्ञानता* के साथ दिशा निर्देशन करते हुए। और यह काम केवल आप ही कर सकते हैं, लेकिन इसको करने से पहले अत्यधिक सुविधाजनक "स्वचालित पायलट" सेटिंग से अपने आप को हटाने की आवश्यकता है। आप मनुष्य द्वारा जानी जाने वाली हर अच्छी आदत और व्यवहार को शास्त्रीय रूप से सीख सकते हैं, लेकिन अगर आप वास्तव में अपने जीवन के हर पल में पूरी तरह से संलग्न नहीं हो सकते हैं, तो यह सब कुछ भी मायने नहीं रखता।

जिस तरह से हम सब की रोज़मर्रा की ज़िन्दगियों में व्यस्तता है, हम सब एक बहाव में बढ़ते चलें – यह विचार बेहद आकर्षित करता है। बहुत व्यस्त

कार्यक्रम वाले व्यक्ति के रूप में, मुझे पता है कि प्रवाह के साथ चलते रहना कितना आकर्षक होता है। मुझे याद है, पहली बार जब मैंने एकहार्ट टोल की *द पावर ऑफ़ नाउ* पढ़ी तो कुछ बातें मेरे लायक़ मिली जो मुझे समझ में आ गई। ''यह जानिए... कि वर्तमान क्षण ही आपके पास है,'' उन्होंने लिखा है। ''अपने जीवन का मुख्य ध्यान अब वर्तमान क्षण पर रखें।''

जितना मैं व्यस्त रहने और एक भरी हुई कार्यसूची रखने का आनंद लेती हूं, उतना ही मैंने वह क्षण अनुभव किया, जब मैं किसी चीज़ के बीच में होती थी, लेकिन उस काम को पूरा करने से पहले ही मैं अपने दिमाग़ में अगली चीज़ में पहुंच जाती थी। मैं शारीरिक रूप से तो वहां ही होती थी, लेकिन मेरा मन वास्तविकता में वहां मौजूद नहीं था। अपने *व्यवहार* में ख़ुद के समय और स्थान में पूरी तरह से निवेशित रहने की आदत से मुझे यह ज्ञात हुआ है कि ऐसा करने में असल में एक सच्ची पूर्ति का तत्व शामिल है।

जब आप वर्तमान में रहने की कला का अभ्यास करते हैं, तो आप अपने जीवन अनुभवों से हमेशा कुछ अधिक प्राप्त करते हैं और आप अपने आस-पास की दुनिया में अधिक योगदान देने में सक्षम हो जाते हैं।

वर्तमान में होने का बड़ा हिस्सा आपके ध्यान केंद्रित करने की क्षमता से संबंधित है, जो कि कई लोगों की बड़ी ही सामान्य सी एक समस्या है। एक दुनिया में जहां बिल्स कभी नहीं रुकते, कार्यसूचियां बढ़ती जाती हैं, और आपके आस-पास हर किसी को हमेशा कुछ न कुछ चाहिए होता है। वास्तव में यह सब कुछ, सिर्फ़ ध्यान *केंद्रित* करने के लिए और इस सब को पूरी तरह से बाहर निकालने के लिए क्या संभव है?

मुझे आपको एक दृश्य दिखाने दीजिए : आप किसी के सामने खड़े होकर वार्तालाप कर रहे हैं। शुरुआत में आप स्थिर, केंद्रित और वार्तालप की सीमा में होते हैं। कुछ पल बीतता है और तभी अचानक से कोई आपकी तरफ़ छोटा सा लाल रंग का रबर फेंकता है। आप उसे हवा में ही कैच कर लेते हैं। एक क्षण के लिए आपका ध्यान वार्ता से हट जाता है। *यह ठीक है,* आप ख़ुद को बताते हैं, मैंने सिर्फ़ एक पल खोया है। *मैं इसकी भरपाई कर लूंगा।* एक और मिनट या उससे ज़्यादा बीतता है, एक और रबर बॉल आपकी तरफ़ फेंकी जाती है, फिर एक और, फिर उसके बाद एक और। जल्दी ही आप पाते हैं कि सोच समझ के जवाब देने के बजाय आप वार्तलाप में खो कर ख़ुद व ख़ुद जवाब दे रहे हैं। साथ ही आप बेतहाशा सारी रबर की गेंदों को खेल में बनाए रखने का प्रयास भी कर रहे हैं। रबर

की गेंदें उन ख़यालों को दर्शाती हैं, जो किसी भी मौक़े पर आपके दिमाग़ में घूम रही होती हैं।

चलिए इसे घुमाते हैं। क्या आपको यह हमेशा नहीं बताया गया है कि ''आप दूसरों के साथ वैसा ही व्यवहार करें जैसा व्यवहार आप ख़ुद के लिए दूसरों से उम्मीद करते हैं।''

इस पर विचार कीजिए : आप अपने सहकर्मी से कार्य के दौरान बहुत ही महत्त्वपूर्ण परियोजना पर बात कर रहे हैं। आपके सामने एक रुकावट आ गई है और आप इस व्यक्ति का विचार लेना चाहते हैं। आपके सहकर्मी के हाथों में फ़ोन नहीं है, वह आपकी तरफ़ ही घूम कर बैठा हुआ है। वह आपको हर भौतिक संकेत दे रहा है कि वह इस जगह और इस क्षण में पूरी तरह से आपके साथ प्रवृत है। और वार्तालाप के अंत में आप पूरी तरह से मान्य और सम्मानित महसूस करते हैं। क्योंकि किसी ने उस क्षण में आपके लिए उपस्थित रहने की कोशिश की।

कभी जब हम किसी परिस्थिति की तरफ़ अच्छे इरादे से केंद्रित और मौजूद होने के लिए बढ़ते हैं, हम पाते हैं कि हम कुछ ही देर बाद अपने ही विचारों में बह गए हैं। शोध अध्ययनों ने ये खुलासा किया है कि एक औसत वयस्क की ''चयनात्मक निरंतर ध्यान अवधि,'' या कार्य संबंधित, *केंद्रित* ध्यान दस से बीस मिनट का होता है। और उम्र के साथ-साथ ये संख्याएं लगातार घटती जाती हैं। ऐसा लगता है कि हमारे दिमाग़ को इस प्रकार बनाया गया है कि वह हमारे केंद्रित ध्यान को छोटे टुकड़ों में बांटे जिससे कि वह उन सभी चीज़ों को पकड़ने का प्रयास कर सके जो आपके ध्यान को आकर्षित कर रहे हैं।

लेकिन हमारे पास इस पैटर्न को बदलने की शक्ति है। वास्तव में, सफलता के उपकरण के रूप में ध्यान एक इतना हॉट टॉपिक बन चुका है कि इस पर किताबें लिखी गई हैं, सेमिनारों में इस पर चर्चा की जाती है, और पॉडकास्ट इस पर चर्चा करते हैं। ऐसे युक्तियों और उपकरणों की कमी नहीं है जो आपको अपने फ़ोकस पर महारत हासिल करने का वादा करते हो, और उसके परिणाम स्वरुप आपको जीवन में भी महारत हासिल करवाते हों। मैं इस बात से सहमत हूं कि, किसी भी अन्य चीज़ की तरह, हम ध्यान देने में अधिक कुशल बनना चुन सकते हैं। जब भी हमें लगे कि हमारा ध्यान भटक रहा है तो हम अपने मस्तिष्क को वापस पटरी पर लाने के लिए प्रशिक्षित कर सकते हैं। लेकिन मेरे अनुभव में इसका कोई छोटा रास्ता यानी शॉर्टकट नहीं है। यह क्या होता है कि नए आदतों को विकसित करने और बदलाव की वास्तविक इच्छा के चारों ओर पुराने-जमाने की अच्छी स्व-अनुशासन होनी चाहिए। आपको वास्तव में इस क्षण में रहने की *इच्छा* होनी चाहिए ताकि आप अपने जीवन पर पूरी तरह से नियंत्रण प्राप्त कर सकें।

1990 के दशक की शुरुआत में, ब्रोकरेज मैनेजर बनने से पहले, मैं बिक्री स्तर पर काम कर रही थी। यह एक ऐसा काम था, जो मुझे व्यस्त रखता था, मेरे काम के कई पहलुओं के कारण मैं दिन भर गतिशील रहती थी। दरवाज़ा खटखटाने से लेकर घर दिखाने तक मैं गतिवान ही रहती थी। अपनी मज़बूती पर आगे बढ़ते हुए ये मेरे लिए काम कर रहा था। मैं बदलते वायुमंडल के साथ साथ हर वक़्त गतिशील रहने के मौक़े को पसंद कर रही थी। लेकिन यहां एक समस्या थी। मैं पहले से ही प्रबंधनकर्ता की भूमिका पर नज़र डाल रही थी। जब मैं बिक्री में थी, तो भी मुझे यह भूमिका पसंद थी, लेकिन जब मैंने अपने बच्चों और उनकी आवश्यकताओं को ध्यान में रखा, तो प्रबंधनकर्ता ढांचे में दी गई पोस्ट और उसके घंटे और वेतन की स्थिरता मेरे लिए एक बेहतर विकल्प था।

लेकिन यह नया पद दिन-प्रतिदिन कैसे काम करता है, यह जानने के लिए इसमें मुझे एक महत्त्वपूर्ण परिवर्तन करने की आवश्यकता थी। एक से दूसरे मुलाक़ात करने के बजाय, अपनी गाड़ी में ज़्यादातर समय बिताने वाली मैं, मुझे कार्यालय में एक स्थिर मौजूदगी बनाने की आवश्यकता थी। मेरे जैसे किसी के लिए, घंटों तक स्थिर बैठकर रहने का विचार एक बुरा सपना था। कार्यालय से काम करते समय भी, मैं लगातार अपने डेस्क से दूर रहती थी, हॉल में चलती-फिरती रहती थी। अन्य एजेंट्स के साथ नोट्स तुलना करती रहती थी, अपने कॉल करते समय पदमापन के रूप में... मैं सिर्फ़ बैठे रह कर काम नहीं कर सकती थी।

जब मैं बिक्री से प्रबंधन की ओर बढ़ी तो मुझे अहसास हुआ कि यह एक बड़ा मुद्दा बनने जा रहा है। मुझसे अपेक्षा की जाएगी मेरी एजेंसी और कर्मचारियों को नेतृत्व और निरंतरता दिखाने की। उनकी अपेक्षा थी कि मैं अपने कार्यालय में रहूं, ध्यान केंद्रित करूं और जब भी आवश्यक हो, उनका समर्थन करने के लिए तैयार रहूं। मुझे पता था कि मुझे क्या करने की ज़रूरत है, और मसला शांत बैठे रहने से परे था। मैं जिस चीज़ से संघर्ष कर रही थी, वह था उन क्षणों पर ध्यान केंद्रित करना और उपस्थित रहना जब किसी प्रकार की कोई कार्रवाई या गति नहीं थी। अगर मैं ख़ुद को स्थापित करना सीखूं और उन क्षणों में मौजूद रहूं जहां मैं आमतौर पर कूदती-फांदती रहती हूं और ''कार्रवाई ढूंढ़ती हूं, तो इसके लिए थोड़ी सचेत रीप्रोग्रामिंग की आवश्यकता होगी।''

मैंने इसकी आदत डालना सीखा छोटे क़दमों से। मैंने पहल तीस मिनट, फिर पैंतालीस मिनट और फिर एक घंटे तक बैठ कर काम करने की प्रतिबद्धता बनाई। मैंने उठने के लिए थोड़ा ब्रेक लिया ताकि मैं घूम सकूं, नेटवर्क बनाने और कॉल करने के लिए कार्यालय के चारों ओर चक्कर लगा सकूं। इसे अभ्यास में लाने के कुछ हफ़्तों के बाद, मुझे एक प्राकृतिक संतुलन और लय मिलनी शुरू हुई। मैं आपसे झूठ नहीं बोलूंगी; उपस्थित रहने का आदतन अभ्यास करना आसान नहीं

है। यह शायद सबसे चुनौतीपूर्ण आदतों में से एक है, जिसका मैंने इस पूरी किताब में प्रस्ताव किया है। और ऐसा इसलिए है, क्योंकि पहले जागने या अपने दिन की पहले से तैयारी करने के विपरीत, *उपस्थित रहना* एक ऐसी चीज़ है जिसके लिए *पूरे दिन* सचेत प्रयास की आवश्यकता होती है।

जब कोई चीज़ महत्त्वपूर्ण होती है, तो हम प्रयास करते हैं। और मैंने निर्णय लिया है कि, कम से कम मेरे लिए, उपस्थित रहना महत्त्वपूर्ण है। जीवन ऑटो-रिकॉर्डिंग के साथ नहीं आता है। आपको हर पल एक मौक़ा मिलता है, बस। बेशक, कई बार मैं अभिभूत महसूस करती हू और ट्रैक पर बने रहने के लिए संघर्ष करती हूं। लेकिन जब ऐसा होता है, तो मैं ख़ुद को जांचने और अपने विचारों को पुनः व्यवस्थित करने के लिए कुछ समय लेती हूं। मैं ख़ुद को याद दिलाती हूं कि यह वही क्षण है, जिसमें मैं जी रही हूं और यह मेरे पूरे ध्यान का हक़दार है। इससे कोई फ़र्क़ नहीं पड़ता कि मैं विशेष रूप से क्या कर रही हूं; मेरे जीवन में हर चीज़ और हर कोई मेरे सम्मान और मानसिक उपस्थिति का पात्र है।

''अभी'' ही वह सब कुछ है, जो वास्तव में हमारे पास है। और मुझे इस पल में मौजूद रहने के लिए वास्तव में ख़ुद को प्रशिक्षित करना पड़ा है। मैं प्रत्येक व्यक्ति और प्रत्येक बातचीत को एक अवसर के रूप में देखती हूं। मेरा एक आदर्श वाक्य है कि जितना बोलूं उससे दोगुना सुनूं। आख़िरकार, हमारे पास दो कान और एक मुंह है, और यदि हम उन्हें तदनुसार उपयोग करते हैं, तो हम जल्दी से देख सकते हैं कि सचेत और वर्तमान बातचीत की यह रणनीति हमारे दिनों को कैसे सकारात्मक रूप से प्रभावित करती है।

आइए आपके दिन के कुछ विशिष्ट वातावरणों में उपस्थित रहने के लाभों पर विचार करें।

पेशेवर दृष्टिकोण से, पल को ध्यान में रखने और उपस्थित रहने की क्षमता आपको झुंड से अलग कर देगी। विभिन्न प्रकार के उद्योगों में लोग आम विभाजक हैं। वे हर महान साम्राज्य के स्तंभ हैं, हर अच्छी तेल वाली मशीन के कामकाजी हिस्से हैं, और हर संपन्न कार्य स्थल की धड़कन हैं। व्यापार के अग्रणी ये बात अच्छे से जानते हैं की सफलता सक्रिय जुड़ाव और वास्तविक कनेक्शन के माध्यम से रिश्ते और ठोस गठबंधन बनाने के बारे में है। और अपने सही तुक्का लगाया : इसकी जड़ भी वर्तमान में *रहने* में है, जब आप दूसरों के संगत में हों।

जब आप वर्तमान में रहने के लिए कुशल हो जाते हैं, तो वे जो आपके साथ काम करते हैं, उसे ध्यान में लेते हैं और इसकी प्रशंसा करते हैं। वे आपके योग्यता का सम्मान करेंगे और सराहेंगे कि आप हमेशा ''वहां ही हैं। आप आत्मविश्वासी, विवरण-केंद्रित और ध्यान केंद्रित होने का उदाहरण बन जाएंगे। और आपको ऐसा

करते हुए पाया जाएगा कि अब आप वे चीज़ें पकड़ते हैं, जो पहले आप अन्यथा छोड़ दिया करते थे।''

पूरे दिन काम पर मौजूद रहना, बहुत अधिक ऊर्जा की मांग करता है, और दुर्भाग्य से, जब हम घर पहुंचते हैं उस समय तक यह हमें फंसे रहने की भावना जकड़ सकता है, जहां हम अपने सबसे ख़राब व्यवहार को मुक्त कर देते हैं। यह जानबूझ कर नहीं किया गया होता है, बिलकुल नहीं, लेकिन हमारा दिमाग़ कुछ ऐसे काम करता है कि वह हमें बाहरी दुनिया के लिए हमेशा सचेत रहने के लिए कहता है और हमें इस बात की स्वीकृति देता है कि हम घर आते ही, इसे थोड़ा धीमा कर लें, घर में मिलने वाली शांति और स्थिरता का फ़ायदा उठाते हुए। घर पर की अनुपस्थिति से हम हमारे चारों तरफ़ के लोगों को तो नुक़सान पहुंचाते ही हैं साथ में अपने जीवन के सबसे ख़ास लोगों को और ख़ुद को भी साथ में संभावित रूप से उन रिश्तों को दीर्घकालिक नुक़सान भी पहुंचाते हैं।

आसपास की परवाह किए बिना, आपके रास्ते में आने वाले प्रत्येक क्षण को उसी पल में जीने की कला निपुणता से सीखना, और आदत बनाना, यह अति आत्मविश्वास बढ़ाने वाला होगा। आप पाएंगे की आप अपने जीवन पर नियंत्रण रखने में कितना आनंद आता है और आप आनंद की एक उच्च भावना पाते हैं।

संबंध फूलों की तरह खिलेंगे, क्योंकि आप ये पाएंगे कि आपके चारों ओर के लोग आपके नए फ़ोकस की ओर आकर्षित महसूस करेंगे, और आपके परिवार के लोग आपकी क्षमता का समर्थन और प्यार की भावना महसूस करेंगे, जब आप उनके साथ उन क्षणों को प्राथमिकता देंगे।

अपने आप संरक्षण का समय भी अधिक प्रभावी होगा। तो यह क्या मतलब है, सच में, *वर्तमान* में होना? यह कैसा दिखता है, और आप इसे कैसे अमल में लाते हैं? कुछ उन रणनीतियों की जो आपकी मदद कर सकती हैं :

- आप कब और कहां मानसिक रूप से खो जाते हैं, इसके बारे में जागरूकता स्थापित करना। दिन का कौन सा समय? आप कहां हैं? किसके साथ हैं?
- अपने दिन के लिए तैयार रहना। जिसमें आगे आने वाले प्रत्येक प्रमुख कार्य या नियुक्ति के लिए सचेत रूप से पर्याप्त समय निकालना और अपरिहार्य विकर्षणों के लिए कुछ जगह छोड़ना शामिल है।
- दूसरों से आंख मिलाकर, दूसरे व्यक्ति की ओर झुककर, इत्यादि के द्वारा शारीरिक रूप से अपनी प्रतिबद्धता प्रदर्शित करें।

- कुछ समय के लिए अपने दिमाग़ में जगह बनाएं, ताकि आपके सामने जो कुछ भी प्रस्तुत किया जाए, उसे आत्मसात करने, प्रक्रिया करने, विचार करने और सोच-समझकर प्रतिक्रिया देने की जगह मिल सके।
- विषय वस्तु के प्रति प्रतिबद्ध होकर विषय पर बने रहना और अन्य विषयों या विचारों में विस्तार करने से पहले उस पर पूरा ध्यान देना।
- सुनना। यह सही है; *वास्तव में सुन रहा* हूं कि क्या हो रहा है।

यह हमेशा आसान नहीं होता। मुझे विशेष रूप से युवा माताओं से बहुत सहानुभूति है, जो उपस्थित रहने के लिए संघर्ष करती हैं। मैं हमेशा जाने के लिए तैयार रहती थी। और जबकि मैंने उस समय की बड़ी बाधाओं का समाधान ढूंढ़ लिया, तो मुझे पता है कि बहुत सारे पारिवारिक क्षण थे, जिनमें मैं चूक गई। क्या हमेशा उपस्थित नहीं रहना एक सचेत चुनाव था? बिलकुल नहीं। लेकिन कभी-कभी, यह अवचेतन बलिदान होता है, जो हम भविष्य में अधिक से अधिक भलाई के लिए करते हैं। और जबकि मैं चाहती हूं कि मैं वापस जा सकूं और अपने बच्चों के साथ हर उस पल का अनुभव कर सकूं, जो शायद मैं उस समय चूक गई थी। यह मेरे लिए बहुत बड़ा आशीर्वाद है कि अब मुझे दादी की भूमिका में ''दूसरा मौक़ा'' मिला है। जिस किसी ने भी इसे महसूस किया है वह आपको बताएगा कि-इसे दोबारा करने का अवसर पुरस्कृत होने जैसा है। यह जानना कि आप क्या चाहते हैं, आप जानते, या आपके पास बैंडविड्थ होती, तब!

जब हम ट्यूनिंग का अभ्यास करना सीखते हैं, तो हम वास्तव में अपने आसपास के लोगों को सुनते हैं, और वे देख सकते हैं कि हमें उनके दिन की परवाह है और उन्हें क्या कहना है। जब हम सोच-समझकर जवाब देते हैं, तो हम अपना समय, ज्ञान और ऊर्जा उन लोगों को दे रहे हैं, जिन्हें हम प्यार करते हैं। एक माता-पिता, एक साथी, एक भाई-बहन या जिस भी भूमिका में हम ख़ुद को पाते हैं, जब हम सक्रिय रूप से मौजूद होते हैं और हम सक्रिय रूप से एक मिसाल क़ायम करते हैं कि एक-दूसरे से प्यार करने और सम्मान करने का क्या मतलब है, तो हम उन सभी ख़ुशी और विकास को खोल सकते हैं, जो वास्तव में उन लोगों के साथ जुड़ने से आती हैं, जो हमारे लिए सबसे ज़्यादा मायने रखते हैं।

इस बदलाव को शुरू करने के लिए बस अच्छे के लिए बदलाव की प्रतिबद्धता की आवश्यकता है... वास्तव में अपने जीवन और उन सभी अद्भुत क्षणों के साथ जुड़ने की *दैनिक* प्रतिबद्धता जिन्हें आप अवचेतन रूप से खो रहे हैं और इसे बिना समझे हुए जाने दे रहे हैं।

क्या आपने कभी गौर किया है कि योग कक्षा का सबसे कठिन हिस्सा अजीब मुद्रा बना लेना या देर तक किसी अच्छी मुद्रा को लगाए रखना नहीं है? यह कक्षा के अंत में है, जब शिक्षक आपको शवासन में लेटने, अपनी आंखें बंद करने और ध्यान करने के लिए कहते हैं। शिक्षक की आवाज़, आपके आसपास के लोगों की थकी हुई सांसें, जब आप योद्धा एक से योद्धा दो मुद्रा में बदलते हैं तो दर्पणों से उछलने वाली रोशनी चली जा चुकी है। आप बस वहां लेटते हैं और सांस लेते हैं, और सबसे पहले, आपका मन उस क्षण को स्वीकार करता है, शारीरिक रूप से थका हुआ होता है और विराम के लिए आभारी होता है। लेकिन फिर विचार आने लगते हैं और फिर द्वार खुल जाते हैं : *मैं रात के खाने में क्या बनाऊंगा? क्या उन्होंने मुझे वह ईमेल भेजा है, जिसका मैं इंतज़ार कर रहा था? मां का मेडिकल टेस्ट कैसे हुआ? क्या मुझे घर पर अलार्म लगाना याद है?*

यही जीवन है। हम हर पल की शुरुआत अच्छे इरादों के साथ करते हैं, लेकिन फिर उतनी ही जल्दी, जीवन चुपचाप आता है और हमें याद दिलाता है कि हम जो कुछ भी कर रहे हैं उसके लिए कोई जादुई ''ऑफ़ स्विच'' नहीं है। यही कारण है कि मन की उपस्थिति में महारत हासिल करना, हालांकि यह कभी भी एक आसान व्यवहार नहीं बनेगा, इतना महत्त्वपूर्ण है, क्योंकि यह आपको तत्काल और दीर्घकालिक दोनों परिणाम प्रदान करता है, और यह दिन-प्रतिदिन किए गए हर प्रयास के लायक़ क्यों है।

कार्रवाई आइटम #8 : आप कब और कहां ध्यान खो देते हैं, इसका निरीक्षण करके और आंखों से संपर्क बनाकर और दूसरों के साथ निकटता के दौरान ध्यानपूर्वक सुनकर केवल एक दिन के लिए उपस्थित रहने के लिए प्रतिबद्ध बनें। (और अपना फ़ोन एक तरफ़ रखकर)।

जीवन घटित होता है चाहे हम वर्तमान से जुड़े हों या नहीं। और आपके दिन का प्रत्येक अनुभव एक अनूठा क्षण है, जिसे आप वापस नहीं पा सकेंगे। ज़िंदगी ख़ूबसूरत है; इसे अपने पास से नहीं जाने दें। गहरी सांस लें और अपने चारों ओर देखें। हमारे पास केवल ''अभी'' ही है। इस समय को भुनाएं और अपने जीवन में अधिक उपस्थित रहने के लिए प्रतिबद्ध हों!

आदत 9

संचार शैलियों की पहचान करें

"हम जिस प्रकार दूसरों से बात करते हैं और ख़ुद से भी करते हैं, वही अंततः हमारे जीवन का मूल्य तय करता है।"

– टोनी रॉबिंस

वह सार्वभौमिक गुणवत्ता क्या है, जिसे हम सभी दूसरों में देखते हैं, चाहे वह संभावित भागीदार हो, कर्मचारी हो या यहां तक कि दूर से हमारे वायरलेस को सेटअप करने का तरीक़ा बताने वाला कोई व्यक्ति हो?

ठोस संचार कौशल। संचार, मौखिक और अशाब्दिक दोनों, प्रत्येक मानवीय गतिविधि से संबंधित है। और ख़ुद को स्पष्ट रूप से, प्रभावी ढंग से और आत्मविश्वास से व्यक्त करने की क्षमता वह विशेषता है, जो हमें सचेत और अवचेतन रूप से आकर्षित करती है। यह विश्वास स्थापित करता है और संबंध बनाता है। आप दूसरों के साथ कैसे संवाद करते हैं, पहली बातचीत से ही, यह आपके रिश्ते की दिशा तय करेगा और साथ ही बातचीत के तरीक़े से ही यह भी तय होगा कि दूसरे लोग आपको कैसे देखते हैं।

यह उन कुछ जीवन कौशलों में से एक है, जो आपके जीवन के हर एक क्षेत्र पर लागू होता है। काम पर बड़े सौदे को पूरा करने से लेकर घर पर सफल पालन-पोषण तक और इनके बीच सब कुछ उन छोटी चीज़ों तक जिनके बारे में आप हर दिन सोचते भी नहीं हैं। आपकी संचार शैली इस सब में एक भूमिका निभाती है; यह अभिव्यक्ति के लिए आपके हस्ताक्षर की तरह है। इसीलिए संचार कौशल आपके

दैनिक जीवन की कुंजी हैं। यहां दीर्घकालिक लाभ को भूल जाइए; बस 24 घंटे के प्रत्येक सेट के बारे में सोचें। सहकर्मियों, परिवार के सदस्यों और यहां तक कि स्वयं के साथ संचार का आपका तरीक़ा आपके जीवन को बेहतर या बदतर बनाता है या किस तरह प्रभावित करता है?

हममें से अधिकांश के लिए, संचार आपके दिन की सफलता का एक महत्त्वपूर्ण हिस्सा है। अन्य दैनिक आदतें, जैसे जल्दी उठना, आने वाले दिन की तैयारी करना, और उपस्थित रहना भी महत्त्वपूर्ण उपकरण हैं, जो आपकी सफलता में योगदान करते हैं, लेकिन संचार कौशल वह है, जो वास्तव में प्रत्येक दिन को चमकदार बना देगा।

यह विचार करना आंख खोलने वाला है कि मूर्खतापूर्ण ग़लत संचार के कारण कितनी चीज़ें बिखर जाती हैं और ना जाने कितने अवसर चूक जाते हैं। लेकिन ख़राब संचार कौशल मूर्खतापूर्ण नहीं हैं; वे दीर्घकालिक लक्ष्यों को प्राप्त करने की आपकी क्षमता पर भारी प्रभाव डाल सकते हैं और यदि वे आदतन हो जाते हैं तो अंततः आपकी ख़ुशी के लिए हानिकारक हो सकते हैं। दिन के अंत में, ठोस संचार कौशल केवल एक शब्द को दूसरे के सामने रखने से आगे निकल जाता है।

**अच्छे संचार में विभिन्न प्रकार के कौशल शामिल होते हैं,
जिनमें अशाब्दिक संकेतों का प्रभावी उपयोग,
उचित गति और ध्यान से सुनना, शब्दों का ध्यानपूर्वक चयन
करना और रीडिंग द रूम शामिल है।**

अशाब्दिक संकेत

अधिकांश लोग स्वयं को दृश्य रूप से सीखने वाला मानते हैं, जिसका अर्थ है कि हममें से अधिकांश लोग अपनी आंखों से जो देखते हैं, उससे संकेत लेते हैं। हालांकि हमारे ऑडियो रिसीवर बिलकुल ठीक काम कर सकते हैं, लेकिन इसका ज़्यादा मतलब नहीं रहेगा अगर हमारा अधिकांश मस्तिष्क जो शब्द हम सुनते हैं और जो हम देखते हैं उसके साथ समन्वय नहीं कर पाता है तब। यह मतलब है कि, जब हम दूसरों से बात करते हैं, तो सिर्फ़ सही शब्दों का उपयोग करना ही पर्याप्त नहीं होता। यदि हमारे शब्द हमारे शरीर की भाषा और चेहरे के भावों से मेल नहीं खाते, तो हमारा संदेश समझ में नहीं आ सकता।

कल्पना करें कि कोई आपके सामने खड़ा है, जोर से "हां" कह रहा है, जबकि उसका सिर "*नहीं*" में हिला रहा है। आप इसे कैसे समझेंगे? अधिकांश

लोग कहेंगे कि वे *"नहीं"* संकेत देने वाले शारीरिक इशारे पर अधिक ध्यान देंगे, क्योंकि जैसा कि कहा जाता है, "कर्म शब्दों से अधिक प्रभावशाली होते हैं।" यह सुनिश्चित करना कि आपके शारीरिक इशारे आपके शब्दों से मेल खाते हैं, आपके कहे हुए को मज़बूत करेगा, जिससे यह संभावना बढ़ जाएगी कि अन्य लोग आपको समझें, आप पर विश्वास करें और चल रही बातचीत में पूरी तरह शामिल हों।

आख़िरी बार जब आपने किसी सफल बैठक में भाग लिया था, उस समय को याद करें। संभावना है कि उस बैठक को संचालित करने वाला व्यक्ति महत्त्वपूर्ण जानकारी साझा कर रहा था, लेकिन इसके अलावा, वे शायद आंखों का संपर्क बना रहे थे और अपने संदेश के अनुरूप चेहरे के भाव भी प्रदर्शित कर रहे थे।

क्या आपको यह पढ़कर आश्चर्य होगा कि मनुष्य अपनी भावनाओं की सीमा को दर्शाने के लिए इक्कीस अलग-अलग चेहरे के भावों का उपयोग करते हैं? प्रभावी संचारक, जैसे प्रेरक वक्ता जो स्टेडियमों को भर देते हैं और अपनी बुद्धिमत्ता साझा करने के लिए दुनिया की यात्रा करते हैं, इसे जानते हैं। चमकदार रोशनी और उत्तेजक संगीत संकेतों के परे, ये विशेषज्ञ वक्ता उत्साही इशारों, जीवंत चेहरे के भावों, और खुले शरीर की मुद्रा के माध्यम से एक बार में कई लोगों के साथ प्रभावी रूप से संवाद करते हैं और जुड़ते हैं, जो श्रोताओं को अपने स्थान पर आमंत्रित करता है और उन्हें ऐसा महसूस कराता है, जैसे वे एक रहस्य में, एक के ऊपर एक, में शामिल हो रहे हैं। यही कारण है कि ये वक्ता दौरे पर जाते हैं और इवेंट वेन्यू को भर देते हैं, भले ही उनके संदेश किताबों और अन्य माध्यमों के माध्यम से पहले से ही उपलब्ध क्यों नहीं हों। हालांकि आमने-सामने होने वाले संवाद से अधिक प्रभावी कोई संचार विधि नहीं है, ख़ासकर जब शब्द और शारीरिक क्रियाएं मेल खाती हैं। मैंने इसे स्वयं देखा है, स्टैंड में एक दर्शक के रूप में, प्रेरणादायक दिग्गजों जैसे टोनी रॉबिंस को बोलते हुए और दर्शकों के साथ एक जादुई संबंध स्थापित करते हुए।

और दूसरी तरफ़, एक वक्ता के रूप में, मैं जानती हूं कि उन हज़ारों उत्सुक चेहरों के सामने उस मंच पर क़दम रखना क्या होता है, जो आपकी ओर देख रहे होते हैं और आपको उस क्षण में ख़ुद को स्थिर करना होता है और अपने दर्शकों से जुड़ना होता है। यह सिर्फ़ आपके मुंह से निकलने वाले शब्द नहीं होते-यह आपकी शारीरिक भाषा, चेहरे के भाव, ऊर्जा और आपकी उपस्थिति होती है। यह आपकी प्रस्तुति होती है।

चाहे मैं मंच पर बोल रही हूं या अपने कार्यालयों में से एक नियमित प्रशिक्षण सत्र चला रही हूं, मैं अपनी प्रस्तुति के प्रति सचेत रहती हूं, चाहे वह मौखिक हो या गैर-मौखिक। मैं अपने दर्शकों का सामना करती हूं और अपनी शारीरिक भाषा

को खुला और सकारात्मक रखती हूं (कोई बांहें क्रॉस नहीं या हाथ जेब में नहीं!)। मुझे गतिशील रहना पसंद है, जब भी संभव हो, तो दर्शकों के एक छोर से दूसरे छोर तक घूमते हुए, वास्तव में सभी को शामिल महसूस कराना मेरी आदत है। मैं जितना हो सके उतने व्यक्तियों से नेत्र संपर्क बनाने की कोशिश करती हूं, ज़ोर से और स्पष्ट रूप से बोलती हूं, अपने शब्दों का उच्चारण करती हूं, और यह सुनिश्चित करती हूं कि मेरी आवाज़ में कुछ गंभीर व्यक्तित्व हो। मैं चाहती हूं कि जो संदेश मैं देने की कोशिश कर रही हूं, चाहे वह जो भी हो, वह वास्तव में श्रोताओं, दर्शकों तक पहुंचे! मैं चाहती हूं कि लोग जो सुन रहे हैं, वे जानें कि मैं वास्तव में जो कह रही हूं, उस पर यक़ीन करती हूं और ये केवल बातें भर नहीं है। मेरे पास यहां साझा करने के लिए कुछ वास्तविक जानकारी है! मैं इंटरएक्टिव भी हूं, प्रश्न पूछती हूं, प्रतिक्रियाओं को प्रोत्साहित करती हूं, और जब भी संभव हो, लोगों को एक-दो बार हँसाने की कोशिश करती हूं। मैं चाहती हूं कि उनके कान खुले रहें और उनकी ऊर्जा उच्च हो! मैं इस क्षण में वास्तविक मूल्य लाना चाहती हूं, और मुझे लोगों को मेरा उत्साह महसूस कराने और साझा करने की इच्छा होती है। आख़िरकार, अगर मैं अपनी बात के बारे में उत्साहित नहीं हूं, तो मैं किसी और से उस बाबत उत्साहित होने के लिए कैसे उम्मीद कर सकती हूं?

मुझे सबसे ज़्यादा उत्साह तब मिलता है, जब हम अपने अद्भुत सेल्स प्रतिनिधियों और टीमों की सफलताओं का जश्न मनाते हैं। हर साल, हम एक गाला का आयोजन करते हैं ताकि सभी को एक साथ लाया जा सके और हमारे लोगों पर ध्यान केंद्रित किया जा सके और पिछले वर्ष में उनकी अद्भुत वृद्धि और उपलब्धियों को मान्यता दी जा सके। पिछले कुछ समय से, महामारी के कारण, हम अपने सामान्य व्यक्तिगत गाला कार्यक्रम का आयोजन नहीं कर सके, लेकिन 2022 में, हम फिर से इसमें शामिल हो गए। और आश्चर्यजनक नहीं, इस साल ऊर्जा और उत्साह एक अलग स्तर पर थे। जो चीज़ मुझे सबसे ज़्यादा याद है? मंच पर मेरे प्रवेश और उद्घाटन स्वागत के दौरान सभी के साथ वह जुड़ाव महसूस करना।

जब हम इस कार्यक्रम की योजना बना रहे थे, मुझे पता था कि इस साल के उद्घाटन को विशेष रूप से ख़ास बनाना होगा। मैं चाहती थी कि सभी को उस भव्य कक्ष में प्रवेश करते ही सामूहिक उत्साह का अनुभव हो। और मुझे पता था कि मुझे एक ऐसा प्रवेश लेना होगा, जो इस बात की शुरुआत करेगा कि हम अब तक का सबसे अच्छा गाला कार्यक्रम मनाने-बनाने की उम्मीद कर रहे थे। जिस रात यह आयोजन हुआ, जब सभी मुख्य हॉल में बस गए और अपनी टेबल और सीटें ढूंढ़ लीं, तो रोशनी मंद हो गई और प्रीरेकॉर्डेड ऑडियो शुरू हो गया। फिर बड़े पर्दों पर एक काउंटडाउन शुरू हुआ, मेरी आवाज़ माइक से गूंज रही थी, भीड़

के साथ काउंटडाउन करते हुए ''एक'' तक गिनती की। मैंने इस पल के लिए ब्लैक आइड पीज का ''आई गोट्टा फ़ीलिंग'' चुना था, मुख्य दरवाज़ों से प्रवेश करते हुए, टेबलों के बीच से नाचते हुए मंच की ओर बढ़ी। सभी अपने पैरों पर खड़े थे, गाना गा रहे थे, ऊपर की रंग-बिरंगी रोशनी चमक रही थी-ऊर्जा बहुत ऊंची थी, और यही मैंने उम्मीद की थी। मंच पर जाते हुए, मैं अपने बच्चों और प्रबंधकों के साथ शामिल हुई, और हमने भीड़ के साथ गाने के बाक़ी हिस्से पर नृत्य किया। गाने के समाप्त होते ही, मैं उन्हें देख रही थी और उस सामूहिक ऊर्जा को महसूस कर रही थी, जिसकी मैंने उम्मीद की थी। मैं चाहती थी कि मेरी ऊर्जा और संचार वही प्रतिबिंबित करे, जो मैं महसूस कर रही थी : आख़िरकार, यह शाम *उन्हीं* लोगों का जश्न मनाने के बारे में थी! मैंने मंच के उस विस्तारित रनवे के अंत में खड़े होकर और दिल से बोलते हुए, इस तरह एक साथ आने के लिए अपनी कृतज्ञता और ऐसी अद्भुत टीम पर गर्व व्यक्त किया-इस हिस्से के लिए कोई स्क्रिप्ट नहीं थी। आप मेरी आवाज़ में उत्साह को सुन सकते थे। इस संचार का यह पल मौखिक और गैर-मौखिक रूप से, उस क्षण के लिए मेरी सच्ची कृतज्ञता और ख़ुशी व्यक्त करने के बारे में था।

उसके बाद, हमें हाल ही में यह भी नहीं मालूम था कि कब-या क्या-ऐसे आयोजन किए जाएंगे या नहीं।

2020 में, साझा व्यक्तिगत अनुभवों को महामारी के दौरान कोविड के संचार के जोखिम को कम करने के लिए हमें आपस में भौतिक दूरी बनानी पड़ी, जिससे साझा व्यक्तिगत अनुभवों पर बहुत बड़ा प्रभाव पड़ा। इस समय में ज़ूम जैसे प्लेटफ़ॉर्मों की व्यापक लोकप्रियता मानवों की वास्तविक चेहरे-से-चेहरे कनेक्शन की मज़बूत इच्छा का प्रमाण है। लेकिन कुछ समय बाद ये कॉन्फ्रेंस कॉल असल मानवीय और वैयक्तिक संचार की कमी को भरने में नाकामयाब होने लगे। लोगों को वह कनेक्शन और प्रतिक्रिया चाहिए, जिन्हें गैर-मौखिक संकेत और दृश्य सूचक देते हैं। किसी को फ़ोन पर अपने विचार से सहमत होते हुए सुनना बहुत अलग होता है, जब आप वीडियो के माध्यम से उनकी भौतिक प्रतिक्रिया को वास्तविक समय में देखते हैं। क्या वे हँस रहे हैं और सिर हिला रहे हैं, या वे ग़लतफ़हमी और चिंतित लग रहे हैं? और हालांकि ये विकल्प रखने के तरीक़े उस समय काम कर रहे थे, मुझे लगता है कि सामाजिक दूरी ने हम सबको दिखा दिया है कि भौतिक मौजूदगी कितनी शक्तिशाली और अपरिवर्तनीय है। साझा अनुभवों, वास्तविक समय में एक-दूसरे के साथ वास्तविक रूप से होना, कोई स्क्रीन या वाई-फ़ाई की आवश्यकता नहीं, इस भावना को कोई नहीं बदल सकता।

उचित गति और ध्यान से सुनना

अनुसंधान से संकेत मिलता है कि हमारा दिमाग़ सोचते समय प्रति मिनट 3,000 शब्दों तक की पुनः प्राप्ति करने में सक्षम है, लेकिन हम केवल प्रति मिनट लगभग 125 शब्द सुनने में सक्षम हैं। इसका मतलब है कि हम शब्दों को सोचने और उत्पन्न करने में जो दर हासिल कर सकते हैं, वह सुनने की हमारी क्षमता से काफ़ी अधिक है। इससे संचार में कुछ वास्तविक बाधाएं उत्पन्न होती हैं। संचार को सुगम बनाने की संभावना बढ़ाने का एक तरीक़ा यह है कि हम अपनी प्रस्तुति की गति के प्रति सचेत रहें।

क्या आप इतनी जल्दी बोल रहे हैं कि संदेश आपकी बोली में ही कहीं खो जाता है? अपने शब्दों को स्पष्ट रूप से उच्चारित करने और शांत स्वर में और आत्मविश्वास के साथ व्यक्त करने के लिए समय निकालें। इसका मतलब यह नहीं है कि आपको धीमी गति से बोलना चाहिए–आप किसी को अपने बिंदु पर आने का इंतज़ार करते हुए थकाना नहीं चाहते! लेकिन अगर वे आपकी गति के साथ मेल बनाए रखने में संघर्ष कर रहे हैं, तो संभावना है कि आपका संदेश अनुवाद में खो जाएगा।

उसी तरह, जिस गति से हम दूसरों को जवाब देते हैं, वह भी संचार में बाधा बन सकती है, जिस पर ध्यान देना बेहद ज़रूरी है। हममें से कई लोग बहुत जल्दी अपनी राय देने और शामिल होने की कोशिश करते हैं, बजाय इसके कि हमारे सामने जो प्रस्तुत किया जा रहा है उसे वास्तव में सुनें और समझें। जब हम बोलने से पहले थोड़ा रुकते हैं, तो हम ख़ुद को दूसरों के संदेशों को वास्तव में रिसीव कर पाते हैं और उन्हें व्याख्या करने का समय देते हैं, साथ ही एक स्पष्ट और संक्षिप्त उत्तर तैयार करने के लिए मानसिक स्थान भी बनाते हैं, जिससे आगे चलकर ग़लतफ़हमी का जोख़िम कम हो जाता है। आख़िरकार, जब तक मैं यह नहीं समझता कि आप क्या कहने की कोशिश कर रहे हैं, मैं अपना उत्तर कैसे तैयार कर सकता हूं? ग्रीक दार्शनिक एपिक्टेटस की एक पुरानी कहावत हमें यह याद दिलाने के लिए अच्छी है : ''हमारे पास दो कान और एक मुंह हैं ताकि हम जितना बोलते हैं उससे दोगुना सुन सकें...'' और मैंने सोचा था कि यह कहावत मैंने बनाई है!

सतर्कता से किया गया शब्द चयन

जब हम दूसरों के साथ संवाद करते हैं, तो हमारे शब्दों का चयन हमारी बात को सही तरीक़े से समझाने की हमारी क्षमता को बना या बिगाड़ सकता है। हमारे

विचार और राय महत्त्वपूर्ण हैं और उनका बहुत मूल्य है, लेकिन हमें यह ध्यान रखना चाहिए कि हम उन्हें कैसे व्यक्त करते हैं। हमारे शब्दों को किस प्रकार से समझा जा सकता है, इसे समझने की संवेदनशीलता का मतलब है कि उन्हें हमारे मुंह से बाहर निकलने से पहले एक आंतरिक फ़िल्टर से गुजारना। अक्सर, हमारे स्वर और ''तुम'' जैसे शब्दों के उपयोग के प्रति सचेत रहना-जो कभी-कभी प्राप्त करने वाले को आरोपित महसूस करवा सकते हैं-सचेत संचार का अभ्यास करने की एक अच्छी शुरुआत है।

उदाहरण के लिए :

''तुम्हारी टिप्पणियों से मुझे उस दिन वास्तव में दुख पहुंचा'' किसी को अलग और ऐसा महसूस करा सकता है कि उस पर हमलेवार दृष्टि से बात कही गई है, जिससे अक्सर एक लड़ाई शुरू करने जैसा उत्तर मिल सकता है।

लेकिन अगर आप इसे ज़िम्मेदारी से प्रस्तुत करते हैं और *तुम* शब्द को हटा देते हैं :

''मुझे उस दिन की गई टिप्पणियों से निराशा हुई, और मैं सोच रहा था कि हम इसे कैसे सुलझा सकते हैं ताकि हमें लगे कि हमने इस मुद्दे को आगे बढ़ने के लिए ठीक से निपटाया है।''

इस तरह, आपने किसी भी रक्षात्मक व्याख्या की संभावना को समाप्त कर दिया है, अपनी भावनाओं की ज़िम्मेदारी ली है, और अगले रचनात्मक क़दमों के लिए दरवाज़ा खुला छोड़ दिया है, सिर्फ़ अपने शब्दों के चयन के प्रति अधिक सचेत होकर।

माहौल का जायजा लेना

सफल संचार एक ही तरीक़े से सभी के लिए काम नहीं करता है, और आपको ''माहौल का जायजा लेने'' और उसका अनुकूलन करने में सक्षम होना चाहिए। इसका मतलब है ''बेसलाइन'' खोजना, दूसरों द्वारा उपयोग किए जाने वाले गैर-मौखिक संकेतों पर ध्यान देना, बातचीत की गति के लिए दूसरों के नेतृत्व का पालन करना, और संवाद में उन बारीकियों पर ध्यान देना, जो इंगित करती हैं कि कब दूसरों को सुना जा रहा और मूल्यवान महसूस होता है और कब नहीं।

अपने शुरुआती दिनों में, जब मैंने सेल्स प्रतिनिधियों के लिए समर्थन और संसाधनों के लिए नई रणनीतियों को लागू करने की कोशिश की, तो मुझे उन लोगों से बहुत प्रतिरोध का सामना करना पड़ा जो चीज़ों को अलग तरीक़े से करने के आदी थे। यहां मैं थी, इस अवसर के लिए उत्साहित और नए विचारों से लैस, और

यह समझते हुए कि, *''अरे, यहां कोई भी आपको कोई रियायत नहीं देगा; आपको बस आगे बढ़ना होगा और अपनी मेहनत दिखानी होगी।''*

उस समय, मैंने कई बैठकों में भाग लिया और बहुत सारी बातचीत की, जिसने मुझे रचनात्मक संचार के बारे में बहुत कुछ सिखाया। कुछ लोग निश्चित विचारों और दृष्टिकोणों के साथ आपके पास आएंगे, और कभी-कभी आपको यह महसूस होगा, जब वे कमरे में प्रवेश करेंगे। लेकिन दूसरों की संचार शैली आपकी समस्या नहीं है; आप केवल अपनी प्रतिक्रियाओं और अपनी कहानी के लिए ज़िम्मेदार हैं। यह हमेशा आसान नहीं था, लेकिन मैंने इसे दोनों पक्षों से देखने की कोशिश की। शायद कुछ लोगों को मेरी दृष्टिकोण से नीचा महसूस हुआ, या मेरी नेतृत्व शैली के बारे में संदेह था-जो भी कारण हो, मैंने जितना संभव हो सके संचार की लाइनों को खुला रखने की कोशिश की (और जितना संभव हो सके रचनात्मक रखा)। मैंने कभी भी बिना कारण पुल जलाने में कोई रुचि नहीं रखी। संभावना है कि जिन लोगों से आप आज निपटते हैं, उन्हें आप भविष्य में फिर से देखेंगे, और यह लगभग हमेशा आसान होता है कि बस कुछ सामान्य आधार खोजें और जहां तक संभव हो सभ्य रहें।

उन चुनौतीपूर्ण संचार क्षणों में, भले ही मुझे ख़ुद को निराश महसूस हो रहा हो, मैंने रक्षात्मक होने के प्रलोभन का विरोध किया। इसके बजाय, मैंने उन्हें बोलने दिया। उन्हें अपनी बात कहने दी। मैं अपने जवाब देने के अवसर का इंतज़ार करती, और मैं सुनिश्चित करती कि मैं वास्तव में उनकी बात सुनने की कोशिश कर रही हूं-सिर्फ़ शब्दों को ही नहीं, बल्कि जो कुछ वे वास्तव में व्यक्त करने की कोशिश कर रहे थे उसे भी। अगर यह पूरी तरह से गैर-रचनात्मक था, तो मैं अपना सिर ऊंचा रखती और इसे जाने देती। अगर बातचीत को मोड़ने या सकारात्मक सुर पर समाप्त करने का कोई अवसर या संभावना होती, तो मैं उसे करने की कोशिश करती। बात यह है कि अगर कोई मुझसे नकारात्मक प्रतिक्रिया की उम्मीद कर रहा था, तो मैं उन्हें वह संतोष नहीं देने वाली थी। और दिन के अंत में, पेशेवर बने रहने, उत्पादक और सम्मानजनक रहने के मेरे दृढ़ संकल्प का परिणाम मिला। कमरे का माहौल समझें-लेकिन याद रखें, आपकी कहानी लिखने का काम आप पर ही है। इसलिए, चाहे जो भी आपके सामने आए, अगर आप शांत स्वर में और अपने शब्दों पर नियंत्रण रखते हुए अपनी बात कहते हैं तो आप हार नहीं सकते।

समायोज्यता नक़ली होने के बारे में नहीं है। बिलकुल उलटा। यह जानना कि कैसे और कब समायोजित होना है आपकी वास्तविक होने की इच्छा को दर्शाता है और साथ ही आपका सभी सम्मिलित लोगों का भला हो इसके लिए संवेदनशील होना भी दिखता है। हमें हमेशा तैयार रहने की आवश्यकता होती है कि जब योजनाएं विफल हो जाएं, तो हमें मोड़ने के लिए, हमें वर्तमान स्थिति के आधार

पर अपने संचार शैली को समायोजित करने के लिए जागरूक, लचीले और तत्पर रहने की आवश्यकता होती है। सारे काम में उद्देश्यपूर्ण संवाद का हृदय बना रहता है, तब समायोज्यता बहुत प्रभावी हो सकती है।

माहौल को जानना, और समायोजित करने का कौन-सा समय और कैसे आता है, यह अवश्य एक आसान आदत नहीं है। चाहे आप इसे पेशेवर या निजी दृष्टिकोण से देख रहे हों, यह एक ऐसा कौशल है, जिसमें समय, प्रयास, और-स्वीकार करना-बहुत सारे प्रयोगों और ग़लतियों की आवश्यकता होती है। अधिकांश हम निर्दोष संचार की कला को कभी भी सीख नहीं सकेंगे, लेकिन एक बात तो स्पष्ट है : जब आप दुनिया के साथ अपने संवाद पर काम करते हैं, तो दुनिया भी आपके संवाद पर काम करेगी। तो आइए, इस आदत को अमल में लाएं।

कार्रवाई आइटम #9 : कल किसी के साथ की जा रही बातचीत का अध्ययन करें, चाहे वह काम पर हो या घर पर, और उस बातचीत में संचार की किस शैली का उपयोग किया जा रहा है उसको नोट करें।

ध्यान दें कि आप और दूसरा व्यक्ति कौन-से गैर-मौखिक संकेतों का उपयोग करते हैं। गति को सुनें, और ध्यान दें कि कहां वह बहुत तेज़ या धीमी है। जब आप बात बोलने की जल्दबाजी करने के लिए बहुत उत्तेजित होते हैं, तो ख़ुद को थाम लें। और ख़ुद से पूछें कि माहौल का जायजा लेने के बाद, आप अधिक अच्छे परिणामों के लिए अपने संवाद शैली को कैसे समायोजित कर सकते हैं।

आदत 10

पॉवर अप!

ऊर्जा रचनात्मकता की कुंजी है।
ऊर्जा जीवन की कुंजी है।''

– विलियम शैटनर

आप कितनी बार एक दिन में अपने सेल फ़ोन को चार्जर में लगाते हैं? आपके रिमोट को ताजा बैटरी की आवश्यकता की ज़रूरत कितनी बार प्रतीत होती है? वह चतुर गूगल होम उपकरण भी कार्यरत होने के लिए चार्जर में लगाया जाना चाहिए।

कुछ भी सदैव और सदैव के लिए नहीं चलता है। अंततः एनर्जाईजर बन्नी की बैटरी भी ख़त्म हो ही जाती है फिर चाहे आपको उसका ऐड जैसा कुछ भी कहे! इस ग्रह पर सब कुछ को किसी बाह्य ऊर्जा की आवश्यकता है। धरती स्वयं, जिसमें करोड़ों घर हैं, सूर्य की ऊर्जा के बिना कार्य करने में सक्षम नहीं है। कल्पना करें, कुछ इतना शक्तिशाली और विशाल, और फिर भी अपनी प्राथमिक ऊर्जा स्रोत के बिना इतना भंगुर। सबको चलते रहने के लिए उससे से भी बड़ा कुछ चाहिए।

यह सभी जीवित प्राणियों के लिए सच है, और जैसे आज का विश्व दिन-प्रतिदिन तेज़ी से घूमने लगता है, हमारे समाज को अपनी ऊर्जा कैसे उत्पन्न या पुनर्संचित करती है, इस पर हर दिन अधिक मूल्य देने लगा है। आप अपनी ऊर्जा को बढ़ाने के लिए तैयार किए गए ऊर्जा पेय प्राप्त कर सकते हैं। आप उन्हीं व्यायाम तंत्रों का पालन कर सकते हैं, जो आपको आगे बढ़ाने का वादा करते हैं। आप पॉडकास्ट सुन सकते हैं, साहित्य को अवशोषित कर सकते हैं, और प्रेरणात्मक सेमिनार और ऊर्जा पर ध्यान केंद्रित अवकाशों में भाग ले सकते हैं। ऊर्जा व्यापार में तरक्की कर रहा है!

लेकिन ऐसा लगता है कि जितना ज़्यादा हम अपनी ऊर्जा स्रोत को पुनर्जीवित या संचयित करने का प्रयास करते हैं, हमें उतनी ही तेज़ी से दौड़ने की आवश्यकता महसूस होती हैं ताकि हम कीप अप विद जोनेस कर सकें–या आज की सेलेब्रिटी में शामिल लोगों में–किम कर्दाशियां और *रियल हाउसवाइव्स* जैसे शो से अपनी ज़िंदगियों की तुलना कर सकें! सोशल मीडिया हमें यह मानने के लिए प्रेरित करता है कि अप्रतिम ऊर्जा जैसा कुछ होता है और यही सफलता का कुंजी है। इसलिए हम उस गरज पर विश्वास करते हैं और संभावनाओं के ख़िलाफ़ अपने आप को उठाते हैं। हम मानते हैं कि हर कोई अपना सर्वोत्तम जीवन जीने के लिए किसी बड़े राज को समझ चुका है, और सही मंत्र या पूरक या हॉट योग क्लास या ऊर्जा बार ही केवल हमें सभी के साथ बराबरी करवाने की जादुई गोली होगी, लेकिन अंत में हम जब नियमित रूप से जल जाते हैं तो आश्चर्यचकित और निराश महसूस करते हैं।

यह कैसे हो सकता है की वह समय जो हॉट योगा करके में दिमाग़ से पसीना बहाने में बिताया है, वह मेरी ऊर्जा को ऊपर रखने में काम नहीं आया? क्यों यह ऊर्जा बार मुझे दीवारों से टकराने की अनुमति नहीं देता? क्या मुझे कैफ़ीन के ऊर्जा लाभ के प्रति ''प्रतिरोधी'' होने की संभावना है? यह क्या है?

बहुत सारे लोगों को व्यायाम और सेहतमंद भोजन के ख़याल से उत्तेजना होती है। और यह भी सच है कि जब आपके पूरे स्वास्थ्य और ऊर्जा स्तर की बात आती है तो यह दोनों एक बड़ा अंतर उत्पन्न करने में सक्षम हैं। जब आप अपने पूरे दिन के लिए शारीरिक ऊर्जा की सप्लाई को बढ़ाने की कोशिश कर रहे हैं तो अच्छा भोजन और व्यायाम दोनों ही एक शानदार शुरुआती स्थल हो सकते हैं। हालांकि सेहतमंद भोजन और व्यायाम वे दोनों चीज़ें नहीं हैं, जो किसी को उत्साहित करें या पैशन के नाम पर सबसे पहले दिमाग़ में आएं। और जब कुछ-कुछ विशिष्ट वर्कआउट रूटीन की बात आती है तो मैं ख़ुद उन मामलों में अलग-थलग होती हूं। लेकिन मैं यह भी जानती हूं कि दिन के चौबीस घंटों में वर्कआउट और गति को अपनाने के लिए अगर मुझे योग मैट पर बस पांच मिनट ही मिलते हैं और स्ट्रेच करने का मौक़ा मिलता है तो मैं *कर* लेती हूं। और मैं हर उस चीज़ के बारे में उत्साहित रहती हूं, जो मुझे सकारात्मक रूप में मुझे ईंधन प्रदान करती है।

और सही पूरक या अपने पसंदीदा जावा का एक कप भी मदद कर सकता है – मुझे मेरा निस्प्रेस्सो पसंद है (उन जॉर्ज क्लूनी के विज्ञापनों का भी कोई नुक़सान नहीं होता है!) – साथ ही जुड़े रमणीय पॉडकास्ट, प्रेरणादायक साहित्य, और प्रेरणात्मक वार्ता कार्यक्रम। ऊर्जा से भरने के लिए वास्तव में विकल्पों की कोई कमी नहीं है। मैंने समय के साथ यह सीख लिया है कि मेरे लिए क्या काम करता है और क्या नहीं, इसलिए अब मैं सुनिश्चित करती हूं कि मैं अपने दिन-से-दिन के काम में उन तत्वों को शामिल करती हूं, जितना भी संभव हो पाता है।

अपने जुनून से ऊर्जा ढूंढ़ना

ऊर्जा जुगाड़ केवल आधा काम कर सकते हैं। जब बात उस प्रकार की ऊर्जा को प्राप्त करने की आती है, जो आपको अपने दिन को सफलतापूर्वक बिताने में मदद करेगी, तो आपके कोर में कुछ होना चाहिए, जो आपको आगे बढ़ाने के लिए प्रेरित करेगा।

आपकी सबसे बड़ी ऊर्जा स्रोत आपकी आध्यात्मिक ऊर्जा है, और यह हमेशा आपके भीतर रहती है।

मैं आपको कह रही हूं : ख़ुद से बड़ी आगे की ओर काम करने से प्राप्त ऊर्जा की कोई तुलना नहीं होती। मैं बड़े चित्र की बात कर रही हूं। वह चीज़ जो आपको आगे बढ़ाती है। वह मोटिवेशन जो हर दिन आपको बिस्तर से उठने के लिए मजबूर करता है। यह एक मुहावरे जैसा सुनाई देता है, लेकिन सच्चाई यह है : जब आप वह काम कर रहे होते हैं, जो आप पसंद करते हैं, तो ऊर्जा आपके पास आती है। इसका यह मतलब नहीं है कि आप अपनी नौकरी के हर पहलू को प्यार करते हैं, या जीवन में अपनी भूमिका को, लेकिन मूल रूप से, आप यह जानते हैं कि आपने जो जीवन अपने लिए बनाया है, *वह सही महसूस होता है।* आप जानते हैं, क्योंकि आप उस काम में प्रेम करते हैं और अपनी भूमिका में वास्तव में निवेश करते हैं। और एक बार जब आप इसे पा लेते हैं, तो यह मूल प्रेरणा वह चीज़ होगी, जो आपको उन पलों में ले जाती है, जब आप अपने आंतरिक संसाधनों में कम होते हैं।

आपको अंदर से क्या झकझोरता है? आपका आज का ''मिशन'' क्या है? जीवन में, आपको क्या प्रेरित करता है?

आपको जो आवश्यकताएं हो सकती हैं, जिनका आप संतोष नहीं करते, और अन्य ज़िम्मेदारियां जो आप पर भारी पड़ती हैं, जीवन की वास्तविकता यह है कि यह हमेशा *मज़ेदार* नहीं होती है।

हालांकि उन चीज़ों के लिए ऊर्जित होना आसान होता है, जिसका हम राह देखते हैं, ख़ासकर जब हम जानते हैं कि वे हमारे अंतिम लक्ष्य की ओर क़दम हैं, तो वह उत्साह के बीच की मेहनत–वह श्रमसाध्य कार्य और चुनौतीपूर्ण पल–हमारे आंतरिक ऊर्जा चालकों का एक सच्चा परीक्षण होता है। लेकिन ध्यान देने वाली बात यह है, जब आप सावधानी से जीवन जीते हैं, स्पष्ट उद्देश्य और लक्ष्य के साथ, यात्रा के लिए किए गए सभी प्रयास और बलिदान सफल होंगे। आप ख़ुद उन ऊर्जा संग्रहण क्षमताओं का अनुभव करेंगे, जो आपने यह भी नहीं समझा था कि आपके

पास हैं, और जब आप अपने देख सकते हैं कि आप किस चीज़ की ओर काम कर रहे हैं और वह लगभग हाथ लगा है, तो आप प्रेम और संघर्ष से आगे बढ़ेंगे।

तो आप किस प्रकार और कहां उस प्रेरणा को ढूंढ़ सकते हैं, जो आपकी ऊर्जा को नियमित रूप से प्रक्षुब्ध करेगी, ख़ासकर जब आप थके हुए महसूस कर रहे हों? मैं पहली बात यह सुझाव देती हूं कि आप पीछे हटें और अपने उद्देश्यों के साथ पुनः समायोजित हों। आप अपने हर दिन के प्रत्येक परिदृश्य में ड्राइवर हैं। और हालांकि आप आगे आने वाली बाधाओं और गड्ढों का पूर्वानुमान नहीं कर सकते, लेकिन यह आपकी योजना बनाने की शक्ति है कि यदि और जब वे प्रकट हों, तो आप उन्हें कैसे संभालेंगे।

दूसरों की ऊर्जा का दोहन

आप *आसपास* अपने लिए प्रेरणा, शक्ति और ऊर्जा की तलाश भी कर सकते हैं। मैंने भाग्यशाली रूप से अपने आस-पास समान-विचारी लोगों के साथ खुद को घेरा है-व्यक्तियों के, जिनके मूल्य और दृष्टिकोण मेरे साथ जुड़ते हैं। लेकिन ये लोग मेरे चारों ओर किसी ख़ुशनुमा इत्तेफ़ाक़ के कारण नहीं आए हैं। मैंने सकारात्मक और उर्जावान रिश्तों का ध्यानपूर्वक पालन किया है, अपने व्यक्तिगत और पेशेवर जीवन दोनों में, और ख़ुद के चारों ओर उन्हें पाने का मुझे बहुत संतोष मिला है। आप उन ऊर्जा और लोगों का योगदान हैं, जो आपसे सबसे ज़्यादा संबंधित हैं – बाहरी प्रभाव जो आपके दिन और आपके जीवन को आकार देने में मदद करते हैं। चाहे आपका चयनित वातावरण कितने भी लोगों के साथ हो, जैसा कि महामारी के दौरान बहुत से लोगों के लिए हुआ, तो आप अपने आप से भी ऊर्जा ले सकते हैं, परन्तु यह सुनिश्चित करें कि आपकी आत्म-देखभाल प्रथाएं मज़बूत हैं। क्या आप अपने अपने बड़े आलोचक हैं या अपने सबसे बड़े प्रशंसक?

ऊर्जा संक्रामक होती है, ख़ासकर घर पर। जो ऊर्जा आप दिन की शुरुआत में लेकर आते हैं, और दिन के अंत में घर लेकर आते हैं, वह आपके स्थान की दीवारों के भीतर प्रकट होती है। यह ऊर्जा कमरे से कमरे में गूंजती है और आप पर प्रभाव डालती रहती है, साथ ही उन लोगों पर भी सीधा असर डालती है, जिनके साथ आप अपना जीवन साझा करते हैं। चाहे कामकाजी जीवन से मुझे किसी भी प्रकार का दबाव और थकान हो, मैं यह प्राथमिकता बनती हूं कि अपने परिवार के लिए अपनी सबसे अच्छी ऊर्जा घर लाऊं, उनके साथ अपने समय को संजोऊं, और उनसे मिलने वाले प्यार और प्रेरणा से अपनी ऊर्जा पुनर्जीवित करूं।

नकारात्मक अनुभव से ऊर्जा उत्पन्न करना

लेकिन मेरे लिए हमेशा ऐसा नहीं था। किसी और की तरह, मैंने भी संघर्ष किया है और अपने सफ़र के दौरान विषाक्त ऊर्जा के जाल में फंस गई हूं। मुझे कठिनाइयों से सीखना पड़ा कि जब हम अपनी ऊर्जा के प्रति सचेत और संरक्षित नहीं होते, तो हम ख़ुद को कुछ बहुत ही डरावनी चीज़ों के लिए खोल देते हैं।

मैं अपनी उम्र के तीसवें बरस के मध्य में थी, शादीशुदा थी और पहले से ही तीन बच्चों की मां थी। उस समय कई कारणों से-रिश्तों की समस्याएं, करियर की चुनौतियां, स्वतंत्रता की आवश्यकता – मैं ख़ुश नहीं थी। धीरे-धीरे मैंने ख़ुद को कुछ विषाक्त लोगों के साथ जोड़ लिया था, और मैं ख़ुद को कुछ ''सामाजिक व्यवहारों'' में शामिल होने दे रही थी जो धीरे-धीरे अस्वस्थ आदतों और ख़राब निर्णयों में बदल रहे थे। मुझे वो दिन कभी नहीं भूलेगा, जिसने मेरी ज़िंदगी को बदल दिया। मैं घर पर थी जब मेरे दरवाज़े पर एक दस्तक हुई, जिसने संकेत दिया कि उन ''विषाक्त दोस्तों'' में से एक ने मुझे बुलाया था। मुझे याद है कि मैं अपने दरवाजे पर खड़ी थी, सुन रही थी कि कैसे यह साथी पत्नी और मां मुझसे कह रही थी कि उसका पति मछली पकड़ने गया था; वह घर पर बोर हो रही थी; और उसे कुछ कंपनी की ज़रूरत थी। क्या मैं उसके साथ थोड़ी देर के लिए सिगरेट लेने और थोड़ी देर के लिए बाहर घूमने जाऊंगी?

मुझे साफ़ पता था कि उसने पी रखी थी, एक ऐसा ''सामाजिक व्यवहार'' जो हाल ही में एक ''आदत'' जैसा हो गया था। फिर भी, उस समय मैं यह महसूस नहीं कर पा रही थी कि यह सिर्फ़ एक विचलन की आवश्यकता थी। मैंने एक पल में ऐसा निर्णय ले लिया, जो मेरी ज़िंदगी हमेशा के लिए बदल सकता था। मैं उसकी कार की यात्री सीट पर बैठ गई, और हम इस ''जल्दी के काम'' के लिए निकल पड़े। मुझे अब भी बख़ूबी याद है कि यह दोस्त गाड़ी चलाते हुए हँस रही थी, और हम दोनों उस पल में साथ होने के कारण हल्का महसूस कर रहे थे। मुझे अब भी वह बड़ा सिल्वर ट्रक दिख रहा है, जो सड़क के किनारे खड़ा था। हँसी की आवाज़ ने मेरे पेट में एक बेचैनी पैदा की, क्योंकि मैंने बहुत देर से यह महसूस किया कि गाड़ी चलाने वाली मेरी दोस्त जितना मैंने सोचा था उससे ज़्यादा नशे में थी; फिर आई तीख़ी चीख़ती आवाज़ जब उसकी कार उस ट्रक से जा टकराई जो मेरी नज़र में सिर्फ़ एक पल पहले आया था। एक ज़ोरदार धमाका हुआ, और टकराव का तीव्र प्रभाव और एक भारी दबाव मेरे शरीर में उमड़ पड़ा। उसने कार को ट्रक में घुसा दिया था, जिससे मेरा पक्ष ज़्यादा चोटिल हुआ और हम दूसरे वाहन के पिछले हिस्से के नीचे आ गए।

मैं ही अकेली थी, जिसे गहरी चोटें आईं, जो बाद में घाव बनकर रह गईं, भयंकर नीले निशान, और दर्दनाक हड्डियां टूटीं; जबकि ड्राइवर बिना किसी खरोंच के निकल गई। और मैं आपको बताऊं: इस अनुभव, इस ''कोने के चारों ओर की जल्दी यात्रा'' से, जिसे से मैं लगभग वापस नहीं आ पाई, मुझे केवल एक व्यक्ति पर गुस्सा महसूस हुआ : *ख़ुद पर।* जब मैंने दुर्घटना से शारीरिक रूप से ठीक होना शुरू किया, तो मैंने उस दिन की घटनाओं में गहराई से जानना शुरू किया। जो कुछ भी हुआ उसके लिए मैं ज़िम्मेदार थी, क्योंकि मैंने उसके लिए दरवाज़ा खोला था। मैंने सचमुच परेशानी के लिए दरवाज़ा खोला। मुझे बेहतर पता था, है ना? क्या चीज़ एक समझदार व्यक्ति को इतना मूर्ख बना सकती है कि वह किसी ऐसे व्यक्ति के साथ कार में बैठ जाए, जिसने पी रखी हो? मैं वहां कैसे पहुंच गई?

मैंने पीछे मुड़कर देखा, तो एहसास हुआ कि मैंने वास्तव में उस दिन से बहुत पहले ही इस ''दरवाज़े को खोल दिया था।'' मैंने दोहरी ज़िंदगी जीना शुरू कर दिया था, ऐसे लोगों के साथ समय बिताना, जो ख़ुद की ज़िंदगी में विषाक्त थे और मुझे अपने छोटे से संसार में आमंत्रित कर लिया था। कहीं न कहीं, मैंने ख़ुद को खो दिया था। मैंने अपना नियंत्रण खो दिया था और उन लोगों के साथ समय बिताना शुरू कर दिया था, जो अपनी दुर्दशा में जी रहे थे और मैं भी उनकी तरह बन गई थी।

पीछे मुड़कर देखने पर, मुझे उस कार में कभी नहीं बैठना चाहिए था- यह तो स्पष्ट है! मैं आभारी हूं कि मेरी तब की दोस्त बिना किसी चोट के बच गई और समय के साथ मेरी ख़ुद की चोटें भी ठीक हो गईं। लेकिन उस दिन का सबक़ मेरे दिमाग़ में गहराई से बैठ गया; ऊर्जा समान ऊर्जा को आकर्षित करती है- और मेरी मानसिक स्थिति ने मुझे उस स्थान पर पहुंचा दिया था।

तो उस अनुभव के बाद मेरे लिए क्या बदला? इतनी नकारात्मक घटना ने मुझे कैसे ऊर्जा दी? मैंने अपनी ज़िंदगी को निस्संदेह, बिना किसी फ़िल्टर के देखा- कोई मीठी बातें नहीं, और मैंने ख़ुद को अपनी वास्तविकता का सामना करने के लिए मजबूर किया। अच्छे, बुरे और वे चीज़ें जो मुझे उन लोगों के साथ विचलित होने की ज़रूरत महसूस कराती थीं, जो वास्तव में मेरी सच्ची मूल्यों के साथ मेल नहीं खाते थे। मैं अपने जीवन में दुखी नहीं होना चाहती थी–और निश्चित रूप से मैं किसी और ख़राब क्षणिक निर्णय के परिणामस्वरूप एक अंक भर बनना नहीं चाहती थी।

वहां से कुछ समय लगा, लेकिन प्रत्येक बदलाव के साथ जिसे मुझे करना था, उन सभी क्षेत्रों में जहां मैं असंतुष्ट महसूस करती थी, मैंने हल्का और अधिक ऊर्जावान महसूस करना शुरू कर दिया। यह आसान रास्ता नहीं था, और ध्यान भटकाने और अस्थायी समाधान को समाप्त करने का मतलब था कि हर दिन मुश्किल चीज़ों का सामना करना। लेकिन मैं अपने और अपने बच्चों के लिए एक

बेहतर जीवन की ओर क़दम बढ़ा रही थी, और कुछ भी अधिक प्रेरणादायक नहीं था यह जानने से कि प्रत्येक क़दम, चाहे कितना भी कठिन हो, मुझे एक बेहतर दिशा में ले जा रहा था।

क्या मैं आपको बता सकती हूं? तब से, जब मैंने अपने जीवन के सबसे उदास दिनों में भी, जब मैंने सबसे थका-हारा महसूस किया है, मेरी ऊर्जा सकारात्मक ही रहती है। वास्तव में! क्योंकि मुझे पता है कि मैं जो कुछ भी कर रही हूं और जिन चीज़ों को मैं अपनी ऊर्जा दे रही हूं, किसी न किसी तरह से मेरे उद्देश्य के साथ संगत हैं। और यह मेरी ऊर्जा आपूर्ति को पुनः भरने का काम करता है।

ऊर्जा पिशाचों से बचना

जब मैंने उस दिन अपने चुनावों और उस स्थिति के लिए ज़िम्मेदारी ली तथा उन चीज़ों को, जिनके बजह से मैं वहां पहुंची थी, मैंने पूरी ज़िम्मेदारी ली। उस अनुभव से एक और महत्त्वपूर्ण सीख यह थी : जिस प्रकार सही लोग आपको सकारात्मक और स्वस्थ तरीक़े से प्रेरित करेंगे, वहीं ग़लत लोग और परिस्थितियां आपको निराश करेंगी।

आपको ऊर्जा चुराने वालों से सावधान रहना चाहिए। ये वे लोग होते हैं, जो अनंत गप्पें, थकाने वाली बातचीत, और नकारात्मक ऊर्जा भरे रहते हैं। ज़रूरी नहीं है की ये लोग बुरे हों, लेकिन ख़तरा यह है कि वो दूसरों के जीवन की आलोचना और सराहना में इतना व्यस्त रहते हैं कि ख़ुद के जीवन की समस्याओं से बच सकें, और वो आपको भी इस विषाद के घेरे में लपेट लेते हैं। ये ''डेब्बी डाउनर्स'' आपको अपने ज़हरीले वातावरण में लुभा लेंगे और अगर आप सतर्क नहीं रहे तब आप भी उनके जैसे ही बन जाएंगे। मैं सबसे पहले यह स्वीकार करने वाले लोगों में हूं कि थोड़ी-बहुत रसदार गपशप मनोरंजक हो सकती है। परंतु ये ऊर्जा शोषक किसी और चीज़ के बारे में बात ही नहीं करते। तुलनात्मक रूप से अन्य लोगों के संघर्ष उनकी ऊर्जा और उनकी आत्मछवि दोनों को बढ़ावा देते प्रतीत होते हैं। वे अक्सर निर्दयी और क्रूर होते हैं, और आपको अपने इर्द-गिर्द में उस प्रकार की ऊर्जा की आवश्यकता नहीं होती है। इनमें से कई थकाऊ व्यक्तित्व वाले लोग हर चीज़ में नकारात्मकता ढूंढ़ने में सक्षम होते हैं। वे ''जीवन पीड़ित'' हैं, और बाक़ी सभी लोग ग़लत हैं; किसी भी चीज़ में कभी भी उनकी ग़लती नहीं होती या उनका किया हुआ कुछ नहीं होता। यदि आप उन्हें पूरी तरह से बंद नहीं कर सकते हैं, तो सीमाएं निर्धारित करना सुनिश्चित करें और उनके नकारात्मक आख्यानों में शामिल होने से बचें। सिर्फ़ इसलिए कि वे बाहर की ओर बढ़ रहे हैं, आप उस ज़हरीले बवंडर में कूदने के लिए बाध्य नहीं हैं।

मुझे एक जोड़े की याद आ रही है, जिन्हें हम गर्मियों के कॉटेज समुदाय के दौरान जानते थे। वे पास की प्रॉपर्टी पर रहते थे। जब कॉटेज ''खिलौने'' की बात करें, तो उनके पास वे सभी चीज़ें थीं : नावें, जेट स्की, और सभी उच्च-स्तरीय गैजेट जिनकी आप कल्पना कर सकते हैं। उनकी कुटिया गर्मियों के लिए सर्वोत्तम विश्राम स्थल थी। यह उदाहरणीय जगह थी। और मुझे विशेष रूप से एक सप्ताहांत याद है, जब झील के सभी पड़ोसी पॉट लक-शैली के कार्यक्रम के लिए एकत्र हुए थे। यह जोड़ा अद्भुत व्यंजनों के साथ आया, जो उन्होंने केवल इस अवसर के लिए तैयार किया था। मैंने मन में सोचा कि *यह कितनी अच्छी बात है, यह व्यक्ति सफल और उदार है, और यह अपने वक़्त और इस जगह का ख़ूब लुफ़्त उठा रहा है।* कौन ऐसी दावत का लुफ़्त नहीं उठाएगा? यह मज़ेदार था और हम भाग्यशाली होने की अनुभूति के साथ ही उनकी उदारता को सराह रहे थे।

आप कभी नहीं सोचेंगे की ऐसा उदार पड़ोसी कभी कोई नकारात्मक भाव को चिंगारी देगा। हर कोई किसी दूसरे को बिना ईर्ष्या महसूस किए नहीं देख सकता है। और दुर्भाग्य पूर्ण रूप से, जैसा कि जीवन में होता आया है, अक्सर सबके बीच ऐसा आदमी होता ही है, जिसके पास कुछ नकारात्मक कहने के लिए हो। मुझे साफ़-साफ़ याद है, अगले बसंत एक बातूनी पड़ोसी ने ख़ुशी-ख़ुशी एक ख़बर प्रदान की। ज़ाहिर है, हमारे धनी, उदार पड़ोसियों को कठिन समय का सामना करना पड़ा था। कुछ वित्तीय कारणों से उनका तलाक़ हो गया था। इनमें से किसी का भी इस बात से कोई लेना-देना नहीं था, और यह देखकर कि यह पड़ोसी दूसरे लोगों के दुख में कितना आनंद ले रहा है, मुझे बहुत निराशा हुई। यह देखना काफ़ी विक्षुब्ध कर देने वाला था कि कैसे कोई व्यक्ति उस आदमी के दुःख को बताने के लिए कितना उत्सुक था, जिससे उसे केवल फ़ायदा मिला हो। साथ ही उसे इस दुःख भरी ख़बर को फैलने से जो आनंद आ रहा था उसकी तनिक भी शर्म नहीं थी। ''थूकने -योग्य'' क्षणों के बारे में बात करें तो इस पड़ोसी को ऐसी बात पर गपशप करते हुए सुनना, जिसका उनसे कोई लेना-देना नहीं है, उन क्षणों में से एक था।

कहानी का सार : ऊर्जा पिशाचों के साथ उलझकर अपना क़ीमती समय और ऊर्जा बर्बाद नहीं करें। वे मेज़ पर जो कुछ भी ला रहे हैं, उसमें से किसी से भी आपको लाभ नहीं होने वाला है। इसके अलावा, जीवन छोटा है। दयालु हों; दूसरों की भलाई की कामना करें; और अपनी चिंता करें। अपने काम से काम रखें-क्योंकि यही एकमात्र व्यवसाय है, जो आपका है।

घर पर ऊर्जा का प्रबंधन

ऊर्जा पिशाचों के अलावा, आपकी व्यक्तिगत ऊर्जा के लिए एक और ख़तरा अक्सर उस स्थान से आता है, जहां आप सबसे कम सतर्क महसूस करते हैं - आपका घर। और जबकि कई चीज़ें जो हमें हमारे जीवन के इस क्षेत्र में ले जा सकती हैं, वे अच्छे इरादों और प्यार में निहित हैं। हमें अभी भी सचेत रहने की आवश्यकता है कि वे हम पर किस प्रकार प्रभाव डाल रहे हैं, यह पहचानना ज़रूरी है कि कब वे सामान्य से आगे बढ़ जाते हैं और हमारे शारीरिक या मानसिक स्वास्थ्य के लिए हानिकारक हो जाते हैं।

जब कोविड-19 आया, तो हमारी ऊर्जा के स्तर को ऊंचा रखना कई लोगों के लिए विशेष रूप से कठिन हो गया। आंशिक रूप से इसलिए क्योंकि हमारे घर और कार्यस्थल के जीवन को अलग रखना बहुत कठिन था। हमारे दो प्रमुख दैनिक वातावरणों के बीच की रेखा धुंधली हो गई थी। जिससे हमारे खांचे ढूंढ़ना और ईंधन भरने के लिए समय और स्थान बनाना कठिन हो गया।

हम आम तौर पर घर को एक सुरक्षित स्थान मानते हैं, जहां हम आराम कर सकते हैं और तरोताज़ा हो सकते हैं। लेकिन साथ ही, पारिवारिक स्थितियां सबसे अधिक ऊर्जा की मांग करती हैं। घर वह जगह भी है, जहां हम ख़ुद का सबसे ईमानदार और कच्चा संस्करण होते हैं। घर पर चीज़ों का महत्त्व हमारे जीवन के किसी भी अन्य क्षेत्र से भिन्न होता है, क्योंकि वहां बहुत कुछ दांव पर लगा होता है।

2020 में, हमारे घर का परिदृश्य बदल गया। वह अचानक हमारे 24/7 वातावरण के रूप में काम करने लगा - घर अब हमारा कार्यालय, जिम, कक्षा, डेकेयर सेंटर और यहां तक कि ''डेट नाइट'' गंतव्य भी बन गया। कुछ लोगों के लिए, उनके घर अब स्वस्थ नहीं रहे और यहां तक कि ज़हरीले भी हो गए। दूसरों के लिए, घर पर रहना वास्तव में फिर से जुड़ने का मौक़ा दिया। हमने संचार अंतराल को पाटने और अपनी दिनचर्या को समायोजित करने, फ़ेसटाइम और ज़ूम के माध्यम से लोगों को अपने निजी जीवन में लाने के लिए काम किया। यहां तक कि एलेन डीजेनरेस (ख़ास प्रशंसक!) जैसी हस्तियां भी अपने लिविंग रूम में ''सामाजिक रूप से दूर'' पीछे खड़े निर्माताओं से भरकर! अपने दर्शकों से जुड़ी रहीं।

चाहे इस अनुभव के दौरान हमारे घरेलू वातावरण पर सकारात्मक या नकारात्मक प्रभाव पड़ा हो। सार्वभौमिक, तत्काल प्रभाव हमारे व्यक्तिगत ऊर्जा भंडार पर पड़ा। जिसके बाद हमें जीवन का एक नया, टिकाऊ तरीक़ा खोजने की कोशिश में अगले दो साल (और जारी है) बिताने के लिए मजबूर होना पड़ा।

अब, जैसे-जैसे दुनिया पटरी पर लौट रही है, मैं सचमुच मानती हूं कि इस दौरान हमने जो सबक़ सीखे, उससे हमें अपने घर और परिवार के परिदृश्य की फिर से कल्पना करने में मदद मिली है। और हमें सिखाया है कि कैसे हमें ख़त्म करने के बजाय वे हमारी सेवा कर सकते हैं। इसका मतलब यह है कि हम घर पर अपने निजी संसाधनों को कैसे ख़र्च करते हैं, इसके प्रति अतिरिक्त सचेत रहना। सच तो यह है कि ज़्यादातर लोगों के लिए परिवार ही सब कुछ है। और हम हमेशा अपने प्रियजनों को 100 प्रतिशत देने का लक्ष्य रखेंगे। लेकिन आप वह नहीं दे सकते जो आपके पास नहीं है। इसलिए यदि आप सभी को ख़ुश रखने के लिए लगातार दोनों सिरों पर मोमबत्ती जला रहे हैं (मैं आपकी स्थिति समझती हूं!), तो आपको एक क़दम पीछे हटना होगा और आकलन करना होगा। क्या ऐसी ज़िम्मेदारियां हैं, जिन्हें आप संभाल रहे हैं, जिन्हें घर पर दूसरों के बीच साझा किया जा सकता है? क्या आप इसे ज़्यादा कर रहे हैं, जबकि वास्तव में आप थोड़ा पीछे हट सकते हैं और अपने आप को अधिक आराम दे सकते हैं? इसके मूल में, हम प्रेम के कारण अपने परिवारों को अपना अधिकतम लाभ देते हैं। लेकिन जब आप कुछ स्वस्थ सीमाएं निर्धारित करना और घर में अधिक संतुलित परिदृश्य बनाना सीख जाते हैं। आपको वास्तव में घर पर समय का आनंद लेना बहुत आसान लगेगा - और विशेष रूप से, अपने परिवार के साथ बिताया गया समय।

अपनी स्वयं की ऊर्जा बढ़ाने वाली रणनीतियां ढूंढ़ना

दोहराने के लिए, जुनून ऊर्जा को प्रेरित करता है, और परिवार आपके सबसे बड़े जुनूनों में से एक है - जहां से आपको अपना ईंधन मिलता है। लेकिन क्या होगा अगर आपको वह जुनून नहीं मिला, जो आपको ऊर्जावान बनाता है? रिचार्ज़ करने के लिए आप किस पर निर्भर रह सकते हैं?

हर कोई अपनी-अपनी यात्रा पर है, और हर कोई अपनी गति से आगे बढ़ रहा है। यह *पहचानना* कि आपने अभी तक अपने उद्देश्य को पूरा नहीं किया है, वास्तव में यह पहला महत्त्वपूर्ण क़दम है! वहां से, यह सब समय और प्रयास का *निवेश* करने के बारे में है कि आप जीवन से क्या चाहते हैं।

ऐसा क्या है, जो आपको अच्छा महसूस कराता है? क्या चीज़ आपको जीवित महसूस कराती है? आपको क्या बेचैन कर रहा है? आपको अपने सुविधा क्षेत्र से बाहर जाने के लिए क्या प्रेरित कर सकता है? आपके लिए सफलता का क्या मतलब है? अपना जुनून - या एकाधिक जुनून - ढूंढ़ना एक आजीवन अभ्यास हो

सकता है, लेकिन इसका मतलब यह नहीं है कि आपको अपनी ऊर्जा स्रोत खोजने के लिए हमेशा इंतज़ार करने की ज़रूरत है। अकेले प्रक्रिया ही सशक्त हो सकती है। और निस्संदेह, आपका *इरादा* आपका मार्गदर्शन कर सकता है, आपको ऊर्जावान बना सकता है और आपका ध्यान केंद्रित रख सकता है।

इस बीच, बहुत सारे अन्य ऊर्जा स्रोत और रणनीतियां हैं, जिनकी ओर आप रुख़ कर सकते हैं। एक ऐसी दुनिया में जहां अगर आप इसकी अनुमति दें तो ऐसा प्रतीत होता है कि आपके आसपास की हर चीज़ आपकी ऊर्जा को ख़त्म कर देगी। आपको अपना स्वयं का शक्ति स्रोत बनने की आवश्यकता है। आगे बढ़ने की ताक़त और क्षमता के लिए ख़ुद पर भरोसा रखें। आप अपने सबसे बड़े प्रशंसक बनें, और निर्धारित सीमाएं बनाए रखें। और जैसा कि हमने पहले कहा है, छोटी-छोटी चीज़ें मायने रखती हैं, इसलिए ऊर्जा बढ़ाने को अपनी दैनिक आदतों में से एक बनाने के लिए कुछ त्वरित रणनीतियां अपनाने में कभी हर्ज़ नहीं होता।

एक युक्ति यह है कि ठंडे स्नान को गंभीरता से लें! ठंडा पानी रक्त संचार को बेहतर बनाकर सतर्कता बढ़ाने में मदद करता है। एक अतिरिक्त लाभ के रूप में, यह तनाव के स्तर को भी कम करता है, आपकी प्रतिरक्षा प्रणाली में सुधार करता है, और यहां तक कि वज़न घटाने को भी प्रेरित करता है! मैं इसके बारे में सोचकर ही कांप रही हूं-लेकिन जब आप सभी लाभों पर विचार करते हैं, अपने दैनिक शॉवर रूटीन में बस एक मिनट के लिए भी ठंडा-से-ठंडा पानी शामिल करना उचित है!

एक और युक्ति जिसका प्रतिदिन अभ्यास किया जा सकता है, वह है साधना। कुछ व्यक्तिगत अनुष्ठान जो आपको रिचार्ज़ करने में मदद करते हैं। यह आपके द्वारा त्वरित पहुंच के लिए अपने फ़ोन पर सहेजे गए किसी पसंदीदा उद्धरण को पढ़ना या सुनना हो सकता है। उन दृश्यों से प्रेरणा पाना जो आपके साथ मेल खाते हैं (यह वह जगह है, जहां पिंटरेस्ट बोर्ड वास्तव में अच्छा काम करते हैं!) या जब आपको अनुस्मारक की आवश्यकता हो तो आपके द्वारा सहेजी गई प्रेरक ऑडियो क्लिप को सुनना। यह संक्षिप्त और सरल हो सकता है; इसे पूर्ण स्पा दिवस होने की आवश्यकता नहीं है। एक गाना, एक मोमबत्ती, कुछ भी जो परिचित हो और जो आपको उस पल में स्थिर कर सके, आपको ऊर्जा भरने में मदद करेगा।

ऊर्जा को संरक्षित करना उतना ही महत्त्वपूर्ण हो सकता है, जितना इसे बढ़ाना, और मेरी तीसरी तरकीब में बस यही शामिल है। कार्यस्थल पर मेरी एक कहावत है : ''प्रवेश करने से पहले अपना सामान दरवाज़े पर छोड़ दें।'' और मैं इस बात पर भी ज़ोर देती हूं कि घर पर, हम अपनी कामकाजी समस्याओं को अंदर नहीं लाते हैं। जब आपको बाहरी समस्याओं को अपने घर या कामकाजी जीवन में लाने की आदत हो जाती है, आप ख़ुद को फ़ोकस खोने का बहाना देते हैं और

किसी भी नकारात्मक ऊर्जा को सकारात्मक चीज़ों में हस्तक्षेप करने देते हैं। लेकिन जब आप अपने जीवन को विभाजित करने की आदत अपनाते हैं, तो आप वहां नाटक लाने से बच सकते हैं, जहां इसका कोई संबंध नहीं है। सीमाएं निर्धारित करने से आपको एक वातावरण से दूसरे वातावरण में जाने में मदद मिल सकती है, बिना किसी अतिरिक्त बोझ के। आप अपनी समस्याओं से भाग नहीं सकते, लेकिन आपको पूरे दिन अपने आसपास चल रही हर समस्या का बोझ ढोने के लिए ख़ुद को मजबूर नहीं करना चाहिए। आपको जो कुछ भी चाहिए उसे उसके उचित स्थान और समय में संभालें, उसे अपने जीवन के हर दूसरे कोने तक पहुंच प्रदान किए बिना। अपने विवेक, अपने स्थान और अपने ऊर्जा भंडार को स्वस्थ सीमाओं और इस जागरूकता के साथ सुरक्षित रखें कि दूसरे लोग आपको कैसे प्रभावित करते हैं।

अंत में, असफलताओं के बावजूद भी सकारात्मक बने रहें- और हमेशा ख़ुद पर हँसने की क्षमता बनाए रखें! आपके भीतर वह सब कुछ है, जो आपको चाहिए, और अब तक, आप अपने सबसे बुरे दिनों से 100 प्रतिशत बच चुके हैं। आपको यह मिल गया है!

कार्रवाई आइटम #10 : अभ्यास
भीतर से रिचार्ज़िंग।

अपने जीवन में उन लोगों को पहचानें, जो आपको उत्साहित करते हैं। इस बात का जायजा लें कि आपके काम और घर के वातावरण में ऊर्जा नालियां कहां छिपी हुई हैं। और एक सरल, दैनिक व्यक्तिगत अनुष्ठान विकसित करें बिना किसी महत्त्वपूर्ण समय या वित्तीय निवेश के आपको तुरंत रिचार्ज़ कर सकता है।

आदत 11

अपनी सोशल मीडिया उपस्थिति को संचालित करें

''यदि आप सोशल मीडिया पर हैं और आप सीख नहीं रहे हैं, हँस नहीं रहे हैं, आपको प्रेरणा नहीं मिल रही है, या फिर आप नेटवर्क नहीं कर रहे हैं, तो इसका अर्थ यह है कि आप सोशल मीडिया का ग़लत प्रयोग कर रहे हैं।''

– जर्मनी केंट

मैंने हाल ही में सोशल मीडिया से लगभग एक साल का ब्रेक लिया है। मैंने अभी-अभी अपने निजी पेज को अनप्लग किया है और विराम लिया है। हम सभी अभी भी महामारी के बीच में थे, और सोशल मीडिया प्लेटफ़ॉर्म पर जुड़ाव की रिकॉर्ड-तोड़ संख्या देखी जा रही थी। यह तब था, जब मैं अन्य चीज़ों के अलावा स्वास्थ्य संबंधी चिंताओं से जूझ रही थी और ईमानदारी से कहूं तो सोशल मीडिया पर रहना बहुत बोझिल लगने लगा था। इसे लगातार चालू रखने के लिए यह मुझे एक अप्रामाणिक दिशा में ले जा रहा था, मैं वास्तव में नहीं चाहती थी, चीज़ों को ''बाहर रखना, जब तक कि वह सही जगह से नहीं आ रही हो।''

इसलिए मैंने ब्रेक लिया। और आपको पता है? मैं बच गई!

ब्रेक ने मुझे वह समय और स्थान दिया, जिसकी मुझे पुनर्मूल्यांकन करने के लिए आवश्यकता थी कि मैं इस सोशल मीडिया की दुनिया में अपना स्थान क्या चाहती हूं। जब तक मुझे पता नहीं चलता कि वह क्या था, बेहतर था कि मैं उसे विराम दूं।

मेरी अनुपस्थिति ज़रा भी उपेक्षित नहीं थी, और लोगों को ''चेक इन'' करने में ज़्यादा समय नहीं लगा। मैं मानूंगी; यह जानना सुखद था कि जब मैंने प्लेटफ़ॉर्म से लॉग-ऑफ़ किया तो लोगों ने ध्यान दिया। मेरा ऑनलाइन समुदाय अभी भी कई लोगों से बना एक नेटवर्क था, जो मेरे व्यक्तिगत और पेशेवर ''वास्तविक जीवन'' का हिस्सा थे, इसलिए मुझे पता था कि उन्हें कुछ जिज्ञासा हो सकती है। मैंने निश्चित रूप से इसकी सराहना की जब लोगों ने कहा कि वे मेरी पोस्ट और फ़नी छोटे वीडियो को मिस करते हैं, लेकिन मुझे अभी भी यह पता लगाने की ज़रूरत थी कि सोशल मीडिया मेरे लिए कितना प्रासंगिक है।

उस समय, दुनिया में लगभग 3.5 *बिलियन* सक्रिय सोशल मीडिया उपयोगकर्ता थे। यह सही मायने में दुनिया की लगभग आधी आबादी के बराबर है। इस ग्रह पर जीवित, सांस लेने वाले आधे मनुष्य ऑनलाइन थे। यह सोचना आश्चर्यजनक है कि केवल बीस वर्षों में हम कितना आगे आ गए हैं, जब पहला सोशल मीडिया प्लेटफ़ॉर्म, सिक्स डिग्रीज़ लॉन्च किया गया था। (क्या वो किसी को यह याद है?) ऑनलाइन सोशल नेटवर्किंग की अवधारणा हममें से अधिकांश के लिए पूरी तरह से विदेशी थी, और केवल तीन छोटे दशकों में, अब हम अपनी दुनिया को एक-दूसरे के साथ साझा करने के लिए वैश्विक स्तर पर एक साथ आए हैं। ऑनलाइन।

दूर से जुड़ाव के इस विचार ने सामाजिक संपर्क के मामले में खेल को पूरी तरह से बदल दिया है। और जबकि मैं यह स्वीकार कर सकती हूं कि शुरू में मैं इस बात को लेकर झिझक रही थी कि सोशल मीडिया मेरे जीवन में क्या भूमिका निभा सकता है (या निभाना चाहिए), मुझे कहना होगा कि मैं वास्तव में इसमें सफल हो गई हूं! जिस तरह से मैं इसे देखती हूं, सोशल मीडिया की ताक़त उसके उपयोगकर्ताओं में निहित है। प्रौद्योगिकी अपने आप में पूर्णता के क़रीब है; मंच मुफ़्त हैं, और पहुंच असीमित है। एक आओ, सब आओ, है ना? चाहे वह सफल हो या विफल, यह मानव चर पर निर्भर करता है। यह हम पर निर्भर है।

और आधी दुनिया देख रही है, सोशल नेटवर्किंग में कुछ बड़े जोख़िम और नुक़सान हैं, जिनसे बचना चाहिए, और इन्हें अपने दैनिक अभ्यास के हिस्से के रूप में शामिल करना ऑनलाइन दुनिया के साथ एक सफल रिश्ते के लिए सर्वोपरि है।

एक चेतावनी यह है कि हमारी ऑनलाइन उपस्थिति बहुत सहज हो रही है, क्योंकि प्रलोभन ऐसे प्लेटफ़ॉर्म्स पर बेहद अधिक साझा किए जा रहे हैं। जीवन के किसी भी क्षेत्र की तरह, अपने रिश्तों के साथ स्पष्ट सीमाएं निर्धारित करना आपके आत्म-देखभाल और विवेक के लिए स्वस्थ और आवश्यक है। यह आपके ऑनलाइन समुदाय के लिए भी लागू होता है! अपने सोशल मीडिया प्लेटफ़ॉर्म को नो-फ़िल्टर ज़ोन के रूप में मानना सही नहीं है; यह गैर ज़िम्मेदाराना व्यवहार है।

याद रखें, इंटरनेट हमेशा के लिए है, इसलिए कुछ भी पोस्ट करने से पहले आपको बचना पड़ेगा – आक्रोश भरे ट्वीट्स से जो किसी को ठेस पहुंचा सकते हैं या क़रीबी दोस्तों के साथ नाइट आउट की गंदी तसवीरें – इस पर विचार करने के लिए एक मिनट का समय लें। यदि आप अभी भी सोचते हैं कि संदेश साझा करने लायक़ हो सकता है (3.5 अरब लोगों के साथ), तो इसे अपने ड्राफ़्ट में सहेजें और उस पर सोएं। पश्चाताप करने से बेहतर है सुरक्षित रहना!

अपने दर्शकों को जानना भी ज़रूरी है। वास्तविक जीवन में (या सोशल मीडिया भाषा में ''आईआरएल''), आप ख़ुद को कैसे प्रस्तुत करते हैं यह आम तौर पर सुसंगत होता है, लेकिन यह आपके वातावरण के आधार पर थोड़ा भिन्न होता है। आप काम के दौरान अपने बालों को उसी तरह खुला नहीं होने देंगे, आप काम पर अपने बालों को उसी तरह नहीं रखेंगे, जिस तरह आप घर पर करते हैं, और सहकर्मियों के साथ आपका व्यक्तित्व आपके क़रीबी दोस्तों के बीच व्यवहार करने के तरीक़े से भिन्न होता है। यह नक़ली नहीं है; यह सिर्फ़ अच्छा सामान्य ज्ञान है। आख़िरकार आप अभी भी आप ही हैं। आप बस *अपने दर्शकों को जानें* और उसके अनुसार कार्य करें।

इंस्टाग्राम जैसे सोशल मीडिया प्लेटफ़ॉर्म पर यह अलग है, जहां जोख़िम *अनजाने में ग़लत बयानी* का है। आप कुछ बेहतरीन साझा करने के लिए इच्छुक और उत्सुक हो सकते हैं, लेकिन क्योंकि आपके पास हमेशा संदर्भ के लिए जगह नहीं होती है, दर्शक शायद यह नहीं बता पाएंगे कि आप गंभीर हैं या व्यंग्यात्मक। वे किसी चीज़ को विवादास्पद मान सकते हैं, जिसे आपने उस तरह से नहीं देखा था। वे किसी ऐसे संदेश का बुरा मान सकते हैं, जिसके बारे में आपको पता भी नहीं चला होगा कि वह आपके पास आ रहा है। संभावित मिसफ़ायर की सूची चलती रहती है। यह आपके सामने बैठे लोगों के साथ पूरी कहानी साझा करने जैसा नहीं है। इंस्टाग्राम जैसे प्लेटफ़ॉर्म पर, यह कुछ शब्दों और कुछ हैशटैग के साथ दुनिया के सामने पेश की गई एक छवि तक सीमित हो जाता है। यह लोगों के लिए अपनी पसंद के अनुसार आत्मसात करने, व्याख्या करने और निर्णय लेने के लिए उपलब्ध है।

सोचने वाली एक और महत्त्वपूर्ण बात यह है कि आपका सोशल मीडिया जीवन आपकी दैनिक दिनचर्या में कैसे फ़िट बैठता है। मेरी इस बात को बकवास कहिए, लेकिन मैंने अपने आसपास बहुत से लोगों को देखा है, व्यक्तिगत और पेशेवर दोनों तरह से, सोशल मीडिया पर असफल होते हैं–या इसके कारण जीवन के अन्य पहलुओं में असफल होते हैं। 2021 तक, अठारह से चौंतीस वर्ष की आयु के अमेरिकी उपयोगकर्ताओं ने औसतन आठ सोशल मीडिया अकाउंट चलाए, और ये संख्या लगातार बढ़ रही है। मुफ़्त और आसानी से सुलभ सोशल मीडिया

प्लेटफ़ॉर्म की कोई कमी नहीं होने के कारण, जोख़िम यह है कि आप आसानी से उन अन्य चीज़ों से विक्षिप्त हो सकते हैं जो आपके दिन के लिए महत्त्वपूर्ण हैं।

ज़रा इसके बारे में सोचें : आप कितनी बार जागे, बिस्तर से उठने से पहले अपना फ़ोन उठाया और इंस्टाग्राम फ़ीड स्क्रॉलिंग के दलदल में गिर गए? इससे पहले कि आप यह जानें, एक घंटा (या अधिक!) बीत चुका है, और आपके पास नवीनतम वायरल वीडियो के कुछ शेयरों, कुछ मज़ेदार मीम्स और जीवन पर एक अपडेट के अलावा निवेश किए गए उस समय के लिए दिखाने के लिए कुछ भी नहीं है। उस सुबह पोस्ट करने वाले सभी लोगों में से। यहां बिलकुल भी अभूतपूर्व चीज़ नहीं है। और हालांकि सोशल मीडिया की मौज-मस्ती में भाग लेने में कोई बुराई नहीं है, लेकिन आपको सावधान रहना होगा कि इस प्रक्रिया में आप वास्तविक जीवन से नहीं चूक जाएं।

व्याकुलता दूसरे तरीक़े से भी दिखाई देती है। जब हम दूसरों के आकर्षक, फ़िल्टर्ड जीवन को देखने में इतना समय बिताते हैं (जैसा कि वे वैसे भी दिखाई देते हैं), हम वास्तविकता से विचलित हो जाते हैं उससे जो वास्तव में मायने रखता है। मुझे ग़लत मत समझो; उनमें से कुछ फिल्टर के साथ खेलना मज़ेदार हो सकता है - मैं स्वीकार कर सकती हूं कि मुझे सुपरफ़्लैटरिंग ''ब्यूटी कैम'' बहुत पसंद था। लेकिन ''संपूर्ण'' चेहरों और क्यूरेटेड पोस्ट के पीछे आसक्त होकर उस स्थान पर रहकर अपना दिन बर्बाद नहीं करें; यहां वास्तविक दुनिया में वह जगह है, जहां और भी कई चीज़ें होती है!

सीएनएन पर 2021 के एक सेगमेंट में, प्रसिद्ध समाचार एंकर एंडरसन कूपर ने सोशल मीडिया पर अपने विचारों के बारे में खुलकर बात की, ख़ासकर युवा लोगों पर इसके प्रभावों के साथ-साथ सामाजिक आउटलेट्स के साथ अपने स्वयं के अनुभवों के बारे में। उन्होंने दोस्तों के साथ बातचीत करने और अपने विशिष्ट हितों को पूरा करने वाले पृष्ठों के माध्यम से स्क्रॉल करने की क्षमता के लिए इंस्टाग्राम जैसे प्लेटफ़ार्मों का आनंद लेना स्वीकार किया, लेकिन नकारात्मक पक्ष यह था कि अक्सर उन्हें लॉग ऑन करने से भी बदतर महसूस होता था।

सोशल मीडिया के मनोरंजन मूल्य और स्पष्ट लाभों पर कोई संदेह नहीं है, लेकिन अत्यधिक एक्सपोज़र ने कई लोगों की कल्पना और वास्तविकता के बीच स्पष्ट विभाजक रखने की क्षमता पर असर डाला है। अपने स्वयं के जीवन की तुलना उन लोगों से करने के प्राकृतिक आवेग का उल्लेख नहीं करना चाहिए, जिन्हें हम दूसरों को उनके ऑनलाइन प्रोफ़ाइल के माध्यम से जीते हुए देखते हैं।

याद रखें : आप उन लोगों के साथ प्रतिस्पर्धा में नहीं हैं, जिन्हें आप ऑनलाइन देखते हैं, और वह सभी क्यूरेटेड छवियां किसी के जीवन के पूर्ण दायरे को प्रतिबिंबित नहीं करती हैं।

तो आपको अपना स्थान सोशल मीडिया पर कैसे बनाना *चाहिए*? यह सब इस बात पर निर्भर करता है कि क्या आपकी प्रोफ़ाइल निजी होगी, क़रीबी दोस्तों और परिवार के लिए आरक्षित होगी, या सार्वजनिक होगी और बिना किसी प्रतिबंध के दुनिया के देखने के लिए उपलब्ध होगी। एक और विचार यह है कि क्या आप एक व्यावसायिक मंच बनाना चाहते हैं और अपना ब्रांड ऑनलाइन बनाना चाहते हैं, या यदि यह एक सिर्फ़ शौक का स्थान है, जो समान रुचियों वाले लोगों तक पहुंचने और आपके रचनात्मक पक्ष को पोषित करने के लिए डिज़ाइन किया गया है। इन सवालों का जवाब देने में सक्षम होने से आप सोशल नेटवर्किंग के साथ अपने लक्ष्यों को परिभाषित करने के क़रीब आ जाएंगे और आप इसके साथ अपने दैनिक अनुभव का अधिकतम लाभ उठा सकेंगे।

आपके इरादे और सोशल मीडिया को प्रबंधित करने में आप जितना समय बिताते हैं, वह तय करेगा कि आपको इससे क्या मिलेगा।

व्यापार जगत में सच्चाई यह है कि आप सोशल मीडिया मशीन से बच नहीं सकते। यह महाकाव्य की तरह का एक पावरहाउस है और तकरीबन हर पेशेवर उद्योग में एक प्रमुख भूमिका निभाता है। सीधे शब्दों में कहें तो, यदि आप अपने काम में सफल होना चाहते हैं, तो आपको ऑनलाइन दुनिया को अपनी दिनचर्या में शामिल करना होगा। यह सब इस *इरादे* से शुरू होता है, जैसा कि आपकी 24 की आदतें। आपको यह कहने की ज़रूरत है कि आप सोशल शेयरिंग अनुभव से क्या हासिल करना चाहते हैं, इससे पहले कि आप यह तय कर सकें कि इसमें क्या डालना है।

अकेले 2019 में, सोशल-नेटवर्क विज्ञापन पर 90 बिलियन डॉलर ख़र्च किए गए। वर्तमान में, लगभग पांच सौ मिलियन फ़ेसबुक उपयोगकर्ता प्रतिदिन आठ बिलियन वीडियो देखते हैं, और इंस्टाग्राम पर प्रति दिन नब्बे मिलियन से अधिक तसवीरें साझा की जाती हैं। वहां एक बड़ा संभावित ग्राहक समूह है, जो हर मिनट बढ़ रहा है, और आपके पास दूरी या समय के प्रतिबंध के बिना उन तक पहुंचने के लिए सीधी लाइन है। यदि आपका इरादा ऐसे दर्शकों को संदेश लक्षित करना है, जो पहले से ही आपके उत्पाद या संदेश के बारे में उत्सुक हैं, तो आप अपनी सामग्री को तदनुसार प्रबंधित कर सकते हैं। और यदि आपका इरादा किफ़ायती तरीक़े से बहुत से नए लोगों तक पहुंचने का है, तो सोशल मीडिया आपको इसके लिए भी बहुत सारे विकल्प देता है।

एक और चीज़ जो बहुत सारी सोशल मीडिया गतिविधि को प्रेरित करती है, वह है आपके दर्शकों और आपके उद्योग के बारे में त्वरित प्रतिक्रिया प्राप्त करने

की इच्छा। लगभग सभी प्लेटफ़ॉर्म अंतर्दृष्टि प्रदान करते हैं, जो उपयोगकर्ताओं को यह देखने की अनुमति देते हैं कि उनकी सामग्री *कैसा* प्रदर्शन कर रही है, यह *किस तक* पहुंच रही है, और यह *कब* और *कहां* सबसे प्रभावी रही है। ये जानकारियां आपको उद्योग के रुझानों में शीर्ष पर बने रहने में भी मदद करती हैं और यहां तक कि आपकी मीडिया रणनीतियों की तुलना आपके प्रतिस्पर्धियों से भी करती हैं, जो विभिन्न आकारों और विभिन्न संसाधनों वाले उपयोगकर्ताओं के बीच एक समान अवसर प्रदान कर सकती हैं।

लेकिन आपके इरादे की परवाह किए बिना, सोशल मीडिया द्वारा पेश की जाने वाली सबसे अच्छी चीज़ों में से एक यह है कि यह आपको यह दिखाने की अनुमति देता है कि आप कितने मौलिक हैं और अपने लाभ के लिए अपनी शैली और रचनात्मकता का उपयोग करते हैं। और यहां आपका सबसे बड़ा फ़ायदा *आप* ही हैं। हो सकता है कि आप एक ही व्यवसाय को बढ़ावा दे रहे हों या समान खातों के बीच लोकप्रिय रुचि के लिए अनुयायी बढ़ाने की कोशिश कर रहे हों–लेकिन आप सत्य है। यह परिभाषित करने से कि आप अनुभव से क्या प्राप्त करने की आशा करते हैं, आपको स्पष्ट सीमाओं और लक्ष्यों के साथ इस सामाजिक नेटवर्क में क़दम रखने की अनुमति मिलेगी – जिससे आप रचनात्मक होने के लिए स्वतंत्र हो जाएंगे।

मेरे पास मज़ेदार और ट्रेंडिंग टिक टोक वीडियो और सरल, आकर्षक इंस्टाग्राम रीलों से वायरल होने वाले अन्य वीडियो में भाग लेकर नए क्लाइंट पूल में प्रवेश करने वाले एजेंट हैं। यह देखना अविश्वसनीय है कि कैसे एक सरल लेकिन अभिनव ''हाउस टूर'' वीडियो, सही गति और दृश्य और ऑडियो का उपयोग करके, वायरल हो सकता है और लाखों बार देखा जा सकता है।

मैं इस सोशल मीडिया मशीन की ताक़त को जानती हूं, क्योंकि मैं इसे हर दिन नए तरीक़ों से काम करते हुए देख रही हूं, और मैं इसे प्रेरणा देने के लिए अपने स्थान के रूप में उपयोग करती हूं। मैं अपने अनुयायियों के साथ वास्तविक व्यवहार करती हूं और अपने दैनिक जीवन की झलकियां प्रस्तुत करती हूं, जो मेरे उद्देश्य के लिए प्रासंगिक हैं। सकारात्मकता, प्रेरणा और प्रामाणिकता पर भरोसा करते हुए, मैं दूसरों को बताती हूं कि मेरे लिए क्या काम करता है और क्या चीज़ मुझे जीवन के लिए उत्साहित करती है। बदले में, मुझे दुनिया भर के लोगों से मिलने और सुनने का मौक़ा मिलता है, जो मेरी ऊर्जा साझा करते हैं।

लेकिन मैंने इसे आदत में कैसे बदल लिया? सच तो यह है कि मैं तब पोस्ट करती हूं, जब मैं इसे महसूस कर रही होती हूं, और मुझे लगता है कि जिन क्षणों और चीज़ों को मैं साझा करने के लिए चुनती हूं उनमें मेरा वास्तविक उत्साह सबसे अच्छा होता है। लेकिन आदतें बनाने की कुंजी संरचना और निरंतरता हैं, है ना?

इसलिए, जबकि मैं तब तक पोस्ट नहीं करने के लिए संघर्ष करती हूं जब तक कि कुछ वास्तव में ''सही'' नहीं लगे, मुझे पता है कि यह प्लेटफ़ॉर्म एक उपकरण है जिसे लगातार और तरल तरीक़े से प्रबंधित करने की आवश्यकता है। मैं भाग्यशाली हूं कि एक सोशल मीडिया टीम इस आंतरिक संघर्ष में मेरी सहायता कर रही है। वे जुड़ाव और शेड्यूलिंग के प्रभारी हैं, और यहां मेरी आदत दिन में एक बार अपने सोशल मीडिया पर जांच करना और अपनी टीम से अपडेट प्राप्त करना बन गई है। हर आदत के लिए बड़े समझौते की आवश्यकता नहीं होती। कभी-कभी एक ही परिणाम पर पहुंचने के लिए एक अलग तरीक़ा खोजने की आवश्यकता होती है।

कार्रवाई आइटम #11 : अपने सोशल मीडिया फुटप्रिंट पर एक नज़र डालें, अपने जीवन में इसकी भूमिका के बारे में सचेत विकल्प बनाएं और उस समय की स्पष्ट सीमा निर्धारित करें, जो आप इसे हर दिन देना चाहते हैं।

क्या यह आपके व्यक्तिगत या व्यावसायिक इरादों का प्रतिनिधित्व करता है? क्या आप सही प्लेटफ़ॉर्म पर हैं? क्या आप अपने सहभागिता दृष्टिकोण को लेकर सावधान हैं? याद रखें : 3.5 अरब से अधिक लोग ऑनलाइन हैं... और आपका इंतज़ार कर रहे हैं! यदि आपकी रुचि इसी में है, तो अपने आप को बातचीत और मनोरंजन से वंचित नहीं करें-लेकिन आप इस ऑनलाइन दुनिया को अपना कितना समय दे रहे हैं, इसके लिए ख़ुद को जवाबदेह बनाए रखने के लिए कुछ सीमाएं निर्धारित करें।

आदत 12

अपनी वस्तुसूची बनाएं

"आप आत्म-चिंतन के बिना एक सार्थक जीवन नहीं जी सकते।"

-ओपरा विन्फ्री

विकास के लिए सबसे शक्तिशाली आदतों और उपकरणों में से एक, जिसे आप लागू कर सकते हैं, वह है आत्म-चिंतन, अंत क़रीब आता है, इसलिए मुझे यह विशेष रूप से उपयोगी लगता है। एक ही दिन में बहुत कुछ घटित होता है, और ऐसा महसूस हो सकता है कि यह हमें धुंधलेपन में कहीं दूर कहीं पार ले गया है। हो सकता है कि *आप पहले से ही ख़ुद से पूछें, छह कैसे बज गए? वह दिन कहां गया?*

मेरे दिन अव्यवस्थित हैं-लेकिन बुरे तरीक़े से नहीं। वहां बस इतना कुछ चल रहा है कि, कुछ दिनों में, ऐसा महसूस होता है जैसे कि मैं पलक झपकाती हूं और यह पल पहले से ही छह बजे पर रेंगता रहता है। (ऐसा नहीं है कि कोई विशेष घंटा मेरे लिए बहुत मायने रखता है, मैं कार्यालय तब छोड़ती हूं, जब मैं दिन का काम पूरा कर लेती हूं, ना कि जब घड़ी मुझे बताती है!) यह सिर्फ़ कंधे उचकाने और कहने के लिए आकर्षक हो सकता है, *ओह ठीक है, किसी तरह एक और दिन बीत गया।* लेकिन हमारा विकास इस तरह नहीं होता, क्या ऐसा है?

विकास आत्म-जागरूकता और व्यक्तिगत सूची से आता है। और रोज़ाना एक वस्तुसूची बनाने का अर्थ है हर दिन एक प्रतिबिंब, जवाबदेही और कार्रवाई योग्य अगले क़दमों के बारे में सोचना। हां, यह निश्चित रूप से अधिक काम जैसा महसूस हो सकता है-इसलिए इसे आज़माने में आनंद है। आप थके हुए हो। आप

भरे हुए हो! आप वापस किक मारने और आराम करने के लिए उत्सुक हैं। आख़िरी चीज़ जो आप करना चाहते हैं वह है दिन की घटनाओं को ''रिप्ले'' करना। मैं समझ सकती हूं। आप इंसान हैं–आप रोबोट नहीं हैं! लेकिन बात यह है दोस्तों : हर दिन अपनी प्रगति को देखे बिना, और यहां तक कि मापे बिना, आप यह नहीं जान सकते कि आप सही दिशा में जा रहे हैं या नहीं। इन्वेंट्री लेना भी अगले दिन के लिए अपनी स्लेट साफ़ करने का एक तरीक़ा है। पुराने दिन के बोझ को अपने ज़ेहन में क्यों रखें? अच्छा हो या बुरा, आज को कल में ले जाने का कोई मतलब नहीं है–तो चलिए आगे बढ़ते हैं!

आप जो सोच सकते हैं उसके विपरीत, आत्म-चिंतन, या दिन की सूची बनाना, दिन की घटनाओं के बारे में सोचना और यह सुनिश्चित करना कोई कठिन काम नहीं है कि आपने अपने शेड्यूल में हर छोटी चीज़ पूरी कर ली है। ग़लत, ग़लत, ग़लत। यह इस बात से कम सच नहीं हो सकता कि *प्रभावी* दैनिक चिंतन क्या है।

कैम्ब्रिज डिक्शनरी आत्मावलोकन को ''अपनी भावनाओं और व्यवहार और उनके पीछे छिपे कारणों के बारे में सोचने की गतिविधि'' के रूप में परिभाषित करती है। यह उसके काफ़ी क़रीब है, जिसके बारे में मैं बात कर रही हूं, लेकिन डॉ. गिल ब्राउनिंग, जो आत्मावलोकन की शक्ति में बहुत विश्वास रखती हैं, मेरी सोच के कुछ ज़्यादा क़रीब हैं। वह इमर्जजेनेटिक्स की संस्थापक और सीईओ हैं, यह एक कंपनी जो आनुवांशिकी और जीवन के अनुभवों के आधार पर व्यवहार संबंधी प्रोफ़ाइल का उपयोग करती है ताकि व्यक्तियों को उनके विचार पैटर्न और व्यवहार के पीछे के कारणों की जानकारी प्राप्त करने में मदद मिल सके।

उनके लिए आत्मावलोकन, ''सीखने और समझने का एक वृहद तथा गहरा तरीक़ा है जिससे उसे ख़ुद के अनुभवों और उनके सभी आयामों को सहेजने का मौक़ा मिल जाता है।'' वह बताती हैं कि कैसे आत्म-चिंतन का अभ्यास करके आप वास्तव में प्रत्येक जीवन अनुभव को देख सकते हैं और यह निर्धारित कर सकते हैं कि यह क्यों हुआ, इसका प्रभाव क्या है, और क्या आप अनुभव को याद करने के बजाय इसे दोबारा घटित करना चाहेंगे। यह हमें यह जानने में मदद करता है कि वास्तव में हमारे लिए क्या महत्त्वपूर्ण है।

फिर, सूची बनाने घटनाओं के बारे में कम और उनके पीछे की प्रेरक शक्तियों के बारे में अधिक है, और तथ्य के बाद उनका आप पर पड़ने वाले प्रभाव के बारे में अधिक है - दोनों ही बातें ठीक है परंतु उतनी भी नहीं। एक ही दिन में आपके द्वारा लिए गए सभी निर्णयों और कार्यों के बारे में सोचें। अब कुछ वास्तविक अंतर्दृष्टि की कल्पना करें कि किस कारण से आपने ये विकल्प चुने। अपनी ख़ुद की प्रेरणाओं को समझना, और यह पहचानना कि आप अपने इरादों और लक्ष्यों

से कहां चूक रहे हैं, हर दिन ट्रैक पर बने रहने की कुंजी है। अपने उद्देश्य को पूरा करने और अपनी सबसे बड़ी क्षमता की दिशा में काम करने से आपको ख़ुद को जवाबदेह बनाए रखने और अपने स्वयं के ग़लत क़दमों और ट्रिगर्स को पहचानने में मदद मिलती है।

लेकिन जवाबदेही का मतलब दिन के निचले बिंदुओं के लिए ख़ुद को शर्मिंदा करना या उन्हें विफलताओं के रूप में सोचना नहीं है। आप उस सारे अपराध बोध को त्याग सकते हैं और अपनी ग़लतियों से सीखने के लिए ख़ुद को तैयार कर सकते हैं, क्योंकि वे सिर्फ़ प्रक्रिया का हिस्सा हैं। यह सब विकास के बारे में है!

आत्म-चिंतन का अभ्यास करने का सबसे अच्छा समय कब है? हालांकि आप इसे किसी भी समय कर सकते हैं, मुझे लगता है कि यह मेरे दिन के अंत में सबसे उपयोगी है - लेकिन यह आखिरी चीज़ नहीं है, जो मैं करती हूं।

इसके बारे में सोचिए। क्या आप कभी किसी विचित्र स्थिति से जागे हैं और विचार किया है की स्वप्न की कितनी बातें आपको याद हैं? पात्र, सेटिंग्स, यहां तक कि विचित्र विषयवस्तु भी, ये सभी अभी भी आपके दिमाग़ में जस के तस हैं। उसके बाद क्या कभी आपने उस स्वप्न को कुछ घंटों बाद याद करने की कोशिश की है? - ये इतना भी आसान नहीं है।

यही बात आपके दिन की घटनाओं पर भी लागू होती है, क्योंकि जितना अधिक आप उन पर विचार करने के लिए इंतज़ार करेंगे, आपकी दैनिक यादों का विवरण फीका पड़ने लगेगा। फ़ॉरगेटिंग कर्व सिद्धांत बनाने वाले जर्मन मनोवैज्ञानिक हरमन एबिंगहॉस के अनुसार, हमारा मस्तिष्क 24 घंटों के भीतर औसतन 70 प्रतिशत तक नई जानकारी भूल जाएगा। यही कारण है कि आप पाएंगे कि बहुत से सफल लोग अपने दिन का अंतिम अध्याय आत्म-चिंतन के साथ शुरू करना चुनते हैं, इससे पहले कि वे यादें धुंधली हो जाएं या पूरी तरह से भुला दी जाएं। वे दिन के अंत तक इंतज़ार नहीं करते।

हालांकि यदि आप इसमें नए हैं तो आत्म-चिंतन के लिए समय निकालने के लिए कुछ प्रयास की आवश्यकता होगी, लेकिन हमेशा ऐसा नहीं होगा। हमारे द्वारा चर्चा की गई सभी दैनिक आदतों और व्यवहारों की तरह, यह उन चीज़ों में से एक है, जो दोहराव के साथ, अंततः एक ऑटोपायलट व्यवहार बन जाएगा - एक स्वचालित गियर की तरह आपका दिमाग़ आदत के रूप में प्रत्येक दिन एक विशिष्ट बिंदु पर स्थानांतरित होता जाएगा और आप एक चिंतनशील स्थिति में आ जाते हैं।

तो आप वास्तव में व्यक्तिगत इन्वेंट्री कैसे करते हैं? विवरण आप पर निर्भर है, लेकिन मुख्य बात यह सुनिश्चित करना है कि आप सही लेंस से देख रहे हैं। याद रखें कि यहां लक्ष्य केवल दिन की घटनाओं को "रिप्ले" करना नहीं है। आप

इसे पहले ही एक बार जी चुके हैं, और यह काफ़ी है, है ना? लक्ष्य यह होना चाहिए कि आप अपने दिन पर एक नज़र डालें और उन हिस्सों को अलग करें जहां उपलब्धियां हासिल हुई थीं या ग़लतियां हुई थीं। दूसरे शब्दों में कहा जाए तो, बहुत अच्छे और बहुत बुरे पलों को बिलकुल अलग कर दें और फिर सोचें। आप एक फिज़िकल जर्नल रख सकते हैं, अपने कुछ विचारों या कर्म करने योग्य क़दमों को नोट करना जिन्हें आप आगे फ़ॉलो करना चाहते हैं, या यह सिर्फ़ एक मानसिक योजना हो सकती है जिसे आपने अपने लिए तैयार किया है – हालांकि आप अपने अगले क़दमों को आगे बढ़ाने और लागू करने का विकल्प चुनते हैं।

आपको यह बात समझने में कुछ मदद चाहिए? अपने आप से निम्नलिखित सवाल पूछने का प्रयास करें :

मेरे दिन के उच्च/निम्न बिंदु क्या थे?

दिन की घटनाओं के लिए मेरे मन में क्या है, लेकिन क्या मुझे लगता है कि मैं किसी क्षेत्र में बेहतर कर सकता था?

क्या मैं अपने लक्ष्यों के क़रीब महसूस करता हूं?

क्या आज मेरी अल्पकालिक निर्णय लेने की प्रक्रिया मेरे दीर्घकालिक लक्ष्यों में शामिल हुई? यदि नहीं, तो क्यों नहीं?

मैंने आज क्या किया (या नहीं किया) जो मैं कल अलग ढंग से करना चाहूंगा?

अपने आप से ये प्रश्न पूछना ज़्यादा आसान है। ईमानदारी से उत्तर देना थोड़ा अधिक कठिन हो सकता है। लेकिन ये इसके लिए सही है! ग़लतियों, समस्याग्रस्त ट्रिगर्स और अनुत्पादक पैटर्न की पहचान करने के लिए गहराई से खोदना और ख़ुद के प्रति ईमानदार रहना हमेशा समय और ऊर्जा के लिए ठीक होता है ताकि आप भविष्य में अलग-अलग विकल्प चुन सकें। और इसका हर दिन अभ्यास करने की, सराहना करने का कारण यह है कि एक ही दिन में सब कुछ बदल सकता है।

आप कभी नहीं जान सकते कि 24 घंटे की अवधि में कौन सा छिपा हुआ सबक़ या महत्त्वपूर्ण क्षण सामने आकर आपको विकास का अवसर प्रदान करेगा और आपके जीवन में महानता ले आएगा।

इस अभ्यास का एक अतिरिक्त लाभ यह है कि यह हमें नियंत्रण बनाए रखने या संतुलन पुनः प्राप्त करने में मदद करता है। 2020 में, तेज़ी से बदलती दुनिया को समायोजित करने के लिए हमारे जीवन को उल्टा कर दिया गया, ज़्यादातर हमारे

इनपुट या नियंत्रण के बिना। ईमानदारी से कहें तो; यह बहुत अच्छा नहीं हुआ। किसी को भी नियंत्रण छोड़ना पसंद नहीं है, और यह जानने में बहुत सुखद नहीं है कि चीज़ें दिन-ब-दिन बदल सकती हैं। लेकिन हम अपने नियंत्रण से बाहर की चीज़ों को हम पर हावी नहीं होने दे सकते। संघर्ष और संकट के समय आते-जाते रहेंगे, और किसी भी दिन बाहरी कारकों के हम पर पड़ने वाले प्रभाव को पहचानना सीखना ही हमें आगे बढ़ने के लिए सशक्त करेगा। जो चीज़ें हमारे नियंत्रण में हैं उनका पूरा लाभ क्यों ना उठाया जाए? अपना दृष्टिकोण क्यों ना बदलें और इसे व्यक्तिगत विकास के लिए अंतिम क्षण के रूप में क्यों ना देखें?

आपका जीवन मायने रखता है। आपका समय मायने रखता है। आप हर घंटे क्या करते हैं, यह मायने रखता है, जिसमें एक दिन से अगले दिन तक आपके द्वारा लिए गए सबक़ भी शामिल हैं, और आत्म-चिंतन वह उपकरण है, जिसका उपयोग हम नियंत्रण के नुक़सान को संतुलित करने के लिए करते हैं। यह हमें समय-यात्रा करने, हमारे दिनों की कमियों को इंगित करने, उन क्षणों को दोहराने का मौक़ा देता है जो हम चाहते थे कि वे अलग हो सकते थे, और यहां तक कि किसी भी दैनिक उपलब्धि को फिर से एन्जॉय कर सकते हैं। इस प्रक्रिया के माध्यम से, हम अनिवार्य रूप से उस दिन को पुनः प्राप्त करते हैं, हालांकि हम जो कुछ भी हुआ उसे बदल नहीं सकते हैं, हम इसे नई आंखों से देख सकते हैं और इससे सीख सकते हैं।

यह जानकर कि आपने उनका मूल्यांकन किया है, उन क्षणों का स्वामित्व लिया है, और भविष्य में बेहतरी के लिए बदलाव करने की योजना बनाई है।

आप अपने दिन के सभी ख़राब हिस्सों तक पहुंच सकते हैं अपने भविष्य के लिए बेहतर स्ट्रेटेजी बना सकते हैं और सबसे ज़रूरी बात कि आप अपने दैनिक कार्यों पर नियंत्रण कर अच्छा महसूस कर सकते हैं। आख़िरकार, हो सकता है कि आपको हमेशा ऐसा महसूस नहीं हो कि अपने जीवन के समय जहाज़ की कमान आपके हाथ में ना हो, लेकिन जब आप अपने दिन की क्षमता का ध्यान रखते हैं और छिपे हुए सबक और उम्मीद की किरण ढूंढ़ते हैं, तो यह आपके लिए वापस कमान संभालने जैसा है।

एक बार जब आप यह सीख जाते हैं कि इसे एक आदतन अभ्यास कैसे बनाया जाए तो अपने दिन की सूची बनाना वास्तव में अच्छा महसूस हो सकता है। अब आप एक दिन से दूसरे दिन की ओर नहीं बढ़ते हैं, बिना यह सोचे कि आप वहां कैसे पहुंचे!

तो इससे पहले कि आप अपने दिन के इस आख़िरी हिस्से में बहुत अधिक तनाव में पड़ जाएं, तो बीते दिन की इन्वेंट्री पर नज़र डालना याद रखें!

कार्रवाई आइटम #12 : कल, जब आप अपने आप को अपने दिन के अंतिम भाग में सहज महसूस करें, तो एक क्षण रुकें–सांस लें और दिन को रिवाइंड कर देखें, सब कुछ एक के बाद एक।

और इसके बाद अपने आप से कुछ महत्त्वपूर्ण प्रश्न पूछें। आप इस बात से आश्चर्यचकित रह जाएंगे कि उस संक्षिप्त ''रिवाइंड'' से आप जो कुछ भी सीखते हैं वह कितना मूल्यवान हो सकता है।

आदत 13

कृतज्ञता का अभ्यास करें

"मुझे लगता है कि आपको अपने जीवन की छोटी-छोटी
चीज़ों को ध्यान से देखने पर मस्तिष्क केंद्रित करना चाहिए,
क्योंकि एक दिन आप पीछे मुड़कर देखते हैं
और महसूस करते हैं कि वे चीज़ें बहुत बड़ी थीं।"

–जे शेट्टी

मैं किसी भी चीज़ को हल्के में नहीं लेती, कभी भी नहीं।

मैंने वक़्त के साथ इसे पहचानना और इसकी सराहना करना सीख लिया है। मेरे जीवन में सौभाग्य के बहुत से अद्भुत क्षण आए हैं। मेरा जन्म अच्छे, प्यार करने वाले और प्रेरणादायक माता-पिता के यहां हुआ, जिन्होंने अपने परिवार को छोड़ दिया और मेरे भाई-बहनों और मुझे उस स्थान पर ले गए जो उन्हें लगा कि हमारे विकास के लिए अच्छा था, जहां उन्हें लगा कि हमारे आगे बढ़ने के लिए सबसे बड़े अवसर थे। उनके शुरुआती बलिदान और उन सभी का आशीर्वाद जो मुझे बाद में मिले, मेरे लिए कृतज्ञता के मुख्य स्रोत हैं, और मैं अक्सर इस पर विचार करती रहती हूं।

हर कोई इतना भाग्यशाली नहीं होता कि उन्हें शुरुआती दौर में ही इतने अधिक आशीर्वाद मिलें, और कुछ लोगों को तो, बाहरी कारकों के कारण, शुरू से ही निंदा देखने को मिलती है। मैं यूक्रेन में हो रहे युद्ध के बारे में सोचती हूं। यह अकल्पनीय है-दिल दुखी कर देने वाली, जिसे आप छुपा भी नहीं सकते। हर दिन लोग, बच्चे, माता-पिता, पूरा परिवार बिना किसी ग़लती के सब कुछ खो देते हैं। दोनों पक्षों के निर्दोष लोग सत्ता में बैठे लोगों के अनिश्चित विकल्पों की क़ीमत चुका रहे हैं।

अब पहले से कहीं अधिक, मैं यह समझ सकती हूं कि मुझे मिले शुरुआती आशीर्वाद, जैसे अप्रवासी माता-पिता की निस्वार्थता, जो अपने परिवार के लिए कुछ भी करने को तैयार हैं, ने मुझे वह इंसान बनाया जो मैं आज हूं। और उन्होंने मुझे यह भी सिखाया है कि कृतज्ञता को एक अभ्यास की तरह मानना चाहिए। मुझे इस पर विचार करना और प्रतिबिंबित करना चाहिए कि किसी प्रकार की प्रतिक्रिया देना या इशारा देना कितना आवश्यक है।

आपको यह जान लेना चाहिए कि कृतज्ञता स्वचालित नहीं होती है, यह एक विकल्प मात्र है। और इसे आपको सचेत रूप से प्रतिदिन आदत में शामिल करने का प्रयास करना होगा ताकि यह आपके दैनिक जीवन का हिस्सा बन सके।

यह विडंबना ही है कि इतने अधिक लोग किसी जादुई चमत्कार की *प्रतीक्षा* कर रहे हैं। वे बस काम करते जा रहे हैं, अपने लक्ष्यों और सपनों की ओर बढ़ते जा रहे हैं, और हर समय यह सोचते रहते हैं कि एक बार जब उन्हें वह सब कुछ मिल जाएगा जिसकी उन्होंने कभी आशा की थी, तब *वह* जादू हो जाएगा।

मुझे आपको बताते हुए खेद है, लेकिन यह वास्तविकता नहीं है। आभार एक ऐसी भावना नहीं है जो हमारे लक्ष्यों को प्राप्त करने के बाद ही प्रकट होती है – जैसे कि सफलता के लिए किसी प्रकार का पुरस्कार जो आपको आपके जीवन की सभी अच्छी चीज़ों की याद दिलाता है। यदि आप इसे इस तरह से देखते हैं, तो आप केवल उस चीज़ की प्रतीक्षा करते-करते थक जाएंगे जो शायद कभी पूरी नहीं हो।

कृतज्ञता एक सचेत प्रयास है, और मैं सबको इसे एक दैनिक आदत के रूप में करते रहने का सुझाव देती हूं। इसके साथ कर्म और लगातार प्रयास भी ज़रूरी हैं। आपको अपने दिन में विराम लेने और इन भावनाओं को समझने के लिए समय निकालना होगा, *ख़ासकर* उन दिनों में जब आप अधिकांशतः संघर्ष कर रहे होंगे। यह प्रयास आपको कठिन लग सकता है, लेकिन एक अच्छी बात यह है कि कृतज्ञता व्यक्त करने की क्षमता कोई जन्म से ही किसी को प्राप्त नहीं होती है या व्यक्ति विशेष के लिए ही नहीं है, हम सब कृतज्ञता को पा सकते हैं, बस हमें ईमानदारी से प्रयासरत रहने की ज़रूरत है।

कृतज्ञता एक ऐसा दृष्टिकोण है जिसका चुनाव आप स्वयं को विकसित करने और जीवन में आगे बढ़ने के लिए करते हैं।

हम सभी कृतज्ञ होने में सक्षम हैं; यह केवल कुछ चुनिंदा लोगों के लिए ही नहीं है। फिर भी, वास्तविकता यह है कि कुछ लोगों में कृतज्ञता दूसरों की तुलना में अधिक आसानी से आ जाती है। और यह जानने में कोई शर्म की बात नहीं है कि आपके जीवन में स्वाभाविक रूप से कृतज्ञ होने का स्वभाव नहीं आया है (अभी तक!)

और ऐसा तब तक चलेगा जब तक आप यह पहचान नहीं लेते हैं कि यह आपके दैनिक जीवन का एक हिस्सा है, जिसमें आप और अधिक सुधार करने का प्रयास कर सकते हैं। यक़ीनन, आप कृतज्ञ हो सकते हैं!

और आपकी जानकारी के लिए मै आपको बता दूं : आप अकेले नहीं हैं। तथ्य यह है कि कृतज्ञता के बारे में बहुत सारे 'कैसे करें' लेख और यहां तक कि पूरी किताबें भी लिखी जा चुकी हैं, जो यह बताती हैं कि हम सभी इस पर काम कर रहे हैं। कभी-कभी हमारे दैनिक जीवन में कृतज्ञता को शामिल करना, चीज़ों को भूल जाने जैसी बात होती है। लेकिन कभी-कभी हम यह स्वीकार ही नहीं कर पाते हैं कि यह हमारे दिन के लिए एक ज़रूरी हिस्से के रूप में कितना आवश्यक है, यह 100 प्रतिशत आवश्यक है। ख़ासकर उन चुनौतीपूर्ण समय में, जब लगातार घटनाएं घटित होती हैं और हमारा उन पर नियंत्रण नहीं होता है। कोई भी व्यक्ति जीवन की उलझनों से मुक्त नहीं है। मुझ पर भरोसा करें; यह तब होता है जब मुश्किलें कम हो जाती हैं, आप चाहेंगे कि आपके पास ध्यान केंद्रित करने के लिए कृतज्ञता के पॉइंट्स हों, ताकि आपको स्वयं को सक्रिय और सकारात्मक बनाए रखने में मदद मिल सके।

आप स्वयं से पूछ रहे होते हैं, *क्यों? मेरे जीवन में इससे क्या फ़र्क़ पड़ता है कि मैं हर दिन ठहर कर अपनी कृतज्ञता प्रकट करती हूं या नहीं?*

खैर, सबसे पहले मैं आपसे एक सवाल पूछना चाहती हूं : हम जो कुछ भी हर दिन करते हैं, उसे ही पूरे दिन क्यों करते रहते हैं? इसका एक मुख्य, सार्वभौमिक कारण क्या है कि हम सभी दिन-प्रतिदिन चलते ही जा रहे हैं? क्या वो ख़ुशी है जो शायद हमें चलते रहने से मिल जाएगी?

हम सिर्फ़ वही करते हैं जो हम अपने लिए और उन लोगों के लिए करते हैं, जिन्हें हम प्यार करते हैं, ख़ुशी की तलाश में और अपने सपनों को वास्तविकता में बदलने की उम्मीद के साथ।

मैं अपने करियर के शुरुआती दिनों के बारे में सोचती हूं, जब ऐसा लगता था कि मेरे पास खोने के लिए सब कुछ है और इस बात की कोई गारंटी नहीं थी कि मैं जो कुछ भी कर रही हूं वह सफल होगा। बेशक, मैं आशावान, आश्वस्त और मेहनती थी, लेकिन बिना एक चीज़ के मैं कुछ नहीं कर सकती थी, वह थी कृतज्ञता। मैं हर दिन के लिए आभारी थी कि एक तकलीफ़ से भरे तलाकशुदा जीवन में इतने बड़े बदलावों के बाद, मुझे ख़ुद को पटरी पर वापस लाने का दूसरा मौक़ा मिला। अपना घर खोने और अपने बच्चों को एक ही वर्ष में तीन बार स्थानांतरित करने के बाद, मुझे ऐसा महसूस हुआ कि मैं असफल हो गई हूं, ज़िम्मेदारी का अत्यधिक दबाव मुझ पर आ गया है और मैं अपने बच्चों की स्थिरता और भलाई

सुनिश्चित करने के लिए बेताब महसूस कर रही हूं। लेकिन सबसे निचले स्तर पर भी, मैंने इस तथ्य के लिए कृतज्ञता की भावना को बनाए रखा कि, मेरे बच्चों के साथ अपनी दुनिया में, मैं अकेली नहीं थी। यहां तक कि सबसे बुरे दिनों में भी, जब ऐसा लग रहा था कि अंधकार का यह कोहरा अभी नहीं छंटेगा, मैं हद से ज़्यादा आभारी थी कि मुझे मेरे बच्चे उपहार के रूप में मिले, जो जीवन में उम्मीद की एक सुनहरी किरण बन गए। यह उनके प्रति मेरा ज़िम्मेदाराना समर्पण था, जिसने मुझे ऐसे अवसर ढूंढ़ने में मदद की जिन्हें मैं इसके बिना पहचान ही नहीं पाती।

मुझे याद है, तलाक़ के तुरंत बाद अपने बच्चों के साथ, मैं ख़ुद को सबसे निचले स्तर पर महसूस कर रही थी। हम एक किराये के मकान में बस चुके थे और कुछ समय बाद ही मकान मालिक ने मुझे बताया कि वह इसे बेचने जा रहा है। मैंने ख़ुद से कहा, *नहीं! काश ऐसा नहीं हो। अब मुझे मेरे बच्चों के लिए कोई और समस्या नहीं चाहिए, फिर से नहीं।* मैं अब भी अपने सीने में उठती घबराहट को महसूस कर सकती हूं, ठीक वैसे ही जैसी मैंने उस पल में महसूस की थी। मैं ख़ुद को हारा हुआ सा महसूस कर रही थी। मुझे उस वक़्त लग रहा था कि मैं बर्बाद हो गई हूं। लेकिन मैंने वापस से ख़ुद को शांत किया और सामने खड़ी समस्या का समाधान सोचने लगी। मानसिक रूप से यह बदलाव करना मेरे लिए आसान नहीं था, लेकिन जब उन लोगों का जीवन और स्थिरता दांव पर लगी होती है, जिनसे आप प्यार करते हैं, जिनको आप अपना मानते हैं, तो आपको आगे बढ़ने और बदलाव करने की एक आंतरिक शक्ति मिल ही जाती है।

मैंने अपने सामने मौजूद स्थिति पर ध्यान केंद्रित किया। मैं अपने परिवार को दोबारा स्थानांतरित नहीं करना चाहती थी, लेकिन यह मकान बिक्री के लिए जाने वाला था। इसलिए मैंने इस बात पर विचार किया कि मैं आख़िर इसे कैसे ख़रीद पाऊंगी। मेरे पास पैसे नहीं थे, इसलिए मुझे इसका कोई समाधान भी नहीं दिख रहा था। लेकिन मुझे पता था कि एक सटीक रणनीति के साथ पिच पर आती हूं तो मेरे पास खोने के लिए कुछ नहीं होगा। मैंने मकान मालिक से बात की और उसे हमें वहां रहने का अवसर देने के लिए धन्यवाद दिया, भले ही वह थोड़े समय के लिए ही क्यों नर हुआ हो। अब चूंकि उसकी योजना मकान को बेचने की थी, तो मैंने उनसे पूछा (यह जानते-समझते हुए कि मैं और मेरा परिवार पहले से ही वहां बसे हुए थे) कि अगर मैं उन वित्तीय शर्तों के साथ आती हूं जो मुझे उनके मकान को ख़रीदने की इजाज़त देंगे, तो क्या वह इस पर विचार करेंगे?

हो सकता है उसने सीधे तौर पर कुछ नहीं कहा हो, शायद वह मेरे मुंह पर हँसा भी होगा, लेकिन मुझे अपने बच्चों के लिए इस घर को ख़रीदने का तरीक़ा ढूंढ़ना था। मेरा दृढ़ विश्वास है कि कृतज्ञता के साथ स्थिति के प्रति मेरे ईमानदार दृष्टिकोण और उनके विचार के लिए एक स्पष्ट योजना ने उस दिन एक बड़ा अंतर

पैदा किया। मैं मानती हूं कि हर किसी को यह महसूस नहीं होता कि उनके आसपास भी लोग हैं, और चाहे यह कितना भी मुश्किल क्यों ना हो, आप अपने सबसे बड़े चीयरलीडर के रूप में ख़ुद के प्रति कृतज्ञता व्यक्त कर सकते हैं। आत्म-कृतज्ञता, शुरुआत करने के लिए बहुत बेहतरीन साबित हो सकती है।

मुझे *सिल्वर लाइनिंग्स प्लेबुक* फ़िल्म देखना याद है, जो ब्रैडली कूपर (पैट के रूप में) और जेनिफ़र लॉरेंस (टिफ़नी के रूप में) द्वारा निभाए गए दो मुख्य पात्रों पर केंद्रित थी। प्रत्येक पात्र किसी न किसी विनाशकारी चीज़ के भार से जूझ रहा था - टिफ़नी अपने अवसाद से और पैट मनोदशा विकार से। फ़िल्म के विशेष रूप से एक मार्मिक दृश्य में, पैट जीवन के बारे में अपना ''विश्वास'' साझा करता है, एक ऐसा विश्वास जिसे उन्होंने अस्पताल में रहते हुए सीखा। वह साझा करते हैं कि, यदि आप वास्तव में ''सिल्वर लाइनिंग'' पर एक शॉट चाहते हैं, तो अंततः, आपको जो कुछ भी उसके लिए करना है वो आपको करना ही होगा, आपको अपनी पूरी मेहनत लगानी होगी और हमेशा ही सकारात्मक बने रहना होगा। समर्पण, प्रयास और आशा- यही वो भाव है, जो मैंने यहां से सीखा और महसूस किया है।

कृतज्ञता के बारे में मैं ऐसा ही महसूस करती हूं। यह निराशा के कोहरे में आशा की किरण जैसी है - आप कुछ ऐसा सकारात्मक सा देखते हैं जिसे समेट कर रख लेते हैं, जो आने वाले समय में बेहतर दिनों के लिए आशा के बीज बोता है। और ऐसे ही कृतज्ञता व्यक्त करने के माध्यम से हम अपनी ख़ुशी हासिल करने और जीवन का निर्माण करने में सक्षम हो जाते हैं। लेखिका मेलोडी बीट्टी ने कहा कि कृतज्ञता ''हमारे पास जो कुछ है उसे पर्याप्त और अधिक में बदल देती है।'' यह इनकार को स्वीकृति में, अराजकता को व्यवस्था में, भ्रम को स्पष्टता में बदल देती है। यह हमारे अतीत का बोध कराती है, आज के दिन के लिए शांति ला देती है और कल के लिए एक दृष्टिकोण भी तैयार कर देती है, जो आपको आगे बढ़ने में मदद करती है।

जैसा कि हम पहले ही चर्चा कर चुके हैं, सोशल मीडिया के इस युग में कृतज्ञता प्राप्त करना विशेष रूप से कठिन हो सकता है। हम उन सभी चमकदार, ख़ुश छवियों को स्क्रॉल करते हैं, और हम इस तथ्य को भूल जाते हैं कि सब कुछ उतना सही नहीं है, जितना प्रस्तुत किया गया है। हम अवचेतन रूप से उन दृश्यों और जीवनशैली को आत्मसात कर लेते हैं जो हमारे सामने ''तथ्य'' के रूप में प्रस्तुत किए जाते हैं और हम ख़ुद को असंभव मानकों पर क़ायम रखते हैं। कुछ लोग यह समझ सकते हैं कि स्थिति कैसी चल रही है और आश्चर्यजनक रूप से आकर्षण और चकाचौंध से प्रेरित होकर, वे ख़ुद को जीवंत महसूस करते हैं। हालांकि, एक समय ऐसा भी आता है, जब कई लोग बस यह महसूस करते हैं कि उनके जीवन में चीज़ें सही नहीं चल रही हैं।

हतोत्साहित या कमज़ोर महसूस करने के बजाय, हमें यह समझने की ज़रूरत है कि सब कुछ हमेशा वैसा नहीं होता जैसा दिखता है और कृतज्ञता हमें फ़ोटो और उस पर लगे हैशटैग से अधिक शक्ति दे सकती है। जब हम कृतज्ञता को अपने दैनिक जीवन के हिस्से के रूप में देखते हैं, तो उसके आत्म-चिंतन से हमें नियंत्रण की भावना प्राप्त होती है और हम पछतावे की गुंजाइश को कम कर देते हैं। हम अपने जीवन में चल रही सभी सकारात्मक चीज़ों पर अपना ध्यान केंद्रित करते हैं, और उसके हिसाब से, हम उन सभी आशाओं और प्रेरणाओं का उपयोग करने में सक्षम हो जाते हैं, जिसकी हमें हर दिन आवश्यकता होती है।

कृतज्ञता वास्तव में एक सार्वभौमिक आवश्यकता है। जब लोग पूछते हैं कि हम किसके लिए आभारी हैं, तो हम सभी स्पष्ट उत्तर देते हैं : हमारा स्वास्थ्य, हमारा परिवार, हमारे सिर पर छत और हां, उन सभी बढ़िया चीज़ों के लिए जो हमें वास्तविक सुख का अहसास कराती हैं। लेकिन कृतज्ञता अत्यधिक व्यक्तिगत और वैयक्तिक भी हो सकती है, जब हम थोड़ा गहराई से खोजते हैं और अपनी कुछ महानतम ''छोटी जीतों'' को उजागर करते हैं।

ओपरा विन्फ्रे ने कहा था, ''कृतज्ञता इरादे की उपज है,'' और ओ मैगज़ीन के एक लेख में, पाठकों से यह साझा करने के लिए कहा गया था कि वे 2020 में किस चीज़ के लिए आभारी हैं। उन्होंने विभिन्न प्रकार की व्यक्तिगत चीज़ों को साझा करते हुए जवाब दिया: एक प्यारे पालतू जानवर का बिना शर्त प्यार, इंसुलिन पंप और आधुनिक चिकित्सा का चमत्कार जिसने एक महिला की छोटी बेटी को जीवित रखा, बाहर घूमने का पुनर्योजी अनुभव। उनके उत्तर सर्वव्यापी थे और यहां तक कि उस चीज़ के लिए कृतज्ञता भी शामिल थी : स्पैनएक्स, जिसे ''अब तक के सबसे महान अलमारी आविष्कारों में से एक'' के रूप में सराहा गया था।

वास्तव में, प्रत्येक 24 घंटे में असीमित चीज़ें होती हैं, जो हमें ख़ुशी देती हैं - छोटी-छोटी और बड़ी ख़ुशियां दोनों। अगर हम रुकें ही ना और उन पर बार-बार विचार नहीं करें, तो हो सकता है कि हमें उनकी अहमियत का अहसास नहीं हो, लेकिन अगर वे ग़ायब हो जाएं, तो हमें उनकी अवलोकन की कमी महसूस होगी। इससे हम शायद उन चीज़ों के बारे में भी अधिक जागरूक होंगे, जो हमारे पास हैं। अगर हमें और भी कठिन परिस्थितियों का सामना करना पड़े तो हम किसके लिए आभारी हो सकते हैं।

आज कहीं कोई अपने जीवन का अंतिम कीमोथेरेपी उपचार करा रहा है। प्रतीक्षा सूची के एक अन्य मरीज़ को उसके प्रत्यारोपण के लिए हरी झंडी दे दी गई है, जिसके लिए वे प्रार्थना कर रहे थे। गंजेपन से पीड़ित एक युवा लड़की पहली बार एक सुंदर हेयर पीस आज़मा रही है। पूरी दुनिया में, हर दिन, लोग ऐसी चीज़ों

से गुज़र रहे हैं, जिनकी हम कल्पना भी नहीं कर सकते। मैं यह सोचती हूं कि अगर कुछ लोग सबसे अकल्पनीय परिस्थितियों में भी अपना हौसला बनाए रखने में कामयाब हो रहे हैं, तो हम सभी अपने भीतर भी कुछ कृतज्ञता ढूंढ़ सकते हैं। हम सब जानते हैं कि यही एक मात्र सत्य है।

बेशक, उस सकारात्मक हेडस्पेस को ढूंढ़ना हमेशा इतना आसान नहीं होता है, भले ही हमें स्वास्थ्य संबंधी कोई गंभीर बीमारी या अन्य कोई जीवन-घातक मुद्दों का सामना नहीं करना पड़ रहा हो। पिछले कुछ वर्षों को देखते हुए और अभूतपूर्व समय का सामना करते हुए, हममें से अधिकांश लोग इस बात से सहमत हो सकते हैं कि कृतज्ञता प्राप्त करना बहुत कठिन हो गया है। महामारी, आर्थिक नतीजे, राजनीतिक असहमति और यहां तक कि सीधे युद्ध के कारण दुनिया एक बहुत ही अस्थिर जगह बन गई है। यहां अभी भी भारी मात्रा में परेशानियां चल रही हैं, और इतनी निराशा और अनिश्चितता फैल गई है कि उससे झट से उबरना संभव नहीं है।

हालांकि एक बात और भी है-और यह *काफ़ी* बड़ी बात है-अभी भी ध्यान केंद्रित करने के लिए बहुत कुछ अच्छा है! बच्चे पैदा होंगे; लोग शादी करेंगे; कोई पहली बार कहेगा, "मैं तुमसे प्यार करता हूं; किसी को अपने सपनों की नौकरी हासिल करने के लिए वह ऋण मिलेगा, जिसे पाने के लिए ना जाने उसने कितने प्रयास किए होंगे। और हां, स्टारबक्स के उस बरिस्ता ने आख़िरकार कप पर आपका नाम सही लिखा होगा। हां, जीवन में छोटी-छोटी चीज़ें बहुत मायने रखती हैं-और वे जुड़ती हैं और बड़ी होती चली जाती हैं!"

आपको अपनी छोटी-बड़ी जीतों का जश्न मनाना थोड़ा अजीब लग सकता है, जब इतने सारे लोग भयानक कठिनाइयों का सामना कर रहे हों। लेकिन हम ऐसा कर सकते हैं क्योंकि जिस दुनिया में हम रहते हैं वह कभी भी परिपूर्ण नहीं होगी। दुर्भाग्य से, दर्द और संघर्ष हमेशा साथ चलते ही रहेंगे। इसके अलावा, सारा दर्द ख़ुद ही झेलने और उस जगह में रहने के बजाय, भले ही हम दूसरों की पीड़ा को कभी भी नज़रअंदाज़ नहीं करते हों, हमें इसे समर्थन के उत्पादक रूपों में प्रसारित करने का एक तरीक़ा ढूंढ़ना चाहिए जो हम सामने रख सकते हैं। हमें जीना नहीं छोड़ना चाहिए, और हमें जीवन का जश्न मनाना बंद भी नहीं करना चाहिए, क्योंकि कल एक और दिन हमारा इंतज़ार कर रहा है!

जब आप कृतज्ञता को आदत में शामिल करने के लिए संघर्ष कर रहे होते हैं, तो एक तरीक़ा है कि आप अपने सोच से बाहर निकलकर दूसरों की सेवा में कुछ करने का प्रयास करें। कभी-कभी, जब हम करुणापूर्वक सामुदायिक सेवा में संलग्न होते हैं, तो हम अपने जीवन में उन आशीर्वादों के बारे में बेहतर जानकारी प्राप्त कर

सकते हैं जिन्हें हम हल्के में लेते रहे हैं। इसलिए अपने स्थानीय सामुदायिक केंद्र में स्वयंसेवा करें या किसी ऐसे उद्देश्य के लिए धन जुटाने में मदद करें जिसकी आप परवाह करते हैं – आप जो कुछ भी कर सकते हैं, चाहे जिस भी प्रकार करना पड़े, आपको करना चाहिए क्योंकि वही आपको हर दिन यह पहचानने में मदद करेगा कि आप कितने कृतज्ञ हैं।

सौभाग्य, हर स्थिति में, साझा करने पर बहुत अधिक संतोष का बोध कराता है। अकेले अपने जीवन की ख़ुशियों का आनंद लेना कोई मज़ेदार बात नहीं है! इस बात पर विचार करें कि पिछली बार आपने मित्रों या प्रियजनों को कब आमंत्रित किया था। जब आप दूसरों के लिए अपने दरवाज़े खोलते हैं, तो आप वास्तव में अपना दिल खोल रहे होते हैं। आप लोगों को जब आमंत्रित करते हैं तब आप यह सोचते हैं कि आपके पास जो कुछ भी है वह उन्हें ऑफ़र कर सकें और उनके आपके प्रति स्नेह को साझा कर लौटा सकें, चाहे वह आपके द्वारा पकाया गया भोजन हो सकता है या जो समय और ऊर्जा आप देना चाहते हैं। इसके बदले में, आप अपने पास मौजूद सभी चीज़ों के लिए अपना आभार व्यक्त कर रहे हैं और इसे दूसरों के साथ साझा भी कर रहे हैं। यही तो असल में कृतज्ञता है, और जबकि अपने सबसे क़रीबी लोगों के साथ समय बिताना और यह स्वीकार करना कि हम इस तरह के संकेतों के माध्यम से उनके प्रति कितने आभारी हैं, यह सच में बहुत संतोषजनक है, लेकिन उन लोगों के लिए दयालुता के कार्यों में अपनी ऊर्जा और समय लगाना भी उतना ही संतोषजनक हो सकता है जिनके पास कोई भी ऐसा नहीं है जो उनके प्रति आभार प्रकट कर सके!

ज़रूरतमंदों की मदद करना हमेशा मेरी पहचान का एक अभिन्न अंग रहा है। मेरे धार्मिक कार्य सिर्फ़ चेक देने तक ही सीमित नहीं रहे हैं; मेरी हमेशा से यह इच्छा रही कि मैं अपने समुदाय में सकारात्मक परिवर्तन और प्रभाव का हिस्सा बनूं। अपनी इस इच्छा को पूरा करने के लिए मैंने अपना अधिकांश समय, अपनी ऊर्जा और अपना दिल इन कार्यों को समर्पित किया है।

मैंने हमेशा महिलाओं और बच्चों को हमारे समाज में सबसे असुरक्षित माना है, और मेरी अधिकांश कोशिशें उनके समर्थन के लिए तैयार की गई हैं। कई वर्षों तक, मैंने विशेष रूप से एक संगठन के लिए पूंजी अभियान अध्यक्ष के रूप में कार्य किया। हम घरेलू हिंसा से प्रभावित महिलाओं और बच्चों के समर्थन के लिए महत्त्वपूर्ण धन जुटाने और उनके रहने के लिए एक माध्यमिक आश्रय स्थान खोलने में उन संगठनों की सहायता करते थे, जो इसे पूरा करने के लिए प्रयासरत और सक्षम थे।

मैं उस दिन को कभी नहीं भूलूंगी जब इस फ़ाउंडेशन के लिए मेरे प्रयासों से प्रभावित होकर एक महिला मेरे कार्यालय भवन में आई थी। मैं अभी भी उसे अपने

कार्यालय के दरवाज़े पर खड़ा देख सकती हूं, उसका छोटा बेटा उसके बगल में खड़ा था। वह अंदर आकर मुझे धन्यवाद देना चाहती थी, और उसकी आंखों में आंसू थे (और मेरी भी हालत कुछ वैसी ही हो गई, जैसे ही उसने बोलना शुरू किया) जब उसने बताया कि मैंने उसकी और उसके बेटे की ज़िंदगी बदलने में मदद की है। मैं बिलकुल निःशब्द थी। यह मेरे लिए सबसे भावुक क्षण था और इसका मेरे जीवन पर चिरस्थायी प्रभाव पड़ा। इस महिला और उसके बेटे को, जो मेरे लिए बिलकुल अजनबी थे, देखकर और उनके कृतज्ञता भरे शब्दों को सुनकर मैं जो महसूस कर रही थी, उसे मैं शब्दों में व्यक्त नहीं कर सकती। अंत में, उस दिन मुझे यह जानकर सबसे अधिक कृतज्ञता महसूस हुई कि मैं इस परिवार के जीवन में बदलाव लाने में सक्षम थी। यह अहसास तब भी उतना ही अवर्णनीय था जितना अब है, लेकिन वह पल हमेशा मेरे साथ रहेगा।

धर्मार्थ समर्थन एक बहुत अच्छी बात है, लेकिन कृतज्ञता के साथ इसे वापस देने का मतलब हमेशा किसी संगठित उद्देश्य के लिए समय या पैसा दान करना नहीं होता है। यह समर्थन किसी ज़रूरतमंद की बात सुनने जितना आसान भी हो सकता है। हम जो इतने भाग्यशाली हैं कि हमारे पास एक ठोस समर्थन प्रणाली है, अक्सर इसका मतलब यह समझा जाता है कि किसी के द्वारा हमसे संपर्क करने या हमसे पूछे बिना हमारी मदद करने की पेशकश कर देना। सलाह देने के लिए एक बुद्धिमान मित्र और एक सुविधाजनक पड़ोसी होने चाहिए जो अचानक आए रिसाव से निपटने में मदद करेंगे। एक माता-पिता हैं जो अभी भी हमारे बारे में चिंता करते हैं, भले ही उनकी यह चिंता हमें कभी-कभी घुटन महसूस कराती हो और परेशान भी कर देती हो, लेकिन यह बहुत ज़रूरी होती है। वे ऐसा इसलिए करते हैं, क्योंकि वे हमसे प्यार करते हैं, इसलिए नहीं कि वे ऐसा करने के लिए बाध्य हैं। ये समर्थन रूपी किरणें हमारे जीवन में इस तरह से स्थापित हो गई हैं कि हम यह विचार करना भूल जाते हैं कि एक दिन जागने और उन्हें वहां नहीं पाने पर कैसा महसूस हो सकता है।

तो आइए, किसी ऐसे व्यक्ति को कॉल करें जिसे आप जानते हों कि वह कठिन समय से गुज़र रहा है। अपनी मां को फूल भेजें, अपने भाई-बहन के साथ लंच डेट की योजना बनाएं। लाइन में अपने पीछे वाले व्यक्ति की कॉफ़ी के लिए भुगतान करें, या उस बुज़ुर्ग पड़ोसी को उनके ड्राइववे से बर्फ़ हटाने में मदद करें, या सप्ताह के अंत में कुछ स्वयंसेवी कार्य के लिए एक घंटा समर्पित करें। अगर आप किसी को देखकर मुस्कराते हैं और उनसे पूछते हैं कि उनका दिन कैसा रहा, तो ऐसा करके आप उनके दिन को बेहतर बना सकते हैं और साथ ही साथ अपने अंदर कृतज्ञता जगा सकते हैं।

आज से ही शुरुआत करें, क्योंकि जीवन में आपके आशीर्वाद की गारंटी नहीं है और क्योंकि वे हमेशा उस तरह से नहीं आते जिस तरह से आप आशा करते हैं

या उनके लिए प्रार्थना करते हैं। मैं अनुभव से बोल रही हूं; मेरे जीवन की अब तक की यात्रा उतार-चढ़ाव भरी रही है, और ऐसे भी दिन आए हैं जब मैंने ईमानदारी से महसूस किया था कि मैंने भावनात्मक निराशा से लेकर वित्तीय कठिनाई तक सब कुछ देखा है। मेरे आशीर्वाद अक्सर चुनौतियों के रूप में छिपे हुए रहे हैं और उन्हें पहचानना कठिन रहा है। लेकिन अब मुझे पता है कि जितना अधिक आप कृतज्ञता का अभ्यास करेंगे, उतना ही बेहतर आप अपने स्वयं के छिपे हुए आशीर्वाद को पहचानने में सक्षम होंगे। पिछले कुछ वर्षों ने विशेष रूप से मुझे सिखाया है कि जीवन वास्तव में अप्रत्याशित है, जिससे मुझे बताने के लिए बहुत सारी कहानियां मिलीं। हालांकि, मैं हमेशा प्रत्येक अनुभव से सीखे गए पाठों के लिए आभारी महसूस करती हूं। अनिश्चितता के ऐसे समयों में भी, मैंने अपनी ऊर्जा को अपने काम और उन चीज़ों में - और उन व्यक्तियों में निहित किया - जिनके साथ मैंने अपने जीवन को आगे बढ़ाया, जिन्होंने मुझे असीमित ऊर्जा से भर दिया, मुझे तर्कसंगत और ज़मीन से जुड़ा हुआ महसूस कराते रहे।

लेकिन ज़िंदगी ऐसे ही तो चलती है! एक पल में सब कुछ बदल सकता है, और इसलिए हर एक दिन और हर एक पल मायने रखता है। यदि आप अभी भी कृतज्ञता पूर्ण रवैये और हृदय के लाभों से संतुष्ट नहीं हैं, तो आपको इस पर विचार करने की आवश्यकता है। जब आप हर दिन कृतज्ञता को अपने दिमाग़ में सबसे ऊपर रखते हैं और आशावादी होकर सकारात्मकता के साथ काम करते हैं, तो आप उस स्तर पर अन्य लोगों को आकर्षित और संलग्न करते हैं और अपने और अपने आसपास के लोगों के बीच एक प्रकार की सकारात्मक ऊर्जा लूप को स्थापित करते हैं। आकर्षण की शक्ति एक वास्तविक चीज़ है। कृतज्ञता के साथ जीवन जीने से और भी अधिक आशीर्वाद प्रकट होते हैं। जैसा कि ओपरा विन्फ्रे ने कहा था, आपको ''आपके पास जो कुछ है उसके लिए आभारी होना चाहिए (क्योंकि) अंततः यह तय है अगर आप ऐसा करते हैं तो आपके पास और अधिक होगा।''

याद रखें : कृतज्ञ और दुखी दोनों महसूस करना, या बुरा महसूस करते हुए अपने जीवन में अच्छे पर विचार करना, दोनों एक साथ संभव नहीं है, इसलिए अच्छे पर ध्यान केंद्रित करने से आप बुरे पर ध्यान केंद्रित करने से बचेंगे और ख़ुद को ''नकारात्मकता रूपी गड्ढे'' में डूबने से रोकेंगे। कृतज्ञ या दुखी, अच्छी या बुरी भावनाओं में से एक समय में केवल एक विचार प्रक्रिया ही आपके पक्ष में काम करेगी। आप इसे समझदारी से चुनें!

कार्य में कृतज्ञता का तात्पर्य केवल दैनिक आदत के रूप में उसमें महारत हासिल करना नहीं है। यह इसे प्रत्येक दिन क्रियान्वित करने और एक-एक क़दम आगे ले जाने के बारे में है। इसका मतलब यह है कि आप अपने परिवार के प्रति आभारी रहें और इसे उनके साथ मौजूद रहने और उस समय को संजोने में लगाएं।

आप अपना समय अपने परिवार के प्रति आभार व्यक्त करने में लगाएं, आप इसे अपने स्वास्थ्य और उसे पोषित करने और उसकी फ़िटनेस के लिए स्वस्थ विकल्प चुनने में लगाएं। ऐसा करने से आप अपने समुदाय के प्रति आभारी रहेंगे और हमेशा ही मदद के लिए हाथ बढ़ाते रहेंगे। आप आत्म-चिंतन के अपने दैनिक समय में कृतज्ञता को शामिल करके उसे दैनिक आदत में भी बदल सकते हैं। आप अपने दिन की समीक्षा उन चीज़ों के प्रति सचेत होकर समाप्त कर सकते हैं जिनके लिए आप आभारी हैं। आप बड़ी और छोटी, और किसी को अच्छा या मान्यता प्राप्त महसूस कराने के लिए कम से कम एक करने योग्य क़दम पर विचार-मंथन कर सकते हैं, जिसे आपने अगले दिन से करने का सोचा है। और मत भूलिए : अक्सर कृतज्ञता के सबसे संतुष्टिदायक भाव उस समय और ऊर्जा में प्रतिबिंबित होते हैं जो हम दूसरों को देते हैं। तो, यदि आप कर सकते हैं, तो कृतज्ञता की उन भावनाओं को व्यक्त करने के लिए कुछ मिनट क्यों ना निकालें और किसी ऐसे व्यक्ति से संपर्क करें जिसे आप जानते हैं कि वह संघर्ष कर रहा है?

दुनिया में चुनने और शिकायत करने के लिए बहुत सारी चीज़ें हैं। हर दिन अपने जीवन में छिपे छोटे-छोटे चमत्कारों को देखना पहले से कहीं अधिक महत्त्वपूर्ण हो गया है। यहीं और अभी निर्णय लें कि जिन चीज़ों पर आप नियंत्रण नहीं कर सकते, उन पर आप अपना सारा ध्यान केंद्रित नहीं करेंगे और उन पर विचार भी नहीं करेंगे।

कार्रवाई आइटम #13: अपनी कृतज्ञता का अभ्यास आज से ही शुरू करें।

आप उन लोगों और उन चीज़ों की पहचान करें जिनको आप अब तक मानते आ रहे हैं। और ये कभी भी नहीं भूलें : जिन चीज़ों को आप अब तक ग्रहण करते रहे हैं, ये वही चीज़ें हैं जिन के लिए कोई दूसरा आज रात भगवान से प्रार्थना कर रहा होगा।

आदत 14

ख़ुद का ख़याल रखें

सबसे महत्त्वपूर्ण संबंध वह होता है,
जो आप अपने साथ रखते हैं।

– डीयेन वॉन फ़र्स्टनबर्ग

क्या आप मुझ पर विश्वास करेंगे यदि मैं आपसे कहूं कि प्रतिदिन कम से कम एक व्यक्ति मेरे कार्यालय में आता है और ''विवियन, मैं *तनावग्रस्त* हूं'' के साथ बातचीत शुरू करता है?

सच कहूँ तो जो बात यहाँ मैं ज़रा खींच कर कह रही हूं वह यह कि दिन में केवल *एक* व्यक्ति ही ऐसा आता है।

मैं समझती हूं। व्यवसाय कई बार अस्त-व्यस्त हो सकता है। और ऐसे में व्यक्तिगत समस्याएं भी किसी ''पॉज बटन'' के साथ नहीं आती हैं। और सामान्य तौर पर जीवन दिन-ब-दिन तेज़ी से हमारे सामने प्रकट होता है। लेकिन मुझे यह भी लगता है कि हम अधिक उत्पादक भाषा के विकल्प के रूप में *तनाव* शब्द का उपयोग करने के लिए बहुत अधिक अनुकूलित हो गए हैं।

उदाहरण के लिए, हम पूरी रात काम करते हैं, अगले दिन की तैयारी में लग जाते हैं, कैफ़ीन और धुएं पर दौड़ते हैं, और बिना उत्तेजित हुए एक पैर को दूसरे के सामने रखने की कोशिश करते हैं, हम मान लेते हैं कि हम बस ''तनावग्रस्त'' हैं। लेकिन इस मामले में, अगर हम उन अंतर्निहित कारणों का पुनर्मूल्यांकन करने के लिए बस एक सेकेंड का समय लें कि हम ऐसा क्यों महसूस कर रहे हैं - यानी, नींद की कमी - तो हम थकावट को अपने वास्तविक मुद्दे के रूप में पहचानने में

सक्षम होंगे। हमारे पास एक कारण होगा, इसकी समझ होगी, और हम इस दिन के अगले दिन आने से पहले इसे ठीक करने की योजना बनाने में सक्षम होंगे।

इसका मतलब यह नहीं है कि आप तनाव महसूस करने के मामले में ग़लत हैं। लेकिन ठीक है, आप इसे महसूस कर रहे हैं, तो अब क्या? क्या आप इसे अपने रोज़मर्रा के जीवन में एक निश्चित तत्व के रूप में स्वीकार करने को तैयार हैं? आइए-आप बेहतर के पात्र हैं!

मुद्दा यह है : यदि आप नियमित रूप से तनाव महसूस कर रहे हैं, और यह आपके दैनिक वर्णन का हिस्सा बन गया है, तो स्पष्ट रूप से, कुछ तो बदलना होगा!

एवरीडे हेल्थ द्वारा किए गए 2019 के सर्वेक्षण के नतीजे बताते हैं कि डॉक्टर के पास जाने वाले प्रतिभागियों में से एक-तिहाई ने तनाव से संबंधित किसी चीज़ के कारण ऐसा किया, और उनमें से 57 प्रतिशत लोगों ने बताया कि उन्हें तनाव से "लक़वाग्रस्त" महसूस हुआ। और जबकि तनाव की अवधारणा विशाल और बेहद जटिल है, गंभीरता में है और संबंधित चर के एक विशाल स्पेक्ट्रम को कवर करती है, आइए इसे यहां सरल रखें और अच्छे पुराने जमाने के "रोज़मर्रा के तनाव" के बारे में बात करें।

आपके दैनिक जीवन में तनाव कितना बड़ा कारक है?

हम सभी अलग-अलग जीवन जीते हैं, लेकिन हममें से अधिकांश लोगों में एक बात समान है कि हम हर दिन किसी न किसी प्रकार के तनाव का सामना करते हैं। यह आपको अपंग बना सकता है या यह आपको ईंधन दे सकता है, लेकिन अपने तनाव को किसी उत्पादक चीज़ में बदलना कहना जितना आसान है, करना उतना आसान नहीं है। मैं आपको यह नहीं बताने जा रही हूं कि जो चीज़ें आपको रात में जगाए रखती हैं, उन्हें किसी उत्पादक चीज़ में बदला जा सकता है, क्योंकि यह ज़रूरी नहीं कि सच हो। लेकिन मैं जो जानती हूं वह यह है कि संदेश प्राप्त करने की कोशिश कर रही हमारी अपनी आंतरिक आवाज़ों के कारण होने वाले तनाव सहित तनाव को *प्रबंधित* किया जा सकता है। प्रभावी तनाव प्रबंधन की कुंजी, बाक़ी सभी चीज़ों की तरह, जिनके बारे में हमने अब तक बात की है, इसे रोजाना संबोधित करना है! और ऐसा करने का सबसे अच्छा तरीक़ा शारीरिक और मानसिक *आत्म-देखभाल है।*

बहुत सरल लगता है, है ना?

तो फिर हमें इसे अपने दैनिक जीवन में शामिल करने में इतनी कठिनाई क्यों होती है? हम हर दिन दूसरों के लिए बहुत कुछ करते हैं। हम परिवार की देखभाल करते हैं; हम मित्रों का उपकार करने के लिए प्रतिबद्ध हैं; हम सहकर्मियों की मदद करने के लिए ख़ुद को आगे बढ़ाते हैं - और जब यह सब कहा और किया जाता

है, तो हम सूची में अंतिम स्थान पर होते हैं और ख़ुद की मदद करने के लिए कोई ऊर्जा नहीं बचती है। यह जीने का टिकाऊ तरीक़ा नहीं है, और आप ख़ुद को अंतिम स्थान पर रखकर कोई उपकार नहीं कर रहे हैं। आप ख़ाली कप से किसी की प्याली नहीं भर सकते हैं।

लेकिन अपनी ज़रूरतों का ख़याल रखना हमेशा आसान नहीं होता। ख़ुद के लिए समय निकालने में ''बहुत व्यस्त'' होने की भावना से ज़्यादा कुछ भी संबंधित नहीं है। और जबकि हम अपनी व्यक्तिगत ज़रूरतों को अनदेखा करने के कुछ कारण आम, रोज़मर्रा के कारण हैं, लोगों को बड़ी समस्याओं का भी सामना करना पड़ता है, जिसमें जीवन में बड़े बदलाव और व्यवधान शामिल होते हैं। ऐसे व्यक्ति के बारे में सोचें जो हाल ही में किसी नुक़सान या अलगाव से गुज़रा है और अब सिंगल पेरेंट है। चूंकि मैं स्वयं इससे इस स्थिति से गुज़री हूं - और मैं इसे समझती हूं। अचानक, आपका पूरा जीवन हिल जाता है, और आप पूरी तरह से जीवन बिताने के एक नए ढांचे से निपट रहे हैं।

आप अपने बच्चों को प्राथमिकता देने के लिए पहले से कहीं ज़्यादा दबाव महसूस करते हैं, और ''ख़ुद के लिए समय निकालने'' की अवधारणा लगभग हास्यास्पद हो जाती है। जीवन के कई बड़े बदलाव विभिन्न रूपों में प्रकट होते हैं। चाहें वह वैवाहिक स्थिति में बदलाव हों या कोई वित्तीय परेशानियां हों, या फिर कोई भावनात्मक संकट आ जाए। असल में संघर्ष से इस दुनिया का कोई भी व्यक्ति अछूता नहीं है, है ना? और मैं यह मानती हूं कि कोई भी व्यक्ति यह सोच कर काम नहीं करता कि वह ख़ुद को अपनी प्रायोरिटी लिस्ट में सबसे नीचे रखना नहीं चाहता। लेकिन जब हम अपने आस पास के लोगों को वरीयता देने लगते हैं तब स्वाभाविक रूप से हम ख़ुद को नीचे कर पाते हैं।

कई वे कारण जिनसे आप ख़ुद की देखभाल नहीं कर पाते हैं, जिनमें से ज़्यादातर लोग समय और ऊर्जा की कमी के कारण होता है, पर धीरे-धीरे आपको इसे एक ज़रूरत के रूप में देखना ही बंद कर देते हैं। आप ख़ुद के लिए समय निकालना एक तरह की ख़ुशी, एक दुर्लभ ''उपहार'' के रूप में देख सकते हैं - और ऐसा नियमित रूप से करने के लिए किसके पास समय है? आप नहीं! आप व्यस्त हैं - आपको कई जगहों पर जाना है, लोगों की देखभाल करनी है, कपड़े धोने हैं! हमेशा कुछ न कुछ काम बीच में रहता है, है ना?टु-डू लिस्ट में कुछ आख़िरी काम, एक और ईमेल चेक करना... और जब तक आप आख़िरकार पीछे हटते हैं और महसूस करते हैं कि आप पूरी तरह से थक चुके हैं, तब तक ख़ुद की देखभाल के लिए सबसे अच्छा विकल्प नींद है। और आपकी जानकारी के लिए - नींद ''खुद की देखभाल'' नहीं है ; नींद जीवन की एक बुनियादी ज़रूरत है।

और आप और मैं दोनों ही सच्चाई जानते हैं : जब हम अपना ख़याल नहीं रखते हैं तो हमें अच्छा नहीं लगता। हम ख़ुद को बेकार महसूस करते हैं। बस। सब कुछ कठिन और अधिक श्रमसाध्य है, और दिन के अंत तक, हम थक चुके होते हैं। और अगर हम आज इसके बारे में कुछ नहीं करते हैं, तो हम कल और अगले दिन और भी बुरा महसूस करेंगे, जब तक कि हम धुएं पर चलने के इतने आदी नहीं हो जाते कि हमें अहसास ही नहीं होता कि हमने अपने सभी आंतरिक संसाधनों को पूरी तरह से समाप्त कर दिया है। और जबकि आप सोच सकते हैं कि अमीर और मशहूर लोग रोज़ाना के तनाव के उसी दर्द को महसूस करने से प्रतिरक्षित हैं, जो हम ''सामान्य लोग'' महसूस करते हैं, यह सच नहीं है। दुनिया भर में सबसे सफल और दिखने में एक जैसी दिखने वाली मशहूर हस्तियों ने भी ख़ुद की देखभाल नहीं करने के ख़तरों का अनुभव किया है।

जब हफ़िंगटन पोस्ट की संस्थापक एरियाना हफ़िंगटन 2007 में बेहोश हो गईं, तो उन्हें अहसास हुआ कि उनकी यह हालत कभी नहीं ख़त्म होने वाली दिनचर्या की वजह से हुई है, जिसकी वजह से वे दोनों तरफ़ से परेशान थीं। अपनी इस घटना के बाद, उन्होंने अपने जीवन में सकारात्मक, आत्म-देखभाल-केंद्रित बदलाव करने की क़सम खाई। उन्होंने ये बदलाव करना शुरू कर दिया और तब से दूसरों को भी ऐसा करने के लिए प्रोत्साहित किया है, जिसमें वे छोटे-छोटे क़दम उठाती हैं, जिन्हें वे ''सूक्ष्म क़दम'' कहती हैं, जैसे कि सांस लेने के व्यायाम, सोते समय अपने फ़ोन को दूसरे कमरे में चार्ज करना, कृतज्ञता का अभ्यास करने के लिए कुछ समय निकालना और अपने दिन की शुरुआत और अंत में स्वस्थ दैनिक आदतों को लागू करने का प्रयास करना। संगीतकार और अभिनेत्री क्वीन लतीफ़ा आत्म-देखभाल की एक और बड़ी समर्थक हैं। उन्होंने बताया है कि बर्नआउट से उबरने के लिए उन्हें सचमुच दूर जाना पड़ता है और अपने आस-पास के माहौल से ख़ुद को दूर करना पड़ता है, जिसके बारे में उनका कहना है कि यह सिर्फ़ एक शब्द नहीं है। उन्होंने कहा, ''आप सेलुलर स्तर पर शारीरिक रूप से थक सकते हैं।'' उनकी निवारक आदतों में ख़ुद को जांचने के लिए समय निकालना और चेतावनी के संकेतों पर ध्यान देना, साथ ही दोस्तों, परिवार और यहां तक कि पेशेवर संसाधनों का समर्थन सिस्टम होना शामिल है।

2019 में, पूर्व प्रथम महिला मिशेल ओबामा ने इस बारे में बात की कि हम ख़ुद की देखभाल करने के लिए इतना संघर्ष क्यों करते हैं। ''हम दूसरों के लिए देने और करने में इतने व्यस्त हैं कि हम ख़ुद के लिए समय निकालने के लिए लगभग दोषी महसूस करते हैं।'' उन्होंने आत्म-देखभाल के बारे में खुली बातचीत करने के महत्त्व पर ज़ोर दिया, यह ध्यान में रखते हुए कि हमें यह सुनिश्चित करने के लिए

अभी क़दम उठाने की ज़रूरत है कि आने वाली पीढ़ियां इस अवधारणा के बारे में एक स्वस्थ दृष्टिकोण को बढ़ावा दें।

बर्नआउट से कोई भी अछूता नहीं है। इससे कोई फ़र्क़ नहीं पड़ता कि आप कौन हैं या आप जीविका के लिए क्या करते हैं; हम सभी दैनिक दबावों से जूझ रहे हैं जो वास्तव में हमारे दिमाग़ और शरीर पर भारी पड़ सकते हैं। अपने तनाव के बारे में खुलकर बात करने में कोई शर्म नहीं है, और ख़ुद को पहले रखने में कोई अपराधबोध नहीं होना चाहिए, आदर्श रूप से लाल झंडे और चेतावनी के संकेत दिखने से पहले–और उस दीवार से टकराने से बहुत पहले। हमें ख़ुद को छोड़कर हर किसी की देखभाल करने के चक्र को पहचानने और उस पर सीमाएं लगाने की ज़रूरत है। अन्यथा, हम अल्पकालिक मांगों के जवाब में ख़ुद को अपनी सीमाओं तक धकेलते रहेंगे, जिससे हम इस हद तक थक जाएंगे कि हम मुश्किल से काम कर पाएंगे। यह स्वस्थ जीवन जीने का एक स्थायी तरीक़ा नहीं है, और यह हमें उन भंडारों से वंचित करता है, जिनकी हमें अधिक ठोस, दीर्घकालिक चीज़ों के लिए ज़रूरत होती है।

और भले ही आपको ऐसा नहीं लगे कि आप बर्नआउट के कगार पर हैं, लेकिन ख़ुद का ख़याल रखने से समग्र स्वास्थ्य में सुधार और आत्म–जागरूकता में वृद्धि हो सकती है, जो दोनों ही अधिक व्यक्तिगत आत्मविश्वास और उत्पादकता के उच्च स्तर पर निर्भर करते हैं। यही कारण है कि कई एम्प्लायर बेहतर शारीरिक और मानसिक स्वास्थ्य की आवश्यकता के प्रति सचेत रहना आसान बना रहे हैं। उदाहरण के लिए, कॉफ़ी की दिग्गज कंपनी स्टारबक्स पर विचार करें। 2020 में, अपने कर्मचारियों के मानसिक स्वास्थ्य को प्राथमिकता देने के प्रयास में, स्टारबक्स ने सभी अमेरिकी भागीदारों और पात्र परिवार के सदस्यों के लिए मानसिक स्वास्थ्य प्रदाता के साथ बीस निःशुल्क सत्र प्रदान करने वाला एक वार्षिक लाभ कार्यक्रम लागू किया। *आपको* अपना बेहतर ख़याल रखने से कौन रोक रहा है? सिर्फ़ एक ही बाधा है : *आप!*

ख़ुद को इसके लिए दोषी मानने में कोई शर्म नहीं है। बहुत से पुरुष और महिलाएं महसूस करते हैं कि अपनी ज़रूरतों को ध्यान में रखना और ख़ुद की देखभाल के तरीक़ों को प्राथमिकता देना किसी तरह की कमज़ोरी या भेद्यता को दर्शाता है। लेकिन मैं आपको यह बता दूं : अगर आप ख़ुद की देखभाल नहीं करते हैं, तो आपके पास अपने प्रियजनों की देखभाल के लिए कुछ भी नहीं बचेगा। इसलिए यह महत्त्वपूर्ण बदलाव करने के लिए क़दम उठाएं – अगर अपने लिए नहीं, तो उन लोगों के लिए जिन्हें आप अपना सर्वश्रेष्ठ देना चाहते हैं।

जबकि हर किसी की ज़रूरतें अलग–अलग होती हैं, और हर किसी के पास वित्तीय और उपलब्ध समय दोनों के मामले में अलग–अलग संसाधन होते हैं,

आत्म-देखभाल की ख़ूबसूरती यह है कि इसमें समय लेने वाली और महंगी चीज़ें नहीं होती हैं। यह आपकी ज़रूरत के हिसाब से हो सकता है।

और आप जानते हैं क्या? आप इसके साथ रचनात्मक हो सकते हैं! मेरी एकमात्र पूर्ण अनुशंसा यह है कि आप दैनिक स्व-देखभाल की आदत को लागू करें।

यह *आपका* समय है। तो क्या हुआ अगर आपके पास केवल पांच मिनट का समय बचा है? एक त्वरित स्ट्रेच के लिए नीचे उतरें और अपने शारीरिक मूवमेंट पर ध्यान केंद्रित करें और उसका आनंद लें। क्या आपके पास दस मिनट हैं? अपने मस्तिष्क को त्वरित फ़्लेक्स देने के लिए किसी ऐसे विषय पर पॉडकास्ट सुनें जिसमें आपकी रुचि हो। बीस मिनट? एक कप चाय या कॉफ़ी बनाएं और बस बैठने और चुस्की लेने के लिए एक जगह ढूंढ़ें और-आह-रुकें और सांस लें। एक बार जब आप स्व-देखभाल करने पर ध्यान केंद्रित करना शुरू कर देते हैं, तो उस समय को बिताने के सभी प्रकार के तरीक़े आपके पास आ जाएंगे। बस उस समय जो भी सही लगे, उसे करें, जब तक कि ध्यान आप पर हो। कई लोगों ने पाया है कि मालिश और ध्यान जैसी सभी सामान्य स्व-देखभाल दिनचर्या के अलावा, ऑनलाइन दुनिया में बहुत कुछ है। 2011 में, एक रहस्यमय वेब पेज, www.donothingfor2minutes.com, ऑनलाइन उभरा। इसने पानी के ऊपर एक शांत सूर्यास्त की पृष्ठभूमि दिखाई और धीरे-धीरे टकराने वाली लहरों की आवाज़ पेश की। जैसे ही आप पेज पर पहुंचे, स्क्रीन के ऊपरी बाएं कोने में एक सूक्ष्म लिपि में ''शांत'' शब्द दिखाई दिया। स्क्रीन के केंद्र में, एक छोटा सा उलटी गिनती टाइमर निर्देश के साथ शुरू होगा - दो मिनट तक कुछ भी नहीं करें। स्क्रीन के नीचे एक और निर्देश था : बस आराम करें और तरंगों को सुनें। *अपने माउस या कीबोर्ड को नहीं छुएं।*

यदि आपने दो मिनट समाप्त होने से पहले अपने कीबोर्ड या माउस को छुआ, तो टाइमर लाल हो जाएगा, रीसेट हो जाएगा, और दो मिनट की उलटी गिनती फिर से शुरू हो जाएगी। कार्य सरल लग रहा था : दो मिनट तक कुछ भी नहीं करें। और फिर भी, आप कल्पना कर सकते हैं कि लोगों ने कैसे संघर्ष किया! दो मिनट एक लंबा समय है, जब आपसे अपने माउस के साथ छेड़छाड़ नहीं करने या अपने कीबोर्ड पर टैप, टैप, टैप नहीं करने के लिए कहा जाता है।

जो लोग पूरे दो मिनट तक टिके रहने में कामयाब रहे, उन्हें अधिक जानकारी के लिए अपना ईमेल रजिस्टर करने के लिए कहा जाएगा।

इसके लॉन्च होने के दो हफ़्तों के भीतर ही एक लाख से ज़्यादा लोगों ने बिना यह जाने कि वे किस लिए साइन अप कर रहे हैं, रजिस्टर कर लिया। और

उसके कुछ महीने बाद, एक नई वेबसाइट का अनावरण किया गया : Calm.com. जी हां, वही Calm।

शुरुआत में, इस साइट को सिलिकॉन वैली डेवलपर्स द्वारा महसूस किए जाने वाले तनाव को प्रबंधित करने में मदद करने के लिए डिज़ाइन किए गए टूल के रूप में विपणन किया गया था, लेकिन वेबसाइट ने अपने दर्शकों का विस्तार करने में ज़्यादा समय नहीं लगाया और 2019 तक कंपनी का राजस्व 150 मिलियन हो गया। मुझे लगता है कि यह कहना सुरक्षित है कि सह-संस्थापक एलेक्स ट्यू और माइकल एक्टन स्मिथ ने यहां कुछ ख़ास किया : लोगों को तनाव कम करने के लिए और अधिक तरीक़ों की आवश्यकता थी।

फिर, जब 2020 की शुरुआत में महामारी आई, तो आत्म-देखभाल की ज़रूरत पहले से कहीं ज़्यादा स्पष्ट हो गई, कुछ हद तक इसलिए क्योंकि हम सभी ने अपनी दैनिक दिनचर्या पर नियंत्रण खो दिया था। क्या आपने कभी सोचा था कि आप वह दिन देखेंगे, जब आपकी किराने की ख़रीदारी में टॉयलेट पेपर के लिए शहर में खोजबीन करनी होगी? क्या आपने कभी सोचा था कि आपको बताया जाएगा कि आप कब और कहां जा सकते हैं – या यहां तक कि आप अपना घर छोड़ सकते हैं या नहीं? जैसे-जैसे महामारी बढ़ती गई, मैंने अपने भीतर बढ़ती घबराहट को महसूस किया – और उन लोगों के लिए डर और अनिश्चितता जिन्हें मैं प्यार करता थी और जिनकी परवाह करता थी। मैंने यह भी पहचाना कि इस डर की भावना को बनाए रखना जवाब नहीं था। मुझे अपना ख़याल रखना था। जैसा कि हमने पहले चर्चा की थी, हम दुनिया की सभी योजनाएं बना सकते हैं, लेकिन कभी-कभी हमें दिशाएं बदलनी पड़ती हैं, और महामारी ने मुझे अपनी कई आदतों, जिसमें आत्म-देखभाल भी शामिल है, के मामले में ऐसा करने के लिए मजबूर किया। कुछ मायनों में, मुझे बॉक्स के बाहर सोचना पड़ा। और जब मैंने ऐसा किया, तो मुझे अहसास हुआ कि मैं उन चीज़ों पर ध्यान केंद्रित करके अपना ख़याल रख सकती हूँ, जिन्हें मैं नियंत्रित कर सकती हूं – विशेष रूप से, मेरी प्रतिक्रियाएं और मेरी मानसिकता।

जब उस वक़्त लोग मुझसे पूछते थे कि "इतनी सारी चीज़ों के बावजूद आप कैसे मैनेज कर रही हैं?" तो मेरा जवाब होता था कि मैंने अपनी दिनचर्या को यथासंभव सब कुछ जारी रखने का प्रयास किया। सुरक्षित रूप से और हर एहतियात को ध्यान में रखते हुए, ज़ाहिर है – लेकिन हमेशा आगे बढ़ते रही!

वायरस के कारण होने वाली परेशानियों के बावजूद मैं अपने दिन आगे की दिशा में आगे बढ़ती रही। मुझे उदाहरण पेश करने की ज़रूरत थी, और इसे जारी रखने और अनुकूलन के नए तरीक़े खोजने के मेरे दृढ़ संकल्प ने मेरे आस-पास के लोगों को मेरे आत्मविश्वास से भर दिया और मैं भी ऐसा ही करती रही।

जब दिन के हालात से अभिभूत महसूस करती, तो मैं अपने माता-पिता की उन कहानियों को याद करती, जो उन्होंने इटली में द्वितीय विश्व युद्ध के दौरान बिताए अपने समय के बारे में सुनाई थीं। 1944 में, उन्होंने कैसिनो शहर में युद्ध की भयावहता का अनुभव किया, जहां वे दोनों रहते थे : कभी ना ख़त्म होने वाले, तीखे सायरन और बमबारी जिसने सड़कों को बर्बाद कर दिया, उनके घरों को नष्ट कर दिया, एक समय पर मेरी मां अपने भाई-बहनों से बिछड़ गईं, उनमें से कुछ बाद में फिर से मिलकर पहाड़ी के किनारे एक गुफा में कुछ समय के लिए शरण ली। उनकी पीठ में लगी चोट का इलाज करते हुए, मेरी मां और उनका परिवार तीन महीने तक उस बंजर गुफा में रहे, भोजन और सामान जुटाने के लिए संघर्ष करते हुए, अपनी आशा और एक-दूसरे का साथ थामे रहे। मैंने अपने माता-पिता और उन रिश्तेदारों के बारे में सोचा, जो इन अकल्पनीय परिस्थितियों से प्रभावित हुए, और मुझे इस बात में बहुत ताक़त मिली कि हम सभी ऐसे लोगों से आए हैं, जिन्होंने कुछ न कुछ झेला है, और हम भी झेल सकते हैं।

जब मैंने अपने माता-पिता से पूछा कि वे इस नए अनिश्चितता के युग में कैसे महसूस कर रहे हैं, जब महामारी ने दुनिया में इतनी अराजकता फैला दी है, उन्होंने मुझे बताया कि यह भी एक और युद्ध है जिसे झेलना है, लेकिन इस बार का अंतर यह है कि दुश्मन को आप देख नहीं सकते। उनकी ताक़त और निरंतर सहनशीलता मेरे लिए प्रेरणा हैं और मुझे रोज़ाना यह याद दिलाती हैं कि हमारी आभार और सकारात्मकता में कितनी शक्ति है, और हमें वहां ताक़त मिल सकती है।

मैंने अपनी सकारात्मकता को एक आदत की तरह मान लिया है - बस एक और व्यवहार जिसे मैं एक निरंतर उपकरण और संसाधन के रूप में देखती हूं। यह हमेशा आसान नहीं रहा है, ज़ाहिर है, लेकिन मैंने यह अपने लिए और अपने आस-पास के सभी लोगों के लिए किया है, यह तय करके कि 'बुरी चीज़ों' के बोझ तले कभी नहीं दबूंगी। हम सभी को बुरे पल, बुरे दिन, कठिन सप्ताह - सबकी इजाज़त है। यह तो बस जीवन है!

लेकिन हमें सुनिश्चित करना चाहिए कि वे कठिन दौर और अप्रिय भावनाएं अपवाद हों, नियम नहीं। अस्थायी असंतोष स्वाभाविक है, लेकिन वे भावनाएं बस एक जगह होनी चाहिए जहां आप जाते हैं, वह मानसिक स्थान नहीं जहां आप रहते हैं। दुखी रहना एक आदतन रवैया बन सकता है, इसलिए यह महत्त्वपूर्ण है कि हम सक्रिय रूप से सकारात्मक होने का चुनाव करें।

और अंत में, मेरी रोज़ाना आत्म-देखभाल की आदतों में उत्पादकता पर ज़ोर, सक्रिय रहना और चीज़ों को यथासंभव हल्का रखना शामिल है। हम कभी भी अपने आप पर हँसने की क्षमता नहीं खो सकते; जीवन कठिन हो सकता है, लेकिन हमें इसे *हमेशा* इतनी गंभीरता से नहीं लेना चाहिए।

हमें हास्य खोजने और समय-समय पर तनाव को हँसी में उड़ा देने की ज़रूरत है! महामारी से पहले, आत्म-देखभाल को अच्छा करने की सलाह दी जाती थी, लेकिन अब यह उससे बढ़कर है।

आत्म-देखभाल एक अनिवार्य जीवन रक्षा कौशल है।

यह वही है, जैसा वे विमान में उड़ान परिचारक की सुरक्षा घोषणा के दौरान कहते हैं : आपातकाल की स्थिति में, अपने बगल वाले व्यक्ति की मदद करने से पहले अपना ऑक्सीजन मास्क पहनें। क्यों? क्योंकि अगर ऑक्सीजन की कमी से आप बेहोश हो गए, तो आप अपने या अपने बगल वाले व्यक्ति के किसी काम के नहीं रहेंगे। आत्म-देखभाल ना तो तुच्छ है और ना ही स्वार्थी; यह वास्तव में सबसे महत्त्वपूर्ण उपकरण हो सकता है, जिसका उपयोग आप अपने सबसे स्वस्थ और सबसे ख़ुशहाल संस्करण बनने के लिए कर सकते हैं।

कार्रवाई आइटम #14 : कुछ दैनिक आत्म-देखभाल की आदतों की पहचान करें जिन्हें आप किसी भी दिन आसानी से लागू कर सकते हैं।

हर दिन एक पल लें और सभी अराजकता के बीच कुछ शांति खोजें। रुको। सांस छोड़ो। मुझ पर विश्वास करो जब मैं कहती हूं कि : यह देखना काफ़ी आसान है कि कौन लोग अपने शारीरिक, भावनात्मक, और मानसिक कल्याण को प्राथमिकता दे रहे हैं और उन्हें उन लोगों से अलग करना जो बस दुखी होने के लिए तैयार और इच्छुक हैं!

आदत 15

नींद को वरीयता दें

"अपने भीतर दबी–छुपी महान विचारों को खोजने के लिए नींद की शक्ति को समझने की कोशिश करें।"

– अरियाना हफ़िंगटन

कुछ आरामदायक वस्त्र धारण कर लें, चद्दर तान लें, और आराम से ख़ुद को व्यवस्थित कर लें - क्योंकि अब हमारे नींद पर बात करने का वक़्त हो चला है।

एक समय की बात है, जब व्यवसाय में और अपनी निजी ज़िंदगियों में, लोग थकन को एक तमगे की तरह धारण करते थे।

उस समय और उस समय को बीते अभी बहुत वक़्त नहीं हुआ, अपनी नींद को वरीयता देना कल्पना से परे था क्योंकि आपको यह एक आलसी और अंडर एचीवर दिखाता था।

आख़िर में सोने का समय किसके पास है? जैसा कि उस समय की लोकप्रिय धारणा था, नींद कमज़ोरों के लिए हुआ करती थी। और नींद के बारे में सभी के यही विचार हुआ करते थे। जिनके भीतर कुछ कर गुज़रने का जूनून नहीं हुआ करता था, नींद उनके लिए हुआ करती थी। *आंखों के नीचे काली थैलियां बनना?* यह सबूत हुआ करता था कि आप चीज़ों को पूरा किए जा रहे हैं। ऑफ़िस में कम सोना असल में उस वक़्त डींगें हांकने का अधिकार आपको अर्जित करा देती थी। जो भी सबसे कम नींद पर काम किए जा रहा था उसका अर्थ यह होता था कि आप व्यस्त हैं और अंततः इस कारण आप सफल भी हैं।

यह शुक्र की बात है की नींद के बारे में प्रचलित नैरेटिव अब बड़े पैमाने पर बदल चुका है। अब लोकप्रिय धारणाओं में - नींद की महत्ता पर ज़्यादा फ़ोकस

है – जो एक तरह से पिछली लोकप्रिय सिद्धांत से पूरी तरह उलट है। आपका जाग्रत जीवन कितना सफल होगा इसका एक बहुत बड़ा अंतर्निहित कारक है – नींद की गुणवत्ता। इसके बारे में ज़रा सोचिए : यदि ''सफल दिन'' आपके शारीरिक, भावनात्मक और मानसिक स्वास्थ्य का प्रतिबिंब हैं, और ये सभी चीज़ें आपके नींद के पैटर्न से बड़े पैमाने पर प्रभावित होती हैं। वैसे भी यह बेहद तर्कसम्मत है और इसे समझना मुश्किल नहीं है।

नींद और सचेतन उत्पादकता के बीच संबंध निर्विवाद है। जब आप नींद को प्राथमिकता देते हैं तो यह आपके दिन में एक बढ़त ला देती है जोकि आपके व्यावसायिक और व्यक्तिगत जीवन में एक गेम चेंजर का काम कर सकती है। और इन सब का अर्थ है कि आपको अपनी शरीर की सुननी होती है और अपने शरीर को वह प्रदान करना होता है जिसकी उसे ज़रूरत है।

और आपको गौर से सुनना चाहिए क्योंकि आपका शरीर आपसे बात करता है!

जब आप भूखे होते हैं, तो आप ख़ाली पेट की गहरी गड़गड़ाहट को महसूस कर सकते हैं। जब आप चिंतित होते हैं, तो आप उन तितलियों को अपने पेट के गड्ढे में पंख फड़फड़ाते हुए महसूस कर सकते हैं। और जब आप थके हुए होते हैं, तो वे भारी पलकें और अंतहीन उबासी संचार के कुछ और माध्यम हैं जिनका उपयोग आपका शरीर आपको संदेश भेजने के लिए करता है। और जब आप इतने थक जाते हैं कि आप ख़ाली ईंधन पर दौड़ रहे होते हैं, तो आपका शरीर निश्चित रूप से आपको बताएगा, कभी-कभी ऐसे तरीक़े से संदेश भेजता है जो आपको पसंद नहीं होंगे – और आप चूक नहीं सकते।

नींद की कमी पर काम करते जाना सबसे पहले तो आपके मस्तिष्क के लिए बेहद हानिकारक होता है। आपकी ध्यान केंद्रित करने की क्षमता कम हो जाती है, समस्याओं को हल करने की क्षमता भी कम होती जाती है, या फिर किसी कार्य को कैसे करना है, उससे रास्ता कैसे निकालना है इसकी क्षमता भी आपकी कम हो जाती है। आप चीज़ें भूलने लग जाते हैं और आपकी उत्पादकता को एक बड़ा झटका लगता है। आपकी मनोदशा और ऊर्जा का स्तर आपकी नींद या उसकी कमी से भी प्रभावित होता है, और चिड़चिड़ापन नींद की कमी का एक सामान्य परिणाम है। आप अपनी संज्ञानात्मक क्षमता में कमी महसूस करेंगे जिससे आपकी मोटर स्किल्स प्रभावित होती हैं, जिससे आपकी प्रतिक्रिया और प्रतिक्रिया देने का समय बढ़ जाता है, और आप एक्सीडेंट्स और दुर्घटनाओं के प्रति अधिक संवेदनशील हो जाते हैं।

मैं हमेशा किसी भी ऐसे व्यक्ति को दूर से ही देख कर पहचान सकती हूं कि उसकी नींद पूरी नहीं हो रही है। यह उनकी कांचदार आंखों, उनकी धीमी प्रतिक्रिया

समय और यहां तक कि वे ख़ुद को कैसे संभालते हैं, उस में भी व्यक्त होता है। और इसको छुपाया नहीं जा सकता।

नींद की कमी के परिणामस्वरूप सभी प्रकार की गंभीर अल्पकालिक और दीर्घकालिक स्वास्थ्य समस्याएं भी होती हैं :

- समय से पूर्व बुढ़ापा
- हृदय संबंधी समस्याएं
- उच्च रक्तचाप
- आघात
- मधुमेह
- अवसाद
- कमज़ोर प्रतिरक्षा प्रणाली

और हालांकि यह उपरोक्त कुछ जीवन-घातक मामलों जितना महत्त्वपूर्ण नहीं हो सकता है। नींद की कमी भी सेक्स ड्राइव का हत्यारा है! संक्षेप में ख़राब नींद के नुक़सान बहुत ज़्यादा हैं। बुरी नींद की आदतों का वस्तुतः कोई लाभ नहीं है। कोई भी नहीं।

आइए सुबह जल्दी जागने की क्रिया पर वापस आएं। लेकिन यह करने से अधिक कहना आसान है, है ना? हममें से अधिकांश से, यदि पूछा जाए, तो हम कहेंगे कि हमें उठने में कठिनाई होती है क्योंकि हम देर से सोए थे या हमारी ''नींद ख़राब'' थी। इसका अर्थ यह है कि हमने अपनी शामों को अपनी सुबहों को तय करने की अनुमति दे रखी है। और इस तरह हमारे पूरे दिन के ऊर्जा का स्तर भी परिभाषित हो जाता है। दुर्भाग्य से, यह एक अस्वास्थ्यकर चक्र की ओर ले जाता है और अंततः, हम थक जाते हैं और किसी ख़राब इंजन की तरह धुआं छोड़ने लगते हैं।

नैशनल स्लीप फ़ाउंडेशन का सुझाव है कि छब्बीस से चौंसठ वर्ष की आयु के लोगों को प्रति रात सात से नौ घंटे की नींद लेनी चाहिए। एक पल के लिए इस बात को समझने की कोशिश करें। सात से नौ घंटे। प्रति रात। हर रात। आपके पास एक दिन में 24 घंटे हैं और आपको इसका लगभग एक-तिहाई हिस्सा सोने में बिताना चाहिए। हममें से अधिकांश लोग उस कोटा को पूरा नहीं कर पाते हैं, आंशिक रूप से क्योंकि पारिवारिक मामलों, काम के दबाव और हमारे दिमाग़ में आने वाले अन्य सभी विचारों के कारण हमें आराम करने और सो जाने में विशेष रूप से कठिन समय लगता है।

लेकिन क्या सोने की मात्रा मायने रखती है? क्या इस बात का ज़्यादा अर्थ नहीं निकलता की आप अपनी स्लीप साइकिल को इस आधार पर चुनें की आप उस दिन कैसे महसूस कर रहे हैं? अगर आपकी नींद छह घंटे की पूरी होती है और आप जब उठते हैं तो ऊर्जा से भरे हुए होते हैं तो क्या इससे कोई फ़र्क़ पड़ता है कि आपने एनएसएफ़ द्वारा सुझाए गए लक्ष्य को पूरा नहीं किया है?

चलिए इन प्रश्नों को एक क़दम और आगे बढ़ाते हैं, आप इस विचार से कितने सहमत हैं कि अच्छी नींद की तलाश के लिए आपको और *अधिक सोने* की आवश्यकता होती है? मेरा मतलब है, यदि आप भरपूर नींद ले रहे हैं, लेकिन फिर भी जागते समय आपको ऐसा महसूस होता है जैसे कि आप किसी बस से टकरा गए हों, और केवल अपने फ़ोन पर स्नूज़ बटन तक पहुंचने के लिए ही हाथ खींच रहे हों, तो क्या वास्तव में यहां नींद की *मात्रा* ही समस्या है? या यह गुणवत्ता का प्रश्न है?

मेरे अनुभव में, गुणवत्ता महत्त्वपूर्ण है। चाहे आपको रात में अपने पूरे घंटे मिलते हों या दिन भर में नींद और ''आरामदायक क्षणों'' का संयोजन मिलता हो (मैं ख़ुद झपकी लेने वाला नहीं हूं, हालांकि मुझे पता है कि कुछ लोग इसकी क़सम खाते हैं)। मुद्दा यह है कि यदि आपका शरीर और दिमाग़ सकारात्मक प्रतिक्रिया दे रहे हैं, और यदि हां, तो आप इसे सही कर रहे हैं। और आप अपना समय कैसे व्यतीत करते हैं इसके लिए आप ही ज़िम्मेदार हैं – यहां तक कि, और विशेष रूप से, जब आप सोकर बिताते हैं।

इसलिए आंकड़ों और विशेषज्ञ अनुशंसाओं के बारे में बहुत अधिक चिंता नहीं करें, और अपने आप पर बहुत अधिक कठोर नहीं हों। आप अपना सर्वश्रेष्ठ प्रयास कर रहे हैं, और यह तथ्य कि यह पुस्तक आपके हाथ में है, इस बात का सकारात्मक प्रमाण है कि आप सक्रिय हैं और सुधार करने का प्रयास कर रहे हैं। सबसे महत्त्वपूर्ण बात जो आप अभी कर सकते हैं वह है अपनी नींद के पैटर्न के प्रति सचेत रहना ताकि यदि आवश्यक हो तो आप उन्हें सकारात्मक रूप से बदल सकें और फिर यह पता लगा सकें कि आपके लिए क्या काम करता है।

जब आप इस तरह से अपना दृष्टिकोण बदलते हैं, तो आप ''अधिक नींद'' पर ध्यान केंद्रित करना बंद कर देंगे और इसके बजाय अपना ध्यान सुबह में *अधिक समय* का लाभ उठाने पर केंद्रित कर देंगे। यह लाभों का चक्रीय चक्र है जिससे आप जुड़ जाएंगे। यह नई मानसिकता, जो अतिरिक्त समय को सबसे अधिक महत्त्व देती है, वह है जो आपको ना केवल अपनी नींद और सुबह, बल्कि अपने पूरे दिन पर भी महारत हासिल करने की राह पर ले जाएगी।

और ऐसा करने के लिए, आपको पर्याप्त नींद की ज़रूरत है ताकि आपका मस्तिष्क आराम कर सके और रिचार्ज़ हो सके। इस डाउनटाइम के बिना, आप अनिवार्य रूप से अपने मस्तिष्क को वह नहीं दे रहे हैं जिसकी उसे आवश्यकता है। और जब आप अपने आप को केवल 24 घंटों के लिए इस बुनियादी मानवीय आवश्यकता से वंचित कर देते हैं, तो आपकी कार्य करने की क्षमता उस स्थिति के बराबर हो जाती है, जब आपके रक्त में अल्कोहल का स्तर 0.10 प्रतिशत होता, जो रिकॉर्ड के लिए, ड्राइविंग के लिए क़ानूनी सीमा से अधिक है। और यदि आप अड़तालीस घंटे की नींद चूक जाते हैं, तो आप अत्यधिक नींद की कमी की स्थिति में प्रवेश कर चुके हैं। इस बिंदु पर, आप बढ़े हुए तनाव और थकान की उम्मीद कर सकते हैं, लेकिन हैलुसिनेशन भी संभव है। जाहिर है, आपके प्रतिक्रिया समय और सजगता पर बहुत असर पड़ेगा क्योंकि आपका शरीर और दिमाग़ चलते रहने के लिए संघर्ष करते हैं। और इस बिंदु के बाद, आप सुरक्षित रूप से मान सकते हैं कि नींद की कमी के आपके लक्षण काफ़ी ख़राब हो जाएंगे। इस बात को कहने की ज़रूरत नहीं की वे बेहद ख़तरनाक होंगे।

अल्पावधि में, नींद की कमी आपको दिमाग़ और पैरों में धीमा, भुलक्कड़, चिड़चिड़ा और काफ़ी कम उत्पादक बना देगी। लंबी अवधि में, यह आपको एक या कई तरीक़ों से बीमार बना देगा। यह दिया गया तथ्य है। तो, अब जब आप बेहतर जान गए हैं, तो आइए बेहतर करें और इन सब से आगे बढ़ें!

एरियाना हफ़िंगटन की बेस्टसेलर द स्लीप रिवोल्यूशन में, वह थकावट से अपने पतन के बारे में लिखती है – यह देखते हुए कि ख़ाली ईंधन पर काम करने से वह ख़ुद का ''सबसे ख़राब संस्करण'' बन गई है। इस बात पर ज़ोर देते हुए कि ''नींद आपका जीवन बदल सकती है,'' वह इसे ''प्रदर्शन-वृद्धि उपकरण'' के रूप में सोचती है। वास्तव में, उद्यमी और दो बच्चों की मां इस बात पर दृढ़ हैं कि उन्हें सबसे बड़ी व्यावसायिक सफलता तभी मिली जब उन्होंने अपना ख़याल रखना शुरू किया। यह आत्म-देखभाल के प्रति उनका नया समर्पण था जिसने स्वयं के सबसे रचनात्मक, उत्पादक और ख़ुशहाल संस्करण को जन्म दिया।

अपने दैनिक स्व-देखभाल रूटीन के हिस्से के रूप में, वह सोने से तीस मिनट पहले इलेक्ट्रॉनिक उपकरणों का उपयोग करने से बचती है, सोने के कपड़े में ख़ुद को बदलती है, और हर रात एक ऐसी जगह बनाती है जो सर्वोत्तम संभव नींद के लिए अनुकूल हो।

ठीक है, मैं आपको आंखें घुमाते हुए देख सकती हूं। सोने से पहले किसी भी उपकरण का कोई उपयोग नहीं? ज़ेन जैसी जगह सिर्फ़ सोने के लिए अलग रखी गई है? मैं यह बख़ूबी जानती हूं कि हम सबके लिए यह संभव नहीं है। और कई

लोगों के लिए, आपका ''सोने का स्थान'' वास्तव में एक शयनकक्ष हो सकता है जो आपके बच्चों के लिए एक घूमने वाला दरवाज़ा भी है। और मुझे यक़ीन है, हफ़िंगटन की बाक़ी सभी नींद की रणनीतियों के लिए, कोई ऐसा (वैध) कारण होगा कि यह सबके लिए काम नहीं करेगा। लेकिन बात बस इतनी नहीं है।

यहां याद रखने वाली बात यह है कि आत्म-देखभाल की तरह नींद से भी समझौता नहीं किया जा सकता है। आपको इसकी आवश्यकता पड़ेगी। इसके बिना आप काम नहीं कर सकते। इसलिए आप अपना सर्वश्रेष्ठ करें। और धीरे-धीरे पूर्णता की तरफ़ प्रगति करें।

अब इन सभी बातों में मुझे भी अपनी छोटी-मोटी सलाह जोड़ने दीजिए : मेरा सुझाव है कि सोने से पहले शराब का एक गिलास (या जो भी) नहीं पिएं। अध्ययनों से पता चला है कि शराब पीने से नींद में खलल पड़ सकता है, अनिद्रा हो सकती है और अगले दिन थकान बढ़ सकती है। वास्तव में, थकान की भावना हर दिन सुबह 2:00 बजे और दोपहर 2:00 बजे चरम पर होती है, यहां तक कि उन लोगों के लिए भी जो सोने से पहले शराब नहीं पीते हैं, लेकिन शराब से यह बढ़ सकती है। यही कारण है कि लोग दिन के मध्य में कम ऊर्जावान महसूस करते हैं या ''दीवार से टकराते हैं, और यही कारण है कि अपनी ऊर्जा को बढ़ावा देने और आपको ट्रैक पर रखने के लिए स्वस्थ खाद्य पदार्थों के साथ अपने शरीर को ईंधन देना इतना महत्त्वपूर्ण है!''

याद रखें : आपकी नींद का जीवन और जागने का जीवन आपस में जुड़ा हुआ है, इसलिए गुणवत्तापूर्ण नींद को दैनिक प्राथमिकता बनाना आपके दिन के प्रकार को व्यापक रूप से प्रभावित करेगा।

कार्रवाई आइटम #15 : अपनी नींद को बेहतर बनाने के लिए विभिन्न तरीक़ों का प्रयोग करें।

शायद आप पंद्रह मिनट पहले बिस्तर पर जाने का प्रयास कर सकते हैं। हो सकता है कि आप सोने से पहले एक गर्म गिलास दूध पी सकते हैं या एक कप कैमोमाइल चाय पी सकते हैं। या हो सकता है कि आप कुछ शोर रद्द करने वाले ईयरबड लगा सकते हैं और काम (calm) जैसे ऐप के माध्यम से एक सुखदायक नींद साउंडस्केप में ट्यून कर सकते हैं। आप जो भी कर सकते हैं उससे शुरुआत करें और वहीं से काम करें।

अंतिम विचार

"हमारे पास दो जीवन हैं, और दूसरा तब शुरू होता है जब हमें अहसास होता है कि हमारे पास केवल एक ही है।"

–कन्फ़्यूशियस

2019 में मुझे टोनी रॉबिंस की पावर ऑफ़ सक्सेस इवेंट शृंखला में अतिथि वक्ता और पैनलिस्ट के रूप में भाग लेने के लिए आमंत्रित किया गया था, जो टोरंटो में आयोजित हुआ था। मेरी व्यक्तिगत मंच समय के अलावा, इस इवेंट के एक हिस्से के लिए, मैं एक पैनल के साथ बैठी जिसमें बेस्टसेलिंग लेखक और उद्यमी जैसे राचेल होलिस और मॉली ब्लूम जैसी ताकतवर महिलाएं शामिल थीं।

यह दिन मेरे लिए प्रवाह के साथ चलने का सबक़ बनने वाला था। और यह सबक मंच पर क़दम रखने से पहले ही शुरू हो गया। शुरू से ही सब कुछ जल्दबाजी में लग रहा था। जिस ड्राइवर को हमने पहले से निर्धारित किया था, वह देर से चल रहा था। इस समय, किसी और को बुलाने या इंतज़ार करने का समय नहीं था। मैं अपनी टीम के कुछ सदस्यों के साथ कार में बैठी और ख़ुद हमें स्थल तक ले गई।

यह इवेंट सुबह 8:30 बजे शुरू होने वाला था, और मुझे सुबह 11:00 बजे बोलने के लिए निर्धारित किया गया था। भारी ट्रैफ़िक में धीमी गति से चलाते हुए भी, मुझे समय का अच्छा अहसास हो रहा था। जाम में फंसे हुए घड़ी देखना बेकार था–सड़कों पर भीड़ के बारे में मैं कुछ नहीं कर सकती थी। इसलिए मैंने समय का उपयोग करने का निर्णय लिया। मैंने अपने मन को स्थिर किया और मंच पर क़दम रखने की कल्पना की। मैंने अपने मुख्य बिंदुओं पर विचार किया और अपने संदेश पर मनन किया।

मुझे अपने उत्साह में वृद्धि महसूस हुई। मैं तैयार थी, और हमेशा की तरह, मैं एक ऐसे स्थान में डूबने के लिए उत्सुक थी, जो सकारात्मक ऊर्जा से भरा हुआ हो!

अंततः गंतव्य पर पहुंचते ही और पार्किंग स्थल में खींचते ही, मुझे दिखाई दिया कि दिन की भीड़ बहुत बड़ी थी। पार्किंग से दरवाज़े तक की कुछ मिनटों की यात्रा में पैंतालीस मिनट लग गए!

जैसे ही हम वहां पहुंचे, ऐसा लगा जैसे किसी ने फ़ास्ट-फ़ॉरवर्ड बटन दबा दिया हो। एक प्रतिनिधि मेरे कार के पास दौड़ता हुआ आया, ''विवियन, कार्यक्रम में बदलाव हुआ है! आप सबसे पहले बोलेंगी! हमें आपका माइक्रोफ़ोन लगाना है!''

सबसे पहले! यानी, अभी?

ठीक है, मैंने कहा था कि मैं तैयार हूं – लेकिन क्या एक आख़िरी बार शीशे में ख़ुद को देखने का समय भी नहीं मिलेगा?

परिवर्तन पर सवाल उठाने का कोई मतलब नहीं था। *सोचने* का भी समय नहीं था! यह शो बिज़नेस है, और शो शुरू होने वाला था!

हम प्रवेश द्वार से हॉल तक, बैकस्टेज और अंततः-मंच तक तेज़ी से पहुंचे! चमकदार रोशनी और भारी भीड़- कार्यक्रम का समय हो चुका था! ऐसा लगा जैसे कार से मंच तक, मैं प्रकाश की गति से पहुंच गई थी।

मैंने मंच पर क़दम रखा और अपनी बांहों श्रोताओं की तरफ़ खोल दिया। ''गुड मॉर्निंग, टोरंटो!''

कार्यक्रम सफल रहा। मैंने मंच पर अपने इस समय का आनंद लिया, और मुझे ना केवल अन्य अतिथि वक्ताओं और पैनलिस्टों द्वारा साझा की गई कहानियों और संदेशों से, बल्कि दर्शकों से भी प्रेरणा मिली। उनका उत्साह और सच्ची रुचि प्रेरणादायक थी! *वह जिज्ञासा और सकारात्मक बदलाव की गहरी जड़ित इच्छा! यही सब कुछ है, मैंने सोचा। यही वह तरीक़ा है, जिससे हम ख़ुद को आगे बढ़ाते हैं। यही तरीक़ा है!*

तो दिन थोड़ा उन्माद के साथ शुरू हुआ था। बड़ी बात ये कि मैं तैयार थी और *फिर भी* मुझे मोड़ लेना पड़ा! यही जीवन है। और यह वह अतिरिक्त प्रोत्साहन था, जिसकी मुझे उस सुबह अपनी ऊर्जा को ओवरड्राइव में भेजने की ज़रूरत थी। सबसे पहले मंच पर आना मेरे मूल योजना का हिस्सा नहीं था, लेकिन यह छिपा हुआ आशीर्वाद साबित हुआ। मंच पर दौड़ते हुए, सहज होने और अपने वातावरण में बसने का कोई समय नहीं था-मुझे कूदना और अपने अंतर्ज्ञान पर भरोसा करना था। यह मेरा सच्चा, प्रामाणिक रूप था, जो उन दर्शकों के सामने था, और मुझे पता है कि यही वह था, जो मेरे साथ जुड़े कई दर्शकों के सदस्यों के साथ गूंज उठा।

और मैं आपको बताऊं, इन अन्य लोगों को बोलते और अपनी कहानियां बताते सुनकर, आप वास्तव में समझते हैं कि हम सभी में एक सामान्य संयोग होता

है। और मैं केवल अपने साथी अतिथि वक्ताओं की बात नहीं कर रही हूं। भीड़ से हिलते सिर, उनके चेहरों पर सच्ची मुस्कान; उन्होंने भी इसे महसूस किया। क्योंकि सच्चाई यह है, किसी का भी सफ़र जहां से शुरू होता है वहां से जहां वे पहुंचने की इच्छा रखते हैं, एक सीधी चढ़ाई नहीं होती।

यह कभी भी सीधे आपके लक्ष्यों तक नहीं पहुंचता। हम विभिन्न बिंदुओं और अद्वितीय परिस्थितियों से शुरू हो सकते हैं, लेकिन हम सभी अपने रास्ते से भटकने, अप्रत्याशित रुकावटों और राह में आने वाले मोड़ों का अनुभव साझा कर सकते हैं।

जीवन की यात्रा उतार-चढ़ाव, क़दम पीछे हटने और छूटे हुए निकासों से भरी होती है। यही जीवन है। और अगर यह ऐसा नहीं होता, तो हमारे पास बात करने के लिए बहुत कुछ नहीं होता, है ना? क्योंकि असली रोमांच यात्रा के दौरान होता है, ना कि आगमन पर। यात्रा में ही सबक़ होते हैं। यही वह जगह है, जहां आप जान पाते हैं कि आप किससे बने हैं और यह तय करते हैं कि आप कौन बनना चाहते हैं।

आगे एक रास्ता है-लंबा, छोटा; कौन जानता है? लेकिन वहां एक रास्ता है, जो चार्ट करने लायक़ है और एक यात्रा है, जो पूरी तरह से आपकी है और जिसका आप इंतज़ार कर सकते हैं।

जीवन अभी हो रहा है-इसलिए अपने आराम क्षेत्र को पीछे छोड़ें और इसमें कूदें।

आज आप जो करते हैं, वह मायने रखता है। कल आप जो करते हैं, वह मायने रखता है। आपके जीवन का हर दिन एक आशीर्वाद है, कोई गारंटी नहीं, और आपको इसे ध्यान से व्यवहार करना चाहिए। आप दीर्घकालिक लक्ष्य निर्धारित कर सकते हैं और चांद पर निशाना साध सकते हैं, लेकिन वहां पहुंचने के लिए आपको स्पष्ट और प्रभावी दैनिक आदतों की आवश्यकता है। इसे दूसरे तरीक़े से देखें, आज आप जो करते हैं (या नहीं करते हैं) वह आपके कल को या तो बढ़ावा देगा या बोझिल बनाएगा।

आइए हम उन प्रमुख अवधारणाओं की समीक्षा करें, जिनके बारे में हमने चर्चा की है कि कैसे समय को बचाया जाए (या बनाया जाए), ऊर्जा उत्पन्न की जाए या नवीनीकृत की जाए, और अन्यथा हमारे सच्चे इरादों के अनुसार जीवन जिया जाए।

आदत 1 : सुबह के पक्षियों के साथ उठें ताकि आप दुनिया के साथ एक निजी संबंध का आनंद ले सकें और वास्तव में अपने दिन की गति निर्धारित कर सकें। याद रखें, अपनी सुबहें ख़ुद बनाएं और आप पूरे दिन के मालिक होंगे!

आदत 2 : अपनी यात्रा का नक़्शा बनाएं ताकि आप ट्रैक पर बने रहें - लेकिन चक्कर लेने के लिए तैयार रहें।

आदत 3 : अपने दैनिक अनुष्ठानों को अपनाएं, जिसमें छोटे-छोटे विवरण भी शामिल हैं, ताकि आपका दिन अधिक सहजता से चल सके।

आदत 4 : पुराने रूटीन को धीरे-धीरे बदलकर और हर दिन नए रूटीन को लागू करके परिवर्तन को हासिल करें।

आदत 5 : ख़ुद के प्रति सच्चे होने के जीवन-परिवर्तनकारी लाभों की खोज करें।

आदत 6 : अपने प्रोजेक्ट्स को छोटे-छोटे क़दमों में तोड़ें ताकि एक स्पष्ट और कार्यान्वयन योग्य मार्ग बनाया जा सके, जो संतोषजनक और प्रेरणादायक हो।

आदत 7 : यह पहचानें कि ना कहना आपका सुपरपावर हो सकता है!

आदत 8 : वर्तमान में रहने की कला का अभ्यास करें ताकि आप जीवन के अनुभवों से अधिक ले सकें और दुनिया में अधिक योगदान दे सकें।

आदत 9 : उपयुक्त गैर-मौखिक संकेतों का उपयोग करके, गति को समायोजित करके और ध्यान से सुनकर, सावधानीपूर्वक शब्दों का चयन करके और कमरे को पढ़कर प्रभावी संचार रणनीतियों को अपनाएं।

आदत 10 : अपनी सबसे बड़ी ऊर्जा स्रोत का उपयोग करें - जो आपके अंदर है।

आदत 11 : अपने सोशल मीडिया का प्रबंधन करने के लिए उपयुक्त समय का निवेश करें, इस आधार पर कि आप इससे क्या प्राप्त करना चाहते हैं।

आदत 12 : अपने दिन का निरीक्षण करें; आप कभी नहीं जानते कि कौन सा छिपा हुआ सबक़ सतह पर आ सकता है और आपको आपके सबसे महान जीवन में पहुंचा सकता है।

आदत 13 : कृतज्ञता को एक दृष्टिकोण के रूप में चुनें, जिसे आप अपना सकते हैं, विकसित कर सकते हैं और बढ़ा सकते हैं।

आदत 14 : याद रखें कि आत्म-देखभाल एक अनिवार्य उत्तरजीविता कौशल है।

आदत 15 : गुणवत्तापूर्ण नींद को प्राथमिकता बनाएं, जो आपके दिन को बड़े पैमाने पर प्रभावित करेगी।

ये पंद्रह दैनिक आवश्यकताएं मेरे जीवन में सभी अंतर पैदा कर चुकी हैं, और मुझे पता है कि इन्होंने दूसरों के जीवन पर भी बड़ा प्रभाव डाला है। अब आपकी बारी है। एक संतोषजनक दैनिक जीवन आपका इंतज़ार कर रहा है। आपको बस काम करना है - और केवल आप ही यह कर सकते हैं।

याद रखें : आपको केवल यह एक जीवन मिलता है। और केवल यह एक क्षण, अभी, गारंटीकृत है। आप इसका किस तरह लाभ लेगे?

हमने इस पुस्तक में बहुत सारी बातों को समाहित किया है। हमने आदतों, व्यवहारों, समय की शक्ति के बारे में चर्चा की है - और, मुझे लगता है, रास्ते में थोड़ी बहुत हर चीज़ के बारे में, है ना? जैसा कि मैंने शुरुआत में ही कहा था, आपके अंदर पहले से ही वह सब कुछ है, जो आपको चाहिए, लेकिन मुझे उम्मीद है कि इस पुस्तक ने आपको ऐसे विचारों, रणनीतियों और उपकरणों तक पहुंच प्रदान की है, जो आपको हर दिन अपने सर्वश्रेष्ठ जीवन की ओर अपना अगला क़दम बढ़ाने में मदद करेंगे।

मैं इस यात्रा पर मेरे साथ चलने के लिए आपका धन्यवाद करना चाहती हूं। मुझे आशा है कि आप सकारात्मकता और उद्देश्य प्राप्ति के लिए अगले 24 घंटे प्रेरित महसूस करेंगे। यह क्षण, अभी परिवर्तन का एक अवसर है। जैसा कि वे कहते हैं, अगर आप एक संकेत की तलाश में थे, तो यह वही है!

अब समय आ गया है कि आप अपना सर्वश्रेष्ठ जीवन को जीना शुरू करें।

माइक ऑन, यह शो टाइम है!

इसे जियो और इसे प्यार करो! XO

लेखिका की ओर से

इस पुस्तक में, मैंने विभिन्न पृष्ठभूमियों के व्यक्तियों के ज्ञान, अध्ययन, सिद्धांतों और विचारों से प्रेरणा ली है। प्रत्येक मामले में, मैंने मूल स्रोत को नोट किए गए संदर्भों के माध्यम से श्रेय देने का पूरा प्रयास किया है। उद्धरणों के मामले में, मैं समझती हूं कि समय के साथ उद्धरणों को अक्सर ग़लत तरीक़े से समझा, बदला और ग़लत तरीक़े से उद्धृत किया जाता है, लेकिन मैंने उपयोग किए गए उद्धरणों और श्रेय दिए गए स्रोतों की सटीकता सुनिश्चित करने का पूरा प्रयास किया है।

हम सभी अपने अनुभवों और अनुभव के योग हैं, और मुझे आशा है कि मेरी अपनी अंतर्दृष्टि, साथ ही अन्य लोगों की अंतर्दृष्टि और कार्य जिन्हें मैंने इस पाठ में शामिल करना चुना है, आपके लिए उतने ही सहायक साबित होंगे, जितने कि मेरे अपने जीवन में।

संदर्भ

HABIT 1 :

Miah, R. (n.d.) "66 Good Morning Quotes by Famous People." *The Rich Gets Richer.* Retrieved August 28, 2022, from https://www.therichgetsricher.com/66-good-morning-quotes-by-famous-people/.

Sharma, Robin. *The 5am Club.* (n.d.) Retrieved September 20, 2022, from https://www.robinsharma.com/book /the-5am-club.

HABIT 2 :

Rohn, John. Retrieved from https://www.facebook.com / OfficialJiMrμOhn/posts/never-begin-the-day-until-it-is -finished-on-paper-jim-rohn/10153028657235635/.

HABIT 3 :

McRaven, Naval Adm. William H. Retrieved from https:// news.utexas.edu/2014/05/16/mcraven-urges-graduates-to -find-courage-to-change-the-world/.

McRaven, Naval Adm. William H. (2017.) *"Make Your Bed."* YouTube. https://www.youtube.com/watch?v=GmFwRkl-TTc

Duhigg, Charles. (2014.) The Power of Habit. https://charles duhigg.com/the-power-of-habit/.

Benna, Steven. "This one-minute morning routine can improve your productivity all day long." Insider. Retrieved from https://www.businessinsider.com /morning-routine-to-improve-productivity-2015-7.

Jobs, Steve. YouTube. (January 6, 2014.) YouTube. Retrieved August 28, 2022, from https://www.youtube.com / watch?v=C-kBkuaOYO4.

HABIT 5 :

Dyer, Wayne W. (n.d.) Goodreads. Retrieved March 25, 2022, from https://www.goodreads.com/quotes/7141914-you -create-your-thoughts-your-thoughts-create-your -intentions-and.

Hai, Roxanne. (May 15, 2015.) "Being vulnerable about vulnerability: Q&A with Brené Brown." Retrieved September 28, 2020, from https://blog.ted.com/being-vulnerable -about-vulnerability-qa-with-brene-brown/.

Thanh_min. (July 1, 2021.) "The Elephant Rope." *Medium.* Retrieved April 30, 2022, from https://medium.com / motµIVationapp/the-elephant-rope-c22ee790a226 #:~:text=As%20a%20man%20was%20passing%20the%20 elephants%2C%20he%20suddenly%20stopped,some%20 reason%2C%20they%20did%20not

Eurich, T. (n.d.) "Increase Your Self-Awareness with One Simple Fix." Retrieved September 28, 2020, from https:// www.ted.com/talks/tasha_eurich_increase_your_self _awareness_with_one_simple_fix?language=en.

Edelman. (n.d.) "2013 Edelman Trust Barometer Finds a Crisis in Leadership." Retrieved November 7, 2022 from https://www.edelman.com/news-awards/2013-edelman -trust-barometer-finds-crisis-leadership.

HABIT 6 :

Frederick, Ben. (February 19, 2013.) "Michael Jordan: 10 Quotes on His Birthday." The Christian Science Monitor. Retrieved August 28, 2022, from https://www.csmonitor.com/USA/Sports/2013/0219/Michael-Jordan-10-quotes-from-His-Airness-the-King/On-obstacles#:~:text=On%20obstacles,-Peter%20Jones%2F%20Reuters&text=But%20obstacles%20don't%20have,2%20of%2010.

Boogard, Kat. (2019.) "What's Microproductivity? The Small Habit That Will Lead You to Big Wins." *Trello.* https://blog.trello.com/microproductivity-break-tasks-into-smaller-steps.

Cowan, N. (2010.) "The Magical Mystery Four: How Is Working Memory Capacity Limited, and Why?" *CurrentDirections in Psychological Science,* 19(1), 51–57. https://doi.org/10.1177/0963721409359277.

HABIT 7 :

Clay, Rebecca A. (2013.) "Just Say No." American Psychological Association. https://www.apa.org/gradpsych/2013/11/say-no.

HABIT 8 :

Tolle, E. (2004.) *The Power of Now: A Guide to Spiritual Enlightenment.* Namaste Publishing.

Wikipedia Contributors. (February 5, 2019.) "Attention span." Wikipedia; Wikimedia Foundation. https://en.wikipedia.org/wiki/Attention_span.

HABIT 9 :

Epictetus. Retrieved November 7, 2022. from https://www.brainyquote.com/quotes/epictetus_106298.

HABIT 11 :

Statista Research Department. (September 10, 2021.) "Number of Social Media Users Worldwide." Statista. https://www.statista.com/statistics/278414/number-of-worldwide-social-network-users/#:~:text=How%20many%20people%20use%20social.

(n.d.) "70+ Social Media Statistics you need to know in2021 [Updated]." https://www.omnicoreagency.com/instagram-statistics/.

Atad, C. (October 6, 2021.) "Anderson Cooper says Instagram'depresses me:' 'I leave feeling worse than when I goton.'" ET Canada. Retrieved September 20, 2022, fromhttps://etcanada.com/news/825546/anderson-cooper-says-instagram-depresses-me-i-leave-feeling-worse-than-when-i-got-on/.

Smith, K. (December 30, 2019.) "122 Amazing Social Media Statistics and Facts." Brandwatch. https://www.brandwatch.com/blog/amazing-social-media-statistics-and-facts/.

HABIT 12 :

Cambridge English Dictionary. (n.d.) Retrieved September 16,2020, from https://dictionary.cambridge.org/us/dictionary/english/self-reflection.

Browning, G. (November 24, 2014.) "Take a Look Back at Your 2014 Year with These 5 Questions." Retrieved September 17, 2020, from https://www.inc.com/geil-browning/personal-reflection-get-started-with-these-5-questions.html.

Shrestha, Praveen. (November 17, 2017.) "Ebbinghaus ForgettingCurve," in *Psychestudy.* https://www.psychestudy.com/cognitive/memory/ebbinghaus-forgetting-curve.

HABIT 13 :

Beattie, Melody. (November 18, 2021.) "Gratitude." MelodyBeattie. Retrieved August 28, 2022, from https://melodybeattie.com/gratitude-2/.

Bowler, Kate. (October 14, 2020.) "Here's What O Readers AreMost Thankful for This Year." Oprah Daily. https://www.oprahmag.com/life/a34330280/o-readers-thankful/.

Connolly, M., Slade, M., & Allison Young, M. (2020.) "UnitedStates of Stress 2019." Everyday Health. RetrievedNovember 10, 2020, from https://www.everydayhealth.com/wellness/united-states-of-stress.

HABIT 14 :

Morse, B. (June 22, 2021.) "Arianna Huffington: What You Need to Know to Prevent Burnout." Inc.com. Retrieved August 28, 2022, from https://www.inc.com/brit-morse/arianna-huffington-wellbeing-stress-burnout.html.

Copelan, C. (April 4, 2019.) "Queen Latifah Says 'Burnout Is Not Just a Word, It Is Something Physical.'" *Parade*. https://parade.com/865836/ccopelan/queen-latifah-says-burnout-is-not-just-a-word-it-is-something-physical/.

Good Morning America. (n.d.) "Listen to Michelle Obama's Self-Care Message: Why Women Need to Put Themselves First." Retrieved May 1, 2022, from https://www.goodmorningamerica.com/wellness/story/listen-michelle-obamas-care-message-women-put-64189509.

Unidentified. Starbucks Stories. (n.d.) Stories.starbucks.com. Retrieved March 25, 2022, from https://stories.starbucks.com/press/2020/starbucks-transforms-mental-health-benefit-for-us-employees/.

Curry, David. "Calm Revenue and Usage Statistics (2020)."(October 30, 2020.) Retrieved November 24, 2020, fromhttp://www.businessofapps.com/data/calm-statistics/

HABIT 15 :

"National Sleep Foundation Recommends New Sleep Times." (n.d.) Retrieved March 25, 2022, from https://els-jbs-prod-cdn.jbs.elsevierhealth.com/pb/assets/raw/Health%20 Advance/journals/sleh/NSF_press_release_on_new_sleep_durations_2-2-15.pdf.

CDC. (March 21, 2017.) "Drowsy Driving: Sleep and Sleep Disorders." Retrieved December 17, 2020, from https://www.cdc.gov/sleep/features/drowsy-driving.html.

Umoh, Ruth. (March 12, 2018.) "Arianna Huffington Says She Became Successful After She Quit One Common Bad Habit." Retrieved December 22, 2020, from https://www.cnbc.com/2018/03/11/arianna-huffington-became-successful-after-she-started-sleeping-well.html.

Pacheco, Danielle. (March 11, 2022.) "Alcohol and Sleep." Sleep Foundation. Retrieved May 1, 2022, from https://www.sleepfoundation.org/nutrition/alcohol-and-sleep.

लेखिका के बारे में

विवियन रिसि उत्तरी अमेरिका के सबसे बड़े रियल एस्टेट ब्रोकरेज में से एक की अध्यक्ष और सीईओ हैं। लगभग चार दशकों के अपने करियर के साथ, रिसि एक मान्यता प्राप्त परोपकारी, उल्लेखनीय वक्ता, प्रतिष्ठित नेता और अपने क्षेत्र में मेंटर हैं।

कैनेडा में कम उम्र में प्रवास करने के बाद, रिसि ने अपनी यात्रा की विनम्र शुरुआत की और कई चुनौतियों का सामना किया, जिससे उन्होंने कड़ी मेहनत से अर्जित ज्ञान प्राप्त किया, जिसे वह अब दूसरों को प्रेरित करने के लिए साझा करती हैं – हमेशा मुख्य संदेश के साथ : *अपने जीवन की दिशा बदलने में कभी देर नहीं होती।*

टोरंटो, कैनेडा में स्थित, रिसि *यस यू कैन : इट ऑल स्टार्ट्स विद यू* की लेखिका भी हैं।